TIYU WENMING 600 NIAN

体育文明600年

Tiyu Wenming 600 Nian

鲁威人　陈红英　赵晓琳 ○ 著

首都经济贸易大学出版社
Capital University of Economics and Business Press
·北京·

图书在版编目（CIP）数据

体育文明 600 年/鲁威人,陈红英,赵晓琳著 . —北京:首都经济贸易大学出版社,2019. 3

（地平线策划工作室通识书系）

ISBN 978 – 7 – 5638 – 2910 – 1

Ⅰ. ①体… Ⅱ. ①鲁… ②陈… ③赵… Ⅲ. ①体育文化—文化研究 Ⅳ. ①G80 – 054

中国版本图书馆 CIP 数据核字(2019)第 019756 号

体育文明 600 年
鲁威人 陈红英 赵晓琳 著

责任编辑	赵晨志 浩 南
封面设计	砚祥志远·激光照排 TEL: 010-65976003
出版发行	首都经济贸易大学出版社
地 址	北京市朝阳区红庙（邮编 100026）
电 话	(010)65976483 65065761 65071505(传真)
网 址	http://www.sjmcb.com
E – mail	publish@cueb.edu.cn
经 销	全国新华书店
照 排	北京砚祥志远激光照排技术有限公司
印 刷	北京九州迅驰传媒文化有限公司
开 本	880 毫米 × 1230 毫米 1/32
字 数	224 千字
印 张	8. 75
版 次	2019 年 3 月第 1 版 2019 年 3 月第 1 次印刷
书 号	ISBN 978 – 7 – 5638 – 2910 – 1/G·436
定 价	35. 00 元

内 容 提 要

　　体育文明是人类文明发展到一定阶段的产物,标志着人类文明的发展进步。体育作为一种教育思想产生于15世纪初的意大利,经历了近500年(至19世纪末)的传播与发展,体育已成为德智体教育思想不可或缺的一部分。而运动与体育运动诞生于19世纪,它是体育教育思想发展和欧洲工业革命发展的成果。

　　本书从体育教育说起,认识和理解体育(教育)的概念。重点以竞技体育(奥运会)发展为线索,从文化学、社会学、政治学的层面探讨体育文明的形成与发展过程,为广大读者认识和了解体育文化与体育文明提供一种思路和方法。全书分为八章,包括什么是体育与运动、体育与运动的文明基础、体育(教育)文明的产生、体育运动文明、竞技体育文明历程(上)、竞技体育文明历程(下)、中国体育文明(上)、中国体育文明(下)。本书集学术性、科普性于一体,既可以作为体育院系学生的教学与参考用书,又可以作为普通高等学校或普通中学的通识课用书,还可作为体育工作者和体育爱好者认识和了解体育与体育运动的参考读物。

代 题 记

体育（physical education）是什么？运动与体育运动（sport，sports）又是什么？体育是欧洲近代初期（15世纪）教育过程中产生的旨在促进学生身体发育、保持身心健康、塑造精神，培养全面发展的人的一种教育思想和手段。而运动与体育运动是欧洲近代晚期（19世纪）产生的一种具有游戏性、娱乐性、休闲性和竞技性的身体运动方式，它一部分是由古老的游戏活动和竞技活动演变而来，另一部分是由新发明的新式身体运动所构成。

序　言

　　当今时代,体育与运动已成为社会生活中不可或缺的内容。体育作为一种教育思想和教育方式成为世界各国学校教育的一部分,而运动与体育运动则日益成为社会大众的一种生活方式。但是,体育是什么? 运动与体育运动又是什么? 很多人未必清楚。

　　严格地说,认识体育与运动的意义不只是表现在积极投身其中,接受身体教育(体育过程)和体验运动乐趣,还在于提高认知水平,知其然更知其所以然。但是,现实的情况是很多人甚至包括一些体育院系的学生和教师对体育与运动的认识,尤其是对其基本概念和基本理论的认识尚存在欠缺,导致在什么是体育,什么是运动与体育运动等基本层面的问题上出现了很多误解。其中,一些体育史教科书中开篇便是"上古体育"的内容,即原始社会的体育与运动。人们不禁疑问,上古时代就已经出现体育与运动了吗? 更有人在追溯体育与运动的起源时说什么"在母腹中游泳",似乎体育与运动是一种自然产物。

　　一些体育史研究者甚至模仿历史学研究方法,搞什么体育断代史研究,如唐代体育与运动、宋代体育与运动以及世界古代体育史研究,包括古代两河流域的体育与运动、古希腊体育与运动、古罗马体育与运动等。诸如此类,不胜枚举。为什么会出现这类荒诞的问题? 关键在于很多人缺乏对体育与运动基本概念的正确理解和认识。因此,我们有必要重新审视体育与运动的一些基本问题。

　　众所周知,体育与运动是人类近代社会发展的产物,古代没有体育与运动。然而,遗憾的是自清末民初体育与运动传入我国之日起,国人对体育与运动的认识和理解就陷入了误区。一些体育先驱对体育与运动概念的认识含糊不清,由此导致了体育与游戏不分,游戏与运动混同,将体育运动与各种竞技活动视为一体等错误观念的出现。"古代体育论""国粹体育说"等错误观点由此产生,以至于直到今天我国体育院系仍然将所谓的"古代体育史"作为必修课内容。古代有体育与运动吗? 体育与运动产生于中国吗? 其实,这种问题即使从一般常识上说都不会得到认可,而我国体育界却将这种观点坚持了一百多年。甚至耗费巨资建起了一座又一座体育博物馆,这些博物馆将古代的游戏活动作为"古代体育"活动进行展示。那么,这种行为究竟是值得国人自豪呢? 还是值得深刻反思?

坦率地说,就学术研究而言,任何人对社会中的任何事物都可以提出自己的观点,主张自己的学说。但是,无论提出何种观点、何种学说都需要有正确的理论根据和事实佐证。那么,所谓的"古代体育"观点的理论根据是什么? 至少要阐释清楚。张冠李戴、指鹿为马显然不是科学的学术态度。体育与运动作为一种社会活动和社会文化,它的产生与发展过程同其他一切社会事物一样,与社会经济发展和文化发展密切联系在一起。体育与运动的产生是以社会经济发展为基础,以社会文化发展为动力的,它经过了漫长的发展和演变,从游戏活动到竞技活动逐渐演变为体育运动。所以,认识体育与运动无论从社会学层面、文化学层面都会得出一个大致相同的结果。而脱离了社会与文化基础所提出的观点既无理论根据,又无事实依据,就难免令人疑惑。

古代体育论者的另一种观点是将古希腊奥林匹克运动视为古代体育运动,以至于以讹传讹,使国人无不以为现代奥林匹克运动是体育运动,那古希腊奥林匹克运动自然就是古代体育运动了。其实,这种观点同样是一种谬误。英籍澳大利亚学者大卫·罗在2004年出版的《体育、文化与媒介(第2版)》中说道:"古代奥林匹克运动会通常被认为是体育的起源,但是,把体育在当代所表现出的发展设想为一个稳定的进化过程、体育的起源可以直接追溯到古希腊则是滑历史之大稽。"[①]也就是说,体育运动的产生的确与古希腊奥林

---

① 大卫·罗. 体育、文化与媒介——不羁的三位一体[M]. 吕鹏,译. 北京:清华大学出版社,2013:16.

匹克运动有密切关联,但这种关联不是一种照搬的继承关系,而是
对古希腊奥林匹克竞技文化的一种学习和借鉴过程。从本质上说,
古希腊奥林匹克运动是一种宗教祭祀活动,它是通过竞技方式展现
战争中死去英雄的行为,以缅怀和纪念英雄,并为人们树立榜样。从
文化的层面来说,古希腊的奥林匹克竞技运动不仅是一种宗教文化的
表达,也是一种竞技文化的体现,为体育运动产生提供了可借鉴的竞
技模式。所以,在这个意义上说,古希腊奥林匹克运动对体育运动的
贡献一方面表现在它的竞技模式,另一方面表现在它的竞技精神。

　　体育与运动是社会发展到一定阶段的产物,既是社会文化发展
的结果,又是社会文明进步的标志。具体来说,体育(physical educa-
tion)作为一种教育思想和手段是在欧洲近代教育过程中产生的,即
"德智体"全面发展的教育思想提出后才有了体育的概念。而运动
与体育运动直到19世纪才由一部分游戏活动和竞技活动演变而来,
并与新发明的体育运动项目一起构成了体育运动的全部内容。美
国著名科学技术发展史和人类思想史权威刘易斯·芒福德在1963
年出版的《技术与文明》一书中指出:"新式体育项目的发明以及游
戏转变为体育运动是19世纪的两大明显特征。棒球是前者的一个
例子,网球和高尔夫转变为观赏性锦标赛是后者的例子。"[①]由此可
见,体育教育思想的出现标志着教育文明发展进入到一个新的历史
阶段。随着体育教育的发展,运动与体育运动又逐渐出现。既作为
体育教育的内容,又成为社会大众的一种休闲娱乐方式。这不仅体
现出一种生活方式的文明,而且彰显了运动与体育运动文明。

　　本书从体育的定义说起,为读者建立一个正确的概念,使读者能
够更好地认识和理解体育与运动。体育是什么?体育是欧洲近代初
期产生的一种教育思想和手段(或方法),体育与游戏不是同一概念。
体育不是指游戏,但游戏可以作为体育(教育)的内容。在运动与体育
运动产生之前,体育(教育)就是通过游戏内容实现的,即通过游戏活
动和各种战争技能达到锻炼身体、培养意志品质、塑造精神的目的。

所以,体育(教育)思想的产生既是教育思想发展的体现,又是教育文明理念进步的结果。

而运动与体育运动是在体育(教育)思想的发展过程中,由一部分游戏活动和竞技活动演变而来,虽然在人类的古代时期各种身体的"运动"现象同样存在,但这种"运动"属于游戏的范畴,游戏(肢体的游戏)本身也是通过身体或肢体的运动实现的。但此"运动"非彼运动,这一点必须有一个清晰的认识。否则,就会混淆运动与体育运动的概念范畴,产生认识的误区。简单说,婴儿出生后不久就会躺在床上手舞足蹈,手舞足蹈也是一种身体(肢体)运动方式。但是,没有人将这种身体运动方式视为运动与体育运动,这只是一种本能的身体活动,与运动与体育运动不是同一概念。

在解释了体育与运动的概念之后,本书又以竞技体育运动的产生与发展过程为线索,从文化学和社会学层面认识和探讨了竞技体育运动的文化和文明特征,从而为读者认识和理解运动与体育运动提供一种思路和方法。以奥运会发展过程为例,早期奥运会条件简陋、秩序混乱,其原因在于社会经济发展的制约以及人们对运动与体育运动认识和理解程度有限。而运动与体育运动的发展始终与社会发展包括经济、政治、文化等因素联系在一起,并一起"共衰共荣"。这与其他任何社会事物的发展过程一样,都经历了一个由小到大、由弱到强的过程。运动与体育运动的发展既是社会文明发展的一个缩影,又是体育文明的一种体现。体育文明彰显了社会文明,社会文明促进了体育文明。从文化的意义上说,体育文明和社会文明具有高度的一致性,彼此推动,共同发展。

运动与体育运动发展不只是一种参与过程,更是一种认识过程。在一定意义上说,提高认识水平同样有助于推动运动与体育运动发展。本书的初衷也在于此。从阐释体育与运动的概念开始,帮助读者确立正确的认识,并以竞技体育运动(奥运会)的发展过程为例,阐述了竞技体育的文化与文明特征,让读者对运动与体育运动有系统的、清晰的认识。

目　录

第一章　什么是体育与运动 ················· 1
　一、体育概念的解析 ················· 2
　二、运动的分类及演变过程 ················· 15
　三、运动与体育运动 ················· 27
第二章　体育与运动的文明基础 ················· 35
　一、什么是文化与文明？ ················· 35
　二、体育与运动产生的游戏文明基础 ················· 45
　三、体育与运动产生的社会文明基础 ················· 57
第三章　体育（教育）文明 ················· 62
　一、体育（教育）文明萌芽初现(1400—1631) ················· 62
　二、体育（教育）思想的发展和确立（1632—1861） ················· 75
　三、体育（教育）文明广泛传播(1400—至今) ················· 84
　四、体育（教育）文明传播的条件和作用 ················· 86
第四章　体育运动文明 ················· 97
　一、体育运动产生的社会因素分析 ················· 98
　二、体育运动文明的核心内容 ················· 112
　三、体育运动文明渊源 ················· 123
第五章　竞技体育文明的历程（上） ················· 136
　一、初创阶段奥运会的文明特征(1896—1912) ················· 136
　二、第一次世界大战后奥运会发展历程(1920—1936) ················· 156
第六章　竞技体育文明的历程（下） ················· 170
　一、冷战时期的竞技体育进步(1945—1991) ················· 171
　二、新时代的竞技体育发展(1992—2008) ················· 196

第七章　中国体育文明（上） ·············· 208

　　一、清末及"北洋政府"时期体育文明认识的

　　　　偏离与回归（1890—1926） ·············· 209

　　二、"新文化运动"中的体育文明进步（1915—1926）········ 217

　　三、"国民政府"时期的体育文明发展（1927—1948）········ 224

第八章　中国体育文明（下） ·············· 243

　　一、改革开放前体育与运动文明的特点（1949—1978）····· 243

　　二、改革开放后体育与运动文明的发展（1979—2008）····· 257

什么是体育与运动

　　什么是体育(physical education)？体育是欧洲近代初期(15世纪)教育过程中产生的旨在促进学生身体发育、保持身心健康和塑造精神，培养全面发展的人的一种教育思想和手段。运动与体育运动(sport,sports)是欧洲近代初期(19世纪)产生的一种具有游戏性、娱乐性、休闲性和竞技性的身体运动方式，它一部分是由古老的游戏活动和竞技活动演变而来；一部分是由新发明的新式身体运动所构成。

　　体育的产生是社会文明发展的标志之一，体育文明(physical education civilization)是在社会文明的基础上产生的，没有社会文明的发展进步，就不会产生体育文明。进一步说，体育文明是在教育过程中产生的。它是教育文明发展到一定阶段的产物。而运动与体育运动文明(sport civilization)是在体育教育思想的影响和社会经济发展的推动下，改变了人们的观念，逐渐产生了以休闲娱乐为目的的运动方式，并在19世纪演变成为体育运动的。在这个意义上说，没有体育教育文明的产生，就不会有体育运动文明的出现，二者相互关联、密不可分。前者为后者的基础，后者为前者发展演变的结果。

　　因此，认识体育教育文明和运动与体育运动文明的产生与发展过程，有必要先从体育与体育运动的概念谈起。概念不清，势必影响对内容的理解。在我国，长期以来由于翻译和习惯原因使很多人对体育与运动一词的认识有所误解，很多人将作为一种教育思想的体育(physical education)和作为一种身体运动方式的体育运动

(sport,sports)混为一谈。在什么是体育、什么是运动的问题上出现很多不正确的观点,如所谓的"古代体育说"认为,在人类的古代时期即存在"体育或体育运动",古希腊"奥林匹克运动"就是"古代体育运动"等。这些观点导致了很多人对体育问题认识模糊,以至于"以讹传讹",误导了人们对体育与运动的认识,因此,我们有必要对这个问题重新认识和理解。

一、体育概念的解析

体育(physical education)、运动与体育运动(sport,sports)是两个不同概念。这两个概念在英语中没有疑义,体育(physical education)专指学校教育过程中为促进学生身体健康而进行的身体教育活动,如体育课、课外体育活动等。而运动包括体育运动(sport,sports)是指各种有益于身心健康,并以休闲娱乐为目的的各种身体活动,如各种运动(sport)以及具有竞赛意义的运动(sports)。运动和体育运动可以作为学校体育的内容,其目的与体育教育(physical education)有完全的一致性。同时,学校课外活动所进行的各种运动包括游戏活动既具有体育教育的目的和作用,又具有娱乐的目的和意义。而社会民众中所进行的各种运动包括体育运动虽然也具有一定意义的影响和潜移默化的教育作用,但根本的目的在于通过运动获得快乐、享受愉悦。

在我国由于英语中的"physical education"被译为"体育",而"sport"和"sports"被译为"运动与体育运动",习惯上又将"运动"一词省略。所以,造成了体育与运动混淆。这在平常生活中没有多大影响,体育教育也是通过运动完成的,运动包括了体育运动。但是,对于体育科学研究及其理论阐释则应泾渭分明,否则,势必影响人们对体育与运动的认识。遗憾的是我国体育理论研究恰恰陷入了这一误区,并由此为社会民众认识体育与运动造成了很多"似是而非"的问题。

1. 体育是游戏吗?

在我国以往的体育史教科书中,认为古代即有体育或体育活动。那么,这些书中所指的体育活动又是什么呢? 即射箭、蹴鞠和武术等。其实,这是一种错误的认识。产生这种错误认识的原因是什么? 就是混淆了体育与运动的概念。我们说过,体育(physical education)是一种教育思想和手段,即体育是一种思想或概念,与体育的内容(游戏和竞技活动以及体育运动)是两个不同的概念。两者之间没有类属关系,不可等同视之。而运动与体育运动是一种身体活动方式,且一部分体育运动项目是由游戏活动和竞技活动演变而来,因此体育运动也具有游戏性。但是,体育运动具有游戏性并不是说体育运动等同于其他各类游戏活动。或者说,体育运动也是一种游戏活动,但这种游戏活动具有鲜明的时代特征,并不是说人类历史上任何一个阶段的游戏活动都是体育活动。

为什么很多人认为在古代就有体育或体育活动? 主要有两方面原因,一是因为现在的体育运动项目中有一些古代游戏内容,如射箭、标枪、铁饼、铅球等,还有建立在本能基础上的走、跑、跳跃等内容。而这些内容可以一直追溯到人类的古代时期,所以,就认为古代也有体育活动。二是因为所有游戏活动和竞技活动都有助于促进身体的健康、强化体质,而近代德智体全面发展教育思想出现后,由于体育运动尚未诞生,所以,采用了各种游戏活动和竞技活动作为体育教育的内容,因此,一些人就认为所谓体育,就是游戏。并且"顺藤摸瓜",在古代的各个时期只要能找到各种有益于身体健康,并且具有娱乐性的游戏活动就将其划为古代体育或古代体育活动。实际上,这是一种不正确的思路和观点。例如,德育教育也是一种教育思想和手段,在不同的历史时期,德育教育的内容有所不同,如我国古代家庭教育或私塾教育中历来重视德育教育,《三字经》、《百家姓》和《千字文》既是智育教育的识字课本,又是德育教育的启蒙教材。但是,这些教材本身不是德育,也不是智育,它只是一种德育或智育的内容,能够起到德育和智育的作用。随着时代的变化,德育和智育的内容不断变化,但德育教育或智育教育的思想永远没有变。体育(physical education)和游戏的关系也是如此。游戏活动可以作为进行体育教育的内容,但并不等于说游戏活动就是体育或体育活动。因为体育是一种教育思想或手段,具体运用什么内容的身体活动进行体育教育无所谓,没有严格的规定。

同理,在体育运动诞生之前,学校体育教育由于没有现在的体育运动项目作为内容,所以,采用了古老的游戏活动和战争手段如跑步、跳跃游戏活动和摔跤、射箭、骑马、击剑等。很多人就将这些活动视为体育(活动)。那么,各种古老的游戏活动和竞技活动是体育(sport,sports)活动吗? 同样不是。

首先,从游戏的产生过程来看,生理学家认为,游戏源于本能,所有动物均有游戏的本能。每个人生来就具有游戏的欲望和本能,尽管婴幼儿时期每个人的游戏内容较少,游戏方式比较简单,但随着年龄的增长,陆续学会各种新的游戏。游戏伴随着每个人的一生,只是在不同的年龄阶段,游戏的内容和方式有所不同。这是由于人类的文化性决定的。所以,荷兰历史学家赫伊津哈说,游戏的历史比文化的历史更久远。

也许"古代体育论"者认为,体育活动就是人类在游戏过程中发明的一种新的游戏。体育活动具有游戏性、娱乐性、休闲性和竞技性,而游戏活动同样具有这些性质,为什么不可以等同呢? 实际上不可以等同。就如同蝌蚪与青蛙一样,蝌蚪经历了一个发展和演变过程才变成了青蛙。游戏活动和竞技活动演变为体育活动同样如此。如果认为古代就有体育活动,那么,古代体育活动产生于什么时候? 什么地点? 以什么为标志? 其理论根据是什么? 至少要阐释清楚这些要素,如果不能自圆其说,既不符合学术研究的规范,又不能使人认同。

其次,从人类的语言符号的层面认识,在人类发展过程中,符号的产生经历了一个漫长的过程,从图形符号到文字符号的产生过程标志着人类认识水平的进步。而文字符号的功能之一就是指代作用,所以,古代人就将所有玩耍活动命名为"游戏"。游戏一词在古代就已经存在,英语中表示游戏的词汇有"play""game"等,"play"泛指各种游戏活动,"game"是指博弈性质的游戏。而"sport""sports"一词是在19世纪30年代前后才出现。尽管无论是"play""game"还是"sport""sports"都是一种身体活动,又具有同样的性质,但其分别代表不同时代的身体活动的不同内容和方式,所表达的意义完全不同。

最后,从文化发展的层面来说,体育活动作为一种社会文化产物,它是在人类文化发展到一定阶段才出现的。狩猎过程中的跑步、跳跃活动只是一种本能驱使的行为,而射箭、投矛则是一种出于生存目的本能活动。之后,这些活动又演变成为一种茶余饭后的游戏活动。游戏活动也是人类的一种文化,即游戏文化。它的产生既是建立在人的本能的基础上,又是建立在人类文化的基础上。各种新的游戏产生无不与一定社会发展阶段人类的认识水平和社会生产力发展水平相联系。所以,由于时代的局限性古代不可能产生体育活动和体育文化。

由此可见,所谓的"古代体育说"不过是指古代的各种游戏和竞技活动,产生这种错误观点的原因在于对体育与运动的概念认识不清,混淆了游戏活动与竞技活动同运动与体育运动的关系。

2. 如何理解古代体操?

认识和理解体育与运动有必要对体操一词或体操活动做出正确的解释,否则就可能引起误解。体操是什么? 无人不知现在所说的体操就是体育运动中的一个项目。体操一词早在古代时期就已经存在,古希腊的斯巴达和雅典学校中的军事训练内容之一就有体操,并建有公共教育场所——体操馆。所以,怎么能说古代没有体育运动呢? 然而,事实并非如此。

体操的本义即"身体的操练"。《辞源》解释说,体,即身体。操,即:①执持、拿着;②掌握、控制;③运用;④演习:同"操练"。所以,我们可以理解体操即身体(技能和方法)的运用与操练。那么,古希腊体操的具体内容是什么? 并没有详细的记载。在古雅典,"自16岁始,儿童离开教仆,入一种'高等体操学校'(gymnasium),直至18岁,练习军事或竞技。其主要学科,则为交战、弓术(即射箭)、骑马、闲游、竞技等。此处有同年辈,又有成人与政府所派的公吏及体操教师等,负指导之责"[①]。所以,从中可以看出,一是古雅典的"gymnasium",并非与我们现在的体操馆同义,而是"高等体操学校"(即

---

① 雷通群. 西洋教育通史:上[M]. 福州:福建教育出版社,2011:28.

古希腊的军营)的名称;二是体操的具体内容亦与现在的体操内容不同,不过是各种战争技能而已。因此,这些体操内容完全是一种"身体的操练"。

在中国古代,同样存在"身体的操练",一是与战争相关的"武操";二是与养生有关的"健身操"。据记载,自秦朝起,古代阅兵已成为制度。阅兵式上有各种表现战争的舞蹈,舞蹈动作是战争技能。士兵在舞蹈时动作整齐划一,铿锵有力,既表现了作战技能的训练水平,又显示出高昂的士气。这种作战舞蹈不仅阅兵式上有,出征仪式上也有。那么,这种作战舞蹈是什么?就是"武操""兵操""身体的操练",即体操,只是称谓不同而已。同样,中国古代的五禽戏、太极拳以及武术不是体操吗?五禽戏是中国民间广为流传,也是流传时间最长的健身方法之一,它由五种模仿动物的动作组成,五禽戏又称"五禽操""五禽气功""百步汗戏"等。通过练习能够起到修身养性、陶冶情操、强身健体、益寿延年的作用。所以,体操的内容在人类古代就已经存在,它不仅是一种战争训练方式,又是一种强身健体手段。但是,必须强调的是古代的体操与现在的体操不可混为一谈,无论在体操的性质和意义方面都不相同。

那么,18世纪末产生并闻名于世的德国体操是什么?是体育运动吗?这需要区别认识。德国体操产生时体育教育思想已经出现,而且,在德国学校教育中极为重视学校体育,所以,德国人创造了具有独特风格的体操,被称为德国体操。

德国体操包括两部分内容,一部分是为了适应学校体育教育需要而编排的,包括单杠、双杠、木马、鞍马、荡桥、吊绳、攀登等,称为普通体操。普通体操在学校体育教育中广泛应用,受到好评,并为体育运动诞生尤其是现代体操运动诞生创造了可借鉴的模式。正如奥林匹克运动先驱皮埃尔·德·顾拜旦所说:"英国的户外运动享有盛名。与德国体操、瑞典体操并列为近代欧洲体育运动的三大基石。"而另一部分则是为了适应战争训练需要而制定的,包括队列、器械体操和手持武器的练习以及为提高身体素质而进行的跑、跳、攀登、爬跃、木马、越障碍、搬运重物练习等,称为兵式体操。同一时期,瑞典对体操的研究也很重视,同德国一样,瑞典也重视兵式体操,在 19 世纪初,瑞典的兵式体操与德国兵式体操并驾齐驱,在世界范围内影响很大,包括美国、日本以及中国在内的许多国家将德国和瑞典的兵式体操引入国内作为军事训练手段。从实质上说,这种为适应军事训练的兵式体操同古代各种兵操没有区别,只是体操的方式方法不同而已。

那么,如何认识德国体操尤其是兵式体操? 我们可以从顾拜旦的评价中略见一斑。顾拜旦在《奥林匹克宣言》中也就此问题进行了阐释,他说:"德国体操拥有许多狂热并坚定的传道者,传布其福音,引来众多虔诚的信徒遵守其信条。德国体操动作有力,纪律严明,其本质是军事化。在德国直到昨天还到处是等级制度、服从和严谨。从童年开始,小学生就在队列中站好,目光直视他们的上级,等待他发出口令。初中生时刻保持肌肉的灵活和意志的灵敏,以便一声令下,就立即行动。这就是德国体操的目的所在,我们很容易看到这种思想带来的优缺点。"

"从人体的角度看,德国体操并不符合天然要求。它由一些本身并无存在理由的操练所组成,这些操练极不自然,只有当被告知这是为了一个伟大、崇高的目标,才会引起人们的热情,并吸引他们去从事这样的操练。"①

1931 年,顾拜旦在《瑞士体育》杂志上发表《奥林匹克运动会与体操》一文,指出:"可能我在 1888 年对法国体操俱乐部的批评,还有同当时知名的体育官员尤金·帕兹先生进行的友好、生动的辩论,引起了社会上一些人对我的责备。关于他颂扬的训练,后来如何? 一言以蔽之,只是军训。我本人的看法是,法国通过加强对这种训练的崇拜来增强其青年人体质的目的正走向失败,大量军事训练充塞着法国的整个教育系统,只有成功地把青年从紧身衣(紧身衣原指体操训练时穿的紧身服,此处意指体操训练的军事目的——作者注)的束缚下解放出来,我们的年轻的共和国才能继续生存,这种紧身衣压迫青年并防止他们试图组织自己的管理机构。"②顾拜旦

---

① 皮埃尔·德·顾拜旦. 奥林匹克宣言[M]. 北京:人民出版社,2008:5.
② 皮埃尔·德·顾拜旦. 奥林匹克宣言[M]. 北京:人民出版社,2008:174.

的观点很明确,兵式体操不属于体育运动,只是军训。而且,在青少年中强化这种训练对国家的发展并没有益处。因此,不能只是从字面上一见到"体操"二字,就认为它是体育运动,而应从内容实质上加以辨别,才能做出正确的判断。

3. 误解体育的社会根源

体育(physical education)作为一种教育思想和手段,在欧洲中世纪末,即近代初期就已经出现,虽然当时是以"养护法"和"身体养护"的概念出现,但其与德育和智育一并构成了全面发展的教育思想这一观点没有疑义。经历了400多年的发展之后,到19世纪60年代,英国教育家斯宾塞出版了《教育论》一书,首次使用了"体育"一词,即"physical education",并对体育进行了专门的阐述。斯宾塞的《教育论》不仅是对近代欧洲德智体教育的一次全面总结,而且他提出学科分类教育方法被广泛认可(我国目前学校教育的课程设置就是根据斯宾塞的分类方法设置的)。《教育论》出版后,被译为40多种语言在世界发行。

那么,为什么在德智体全面发展的教育思想广泛传播之时,却没有及时传入中国?为什么国人对体育和体育运动的认识会产生误区?可以简要归结为以下几方面的原因。

第一,清政府闭关锁国导致了德智体全面发展教育思想在我国传播的滞后。18世纪中叶至19世纪,欧洲工业革命如火如荼地进行,推动了工业发展,有力促进了科学和教育发展。尤其是英国在工业革命完成后,成为世界头号资本主义强国,并在1840年和1862年两次发动了对华战争,即"鸦片战争",对中国进行经济掠夺。鸦片战争后,虽然中国知识分子提出了"学习西洋,科学救国"的主张,但毕竟积重难返,兴国之事不可能一蹴而就。19世纪末,一些进步的知识分子呼吁清政府进行教育改革,但是,恰逢中日"甲午战争"爆发以及八国联军侵华,没落的清政府朝不保夕、无暇顾及。直到20世纪初,才不得不宣布教育改革,废除科举,设立新学制。而此时,由于战争的缘故,学校体育目的与准备战争联系在一起,由此出现了所谓的"军国民"教育思想。在这一思想指导下,将兵操作为体育教育内容就变得理所当然,这使得体育教育从一开始就与军事训练结合在一起,由此产生对体育的认识误区也就不可避免。

尽管清政府闭关自守和战乱原因导致了我国近代教育发展滞后以及一部分人对体育的理解出现误区,但这并不等于说我国所有的知识分子和教育工作者都对欧洲近代教育没有足够清晰认识。我国近代思想家、教育家康有为在他的《大同书》中提出:"学地(即学校)当择山水佳处、爽垲广源之地,以资卫生,以发明悟。"学校的"体操场、游步场无不广大适宜,秋千、跳木、沿竿无不具备,花木、水草无不茂美,足以适生人之体。"

"学贵以养身健乐为主,盖人生寿命基于童稚也。其时物备课明,一时可抵今人数时矣,故学时可减。其有安息、记念、嘉时、吉日,可肆其游览跳舞,沿树水嬉,无所不可……大学之教,既以智为主,此人生学终之事,不于此时尽其知识,不可得也。大学亦重体操,以行血气而强筋骸;大学更重德性,每日皆有歌诗说教,以辅翼其德,涵养其性,而所重尤在智慧也。"由此可见,康有为的教育思想与欧洲近代教育思想具有一些一致性。

第二,体育的民间传播没有得到官方的认可。19 世纪 60 年代后,学校体育教育思想发展成熟,逐渐从欧洲向世界各国传播。而以现代奥林匹克运动为标志的体育运动诞生之前,一些体育运动项目如足球、网球、田径等在英国尤其是城市工人和中产阶级群体中也广泛开展。如 1862 年,英格兰第一个足球俱乐部成立,1863 年,英国成立了足球协会。

但是,体育与运动传入我国时由于多种原因造成了水土不服,没有被国人所接受。首先,鸦片战争时英军侵入我国,同时带来了足球运动,如上海、厦门、宁波、青岛、烟台、威海等城市很早就出现了英军业余时间踢足球的记载。但因为当时的国情所致,足球运动并没有得到政府的重视,所以,也只是一些城市中的足球爱好者观看和模仿玩耍。而学校中体育教育的进行首先也是在早期的教会学校,其内容也只是一些游戏活动。如上海的圣约翰学校,19 世纪末就进行体育课教学,通过各种游戏活动促进学生的身体发育,以增进健康。然而,由于社会物质条件以及生活方式的局限,国人对体育与运动这一事物缺乏广泛的认同,尽管在民间有少数人以自己的娱乐方式进行传播,但并没有得到官方的认可。因此,体育与运动的传播范围极其有限,失去了在我国传播的良机。

第三,因日本的误导陷入了体育认识的误区。众所周知,清末我们民族为探索救国之路,很多青年知识分子到日本学习先进的思想和技术以图为国效力,振兴中华。其中,体育与体育运动传入我国也是通过这一途径,但日本出于现实主义的军事需要,片面地将兵操引入国内并作为学校体育的内容被我国效法。因此,体育与体育运动从一开始传入我国就是一个畸形儿,也由此导致了我国对体育与体育运动的认识产生误区。

19 世纪 60 年代末,日本明治政府上台后,开始学习西方,发展资本主义经济,史称"明治维新"。明治政府实施了"富国强兵、殖产兴业和文明开化"三大政策。富国强兵,就是改革军警制度,创办军火工业,实行征兵制,建立新式军队和警察制度,它是立国之本;殖产兴业,就是引进西方先进技术、设备和管理方法,大力扶植资本主义的发展;文明开化,就是学习西方文明,发展现代教育,提高国民知识水平,培养现代化人才。

1871 年,明治政府派出大型使节团出访欧美,考察资本主义国家制度。在"富国强兵、殖产兴业、文明开化"方针指导下,积极引进西方科学技术,以高征地税等手段进行大规模原始积累,建立了一批以军工、矿山、铁路、航运为重点的国有企业。仅仅用了 20 多年的时间,日本就完成了工业革命,挤进了世界资本主义强国行列。

军事方面,改革军队编制,陆军学习德国训练,海军学习英国海军。并于 1872 年颁布征兵令,凡年龄达 20 岁以上的成年男子一律须服兵役。所以,出于军事训练的需要,日本引入了德国体操(兵操),不仅作为军队的训练内容,又作为学校体育教育内容。仅仅三年之后,日本军力大增,随即对朝鲜发动战争,并于 1876 年胁迫朝鲜签订了《江华条约》,使朝鲜沦为殖民地。之后,又在 1894 年的中日"甲午战争"中获胜。

日本的富国强兵经验启发了清政府,而清政府又邯郸学步,对日本模式如法炮制。1895 年,清政府派袁世凯在天津小站练兵,聘请了德国教官,并将体操(兵操)引入训练中。之后,清政府又进行学制改革,1902 年颁布了《钦定学堂章程》,将体操(兵操)作为体育课教学内容。

不仅如此,20 世纪伊始,由于日本军国主义思想的误导,又使我国一些军人在什么是体育的问题上剑走偏锋,张冠李戴。1901 年,军阀马良(时任山西陆军学堂教员)编著了《中华新武术》,内容包括:摔跤、拳脚、棍术和剑术,命其为"国粹体育",并号称"考世界各国,武术体育之运用,未有逾于我中华新武术者"。1919 年,《中华新武术》又被列为全国学校正式体操(体育)教材。

在 19 世纪下半叶至 20 世纪初,体育与运动开始在世界各国广泛传播时,由于我国特定的时代背景导致我们从一开始就陷入了认识的误区。把军事训练手段的兵操认为是体育或体育运动,又将武术认为是"国粹体育"。由此产生了流行至今的所谓"古代体育说",即体育或体育运动在我国古代就已存在。如果说这种思想和观念的产生是由于时代的局限性,没有对体育与体育运动有一个正确理解的话,那么,一百多年后的今天"古代体育说"仍然大行其道,则不能不说是一种遗憾。

4. 误解体育的认识根源

对我国在体育与运动认识方面存在误区这一说法,很多人可能不以为意。认为这岂不是否定我国体育界百余年来的研究?其实不然,体育与运动无论是作为一种教育现象还是作为一种社会文化现象,它客观存在于社会之中。而研究体育与运动实际上就是一种认识过程。认识过程在不同的时代、不同历史时期必然受到各种社会因素的影响和制约,认识的结果会有不同。进一步说,就认识活动本身来说,它是逐步的过程,不可能一次完成,需要多次反复,即"认识—实践—再认识"的过程。所以,对体育与体育运动的认识过程也需要经过这样一种过程,才能获得良好的认识结果。

那么,对体育与运动的认识误区表现在哪些方面呢?

首先,定义不严谨。所谓定义,即对于一种事物的本质特征或一个概念的内涵和外延的确切而简要的说明。定义是认识事物的标准和尺度,也是准确把握事物的抽象的参照物。所以,定义的准确与否,直接关系到对事物认识的程度。

许多人对体育与运动的认识之所以产生误区,除了各种社会因素之外,体育(physical education)定义的不严谨也是一个重要原因。而出现在各种词典中的体育定义并不完全是词典编辑人对某一问题的认识,它同时受到其他词典和当时社会研究成果的影响。定义一经确定,又在一定程度上影响了社会中一些人对某一问题的认识。下面我们列举几个对体育(physical education)的定义。

　　《现代汉语词典》(商务印书馆,1983 年版),体育:①以发展体力、增强体质为主要任务的教育,通过参加各种运动来实现,如体育课。②指体育运动。

　　苏联《苏联教育学词典》称:体育为以增进人的健康,促进人体正常发展为目的的教育。

　　日本人中村敏雄和高桥健夫对体育的解释是:"①身体教育论——体育这个术语自明治维新后期以来,是指'三育主义'基础上的身体教育以及实践;②通过身体活动的教育——体育通过运动和卫生的实践以促进人性发展的教育(1947 年学习指导要领)——体育是通过身体活动进行教育的领域;③增强体力论——体育不仅可以保持身体的健康,而且还能够促进身体各机能的提高,应把体力培育作为体育的基础。"①

　　美国人亚瑟·斯廷豪斯认为:"体育(physical education)是以适当和适量的身体活动为方法使人格、个性得到训练的一种体能教育。他强调体育不是指任何一项运动、表演或竞赛,身体活动只是一种方法,完整的身体锻炼计划应从小到 80 ~ 100 岁,更重要的是从0 ~ 6 岁的儿童的身体锻炼。"②

　　美国大百科全书对体育的解释是:"体育(physical education)是关于人体构造、身体发育的教育,包括人体生理机能、力学原理及其有效运用的研究。这一教育过程,当儿童学会基本的有助于身体发展的运动方式后就得开始,并在儿童发展后期掌握复杂一些的运动

---

　　① 中村敏雄,高桥健夫.体育原理讲义:1987 年版.转引自杨文轩,陈琦.体育原理[M].北京:高等教育出版社,2004:23.

　　② 杨文轩,陈琦.体育原理[M].北京:高等教育出版社,2004:26.

方法的过程中持续进行。体育过程的最后阶段是要培养良好的健身习惯,以帮助制定一种最适宜的身体运动标准。"①

　　由以上定义可以看出,中国、苏联和日本对于体育(physical education)的定义着重强调它是一种教育,这没有错,体育的确是一种教育。但是,这种表述不仅含糊不清,又缺乏对定义的外延限定。也就是说,教育一词还包含很多层面的含义,如教育思想、教育方式方法、教育内容等,那么,体育这种教育又指什么? 同时,又缺乏对定义外延的限定,因为教育过程伴随着人类发展的全过程,从原始社会的口传身授教育,到农耕社会的家庭教育和私塾教育以及近代学校教育等,究竟是哪一时期的教育呢? 并没有说明,这导致了对体育(physical education)认识的混乱。

　　而美国的两个体育(physical education)定义则比较准确,它不仅说明了体育是教育,而且强调了体育是一种教育方法,即"体育不是指任何一项运动、表演或竞赛,身体活动只是一种方法"。"这一教育过程,当儿童学会基本的有助于身体发展的运动方式后就得开始,并在儿童发展后期掌握复杂一些的运动方法的过程中持续进行。"因此,这种定义不会使人们对体育的认识产生误解,也就是说,不会把作为体育教育内容的游戏和竞技活动当作体育或体育活动来解释。

　　或许有人认为,在美国的体育定义中也没有对哪一时期的教育进行限定,是否也是不严谨呢? 其实不然。因为体育(physical education)是在欧洲近代教育中产生的,虽然体育的概念首先出现在意大利,但在传播中,又被很多国家所接受,无论是英语、法语、德语或欧洲其他语言的国家,他们的教育都伴随着体育的产生和发展的全过程,对什么是体育以及体育的产生与发展的问题从来不会产生歧义,更没有疑义。

　　而我国由于对体育定义不严谨,从而导致了对体育的认识出现偏差,具体表现在以下几方面。

　　首先,认为欧洲近代学校教育中不过就是运用了一些游戏活动

---

① 杨文轩,陈琦. 体育原理[M]. 北京:高等教育出版社,2004:26.

和竞技活动作为体育课内容,所以就将我国古老的游戏活动和竞技活动当作体育来解释,尤其是清末民初认为把古老的武术是体育或体育活动,由此产生了所谓的"古代体育说"。正如弗洛伊德所说:"任何科学原则中的基本概念和最一般的观念在开始总是不确定的。它们只能靠人们从现象界所感受到的东西才开始得到解释。要澄清这些概念,发现其最重要的和连贯的意义,只有借助于对观察对象的逐步分析。"①对体育的认识同样如此,也是一个不断探索、不断认识的过程。

其次,"体操"与"体育"一词混淆使用所致。19 世纪下半叶,鸦片战争失败激起了国人的反思,一些资产阶级知识分子强烈要求清政府开放国门,学习西方的科学技术,增强国力。由此开启了我国发展资本主义的征程。在这期间,一些官方人士提出,西方距离我们太远,不如学习东方,即学习日本。因为日本的"明治维新"即学习西方,发展资本主义相比我国要早一些,而且,很快取得了成效。所以,我国开始借鉴日本模式发展国内各项事业。其中,体育就是从日本传入中国的。而由于日本对体育认识的功利主义倾向,即重视兵操,为实现强军富国的目的,将兵操作为体育内容。因此,体育传入中国之日,使用了"体操"一词,所以,体操是当时国人对体育与运动的最初理解。由此造成了对体育与运动的认识误区。

19 世纪 60 年代,体育即"physical education"一词在英语中已经出现,体育作为一种全面发展教育思想在欧洲各国已经得到普遍的认同,并逐渐向世界各国传播。而日本早在 19 世纪 70 年代派团考察欧洲各国,除了学习和引进包括工业技术、管理方法、其他科学研究方法之外,还有欧洲的先进的教育思想和方法。但是,日本在教育方面并没有重视学生的自然成长的全面发展教育,而是出于强军、强国的需要,学习和引进了德国体操。所以,体育"physical education"变成了"gymnastics"。因此,我国从日本引进体育与运动,结果变成了"体操"。在清末民初的 20 年间,学校体育课皆称为"体操

---

① 菲利普·巴格比. 文化:历史的投影[M]. 夏克,等,译. 上海:上海人民出版社,1987:91.

课"。直到20世纪20年代初,我国学习美国发展学校体育,才将"体操"一词改为"体育"。

体操是什么? 体操是一种身体活动方式,而体育是一种教育思想和手段,二者并不是同一概念。所以,清末民初体育与运动引入我国时"体操"与"体育"一词互用,导致了国人对体育与运动的认识产生了误解,才有了既然"兵式体操"就是体育,那么,我国传统的武术岂不是比"兵式体操"更实用?"国粹体育"的观点由此出现。在这个基础上,又演绎出"古代体育"的概念,并一直延续至今。而且,一些体育研究者不仅仍然坚持所谓的"古代体育论"观点,又模仿历史学研究进行所谓的"体育断代史"研究,谓之"民族体育"。如果说清末民初的体育先驱由于时代的局限性而产生了对体育与运动的认识误区,那么,在体育与运动传入中国百年之后仍然对"古代体育"研究孜孜以求又说明什么? 这是每一位体育史论研究者值得思考的问题。

二、运动的分类及演变过程

运动包括两个层面的内容,一是广义的运动;二是狭义的运动。广义的运动是一个物理学的概念,指物体位置不断变化的现象。通常是指一个物体和其他物体之间相对位置的变化,说某物体运动通常是对另一物体而言。身体运动的概念亦是如此,是指身体在时间上和空间上的位置变化。身体运动既是所有动物的本能行为,又是人类的一种特殊行为。说它特殊,主要是指人体运动除了本能之外的一切行为都是在意识控制之下的身体活动,这与其他动物仅有的本能身体行为有所不同。人类的身体运动包括多种多样的运动,但无论哪种运动都建立在走、跑、跳以及四肢的移动等基本行为能力的基础上,并按照一定的活动目的进行身体或肢体的运动。人类的身体运动种类繁多,自人出生以后无时无刻不处于一种运动之中,即使在睡眠或安静休息之时,人的各个内脏器官仍处于运动中以维持生命之需。

狭义的身体运动主要是指以游戏、娱乐、竞技和休闲为目的的身体运动。它包括各种休闲活动、游戏中的身体活动、竞技运动、体育运动等,这是身体运动的特殊表现形式。有人曾说,"运动"在古代已经存在,只是人们没有意识到"运动"的存在。其实,这种观点同样不正确。古代的确存在各种身体的"运动",但是,这些"运动"不同于当今所指的运动。例如,游戏活动根据其活动性质可以分为三类,即语言的游戏活动、智力的游戏活动和肢体的游戏活动。而肢体的游戏活动同样是通过肢体的运动实现的,但是,在古代并不存在身体的"运动"一词,所以,通过肢体运动完成的游戏仍属于游戏活动内容。同理,今天所说的物理意义上的运动又不同于身体的运动,如牛顿第一运动定律的英文表示是"Newton's first law of motion",即物体的位置移动也是一种物体的运动。那么,"motion"的运动同"sport"运动显然不是同一概念和意义。因此,在认识和理解运动时不能只从字面认识,而应从运动的本质去认识。

1. 运动的历史

运动作为一种身体活动方式与人类的发展历史始终联系在一起,从身体运动的定义中可以看出,任何身体活动在广义上说都是一种身体的运动,那是不是说运动包括体育运动是伴随着人类的自始至终的一项内容呢?其实不然。这里既有一个认识和理解问题,又有一个逻辑问题。运动与体育运动是一种狭义上的运动,它与各种身体活动的肢体运动相比除了具有生理学意义的联系之外,没有其他联系。也就是说,不能将各种身体活动都视为运动。否则就无法解释运动。

人类的一切活动都是通过身体活动即肢体的运动完成的,在生活中,人类的身体永远处于各种形式的肢体运动之中。也就是说,只有借助于人的身体或肢体运动才能从事各种活动,如生产劳动、工作学习、军事训练和战争以及休闲时间的游戏活动等,身体活动或肢体的运动不仅是一种生命方式,也是一种生产和生活方式。如走路、跑跳是一种身体活动,打水、扫地也是一种身体活动。而身体的所有活动也都可以表述为身体或身体部分肢体的运动,即广义上的身体运动。因此,我们可以将社会生活中身体运动分为三种类型。

第一种类型是本能态的身体运动,即与生俱来的身体运动,这是人及其他动物长期进化发展的结果。生物学研究表明,所有动物生来具有吸吮、吞咽、排泄以及性的各种生理功能,这些身体功能使不同的动物各自维持自身的生长和繁衍。同时,所有动物又具有嬉戏、愉悦和愤怒的心理特征,从而表现出不同心理状态下的身体运动方式。其中,本能态的身体运动包括游戏本能、安全本能和性本能。

游戏是一种身体活动或肢体运动方式,游戏源自与生俱来的天性。就其他动物而言,小猫、小狗出生后,没有谁教它走路,也没有谁教它游戏,但每个小动物长到一定的时候,既会走路,又会游戏。不过,动物的游戏内容和游戏水平极其有限。而人类的游戏由于思维能力所决定,能够在本能的基础上不断延伸和发展。所以,人类的游戏活动来自本能身体运动,并在成长过程中通过后天的学习不断发展、不断丰富。

安全本能即人和其他动物都具有安全和自我保护的本能。身体能力处于弱势的动物遇到身体强势的动物总是本能地避开。人类也是如此,自我保护的安全本能丝毫不逊于动物。例如,人的身体在突然受到寒冷的刺激时,皮肤上会突然出现一片类似鸡皮一样的小疙瘩,俗称“鸡皮疙瘩”。这是一种本能的生理现象,不受人的意识控制。皮肤之所以在寒冷或受到惊吓时出现鸡皮疙瘩是身体在植物性神经的支配下,使皮肤的汗毛下面的立毛肌收缩,汗毛竖起,皮肤由于汗毛竖起而受到牵拉,出现了鸡皮疙瘩,以保证身体内部的器官不受外界的冷、热、痛、压等刺激。此外,遇到火灾等危险时,人会本能地跑开,逃离现场。这都属于一种本能的身体活动或肢体运动。

性本能即人类和动物共同具有的身体生理活动。通过性活动,各种动物不断繁衍、延续,由此形成了生物世界的丰富多彩。就人类的性活动来说,它是一种生理性的本能活动。当人成长到一定年龄时,身体的性器官逐渐发育成熟,男性的睾丸开始产生精子并分泌雄性激素,女性的卵巢开始产生卵子并分泌雌性激素。身体的生理变化逐渐导致心理变化,使人产生了性欲望和性冲动。之后,通过性交活动实现人类的生理需求和繁衍过程。

第二种类型是工作态的身体运动,即借助于身体活动或肢体运动从事各种工作和劳动,从身体的意义上说,这一操作过程就是一种工作态的身体运动。早期人类社会(从旧石器时代开始)由于人类的认识水平以及身体能力所限,生存方式既简单又艰辛。虽然这一时期人类已经学会了制造工具和使用工具,但工具的制作基本是因地制宜,利用现成的石片磨制成石刀、石斧,将树木砍制成长矛作为狩猎工具。直到公元前3万年前后,人类学会了制作弓箭,使狩猎方式进一步改善。而在人类早期生存过程中,其狩猎效率在很大程度上是由身体能力决定的,如奔跑追逐、身体格斗等能力。

人类早期的狩猎活动虽然是通过身体运动方式进行,但身体运动的意义不同,它是一种以生存为目的的活动,与后来产生的专门化的身体运动如军事训练中身体运动以及各种身体竞技运动具有完全不同的性质。从身体运动的意义上说,人类早期狩猎活动中的身体运动方式为日后产生的各种竞技运动建立了基础。战争中的竞技活动也是通过身体运动方式进行的。人类早期的战争实质上就是一种身体的格斗,其格斗方式与狩猎过程相差无几。使用的武器也是由狩猎工具演变而来的。战争的胜负在很大程度上取决于身体的强壮与否。所以,为了获得战争胜利,自农耕时代起,人类就开始了以战争为目的的身体训练。

古代军事训练包括田猎中射箭、御车和武舞中的武器格斗等内容,还包括各种身体素质训练如奔跑、跳跃、攀爬以及举石锁、练拳术等内容。在古希腊,军事训练内容更是别具一格,除了奔跑、跳跃、击剑、骑马外,还包括投掷标枪、铁饼等内容,并逐渐形成了具有宗教性质的奥林匹克竞技会。不仅产生了具有范式意义的身体竞技运动,又为体育运动诞生建立了可借鉴模式。在社会生活中,以工作态出现的身体运动现象不胜枚举。古代如此,现代也不例外。例如,投递员的工作也是通过身体的运动完成的,骑着自行车走东家、跑西家,传递人间的亲情和友情。不过,投递员的这种身体运动方式尽管与自行车竞技运动方式大同小异,但身体运动的性质截然不同。

第三种类型是游戏态的身体运动，即以游戏娱乐为目的的身体运动。在生活中，身体运动的方式表现为多样性的特点。在生存与安全得到基本的满足之后，人类的身体运动又开始向另外的社会层面发展，即社会文化的层面发展，表现出一种游戏态的身体运动。游戏活动是人类生活中不可缺少的内容之一，每个人自婴儿时期开始，就与游戏结下了不解之缘。从母子的嬉戏开始，到伙伴之间的捉迷藏，以至于耄耋之年始终与游戏活动联系在一起，只是游戏的内容与方式不同。

游戏活动大致可以分为三类，即语言的游戏活动、智力的游戏活动和肢体的游戏活动。而肢体的游戏活动就是通过身体运动完成的，如生活中常见的捉迷藏、跳皮筋、老鹰捉小鸡等游戏。身体游戏是一个不断发展的过程，它始于人类的本能，即在与生俱来的一种内驱力作用下，通过游戏的方式实现一种快乐的目的。所以，游戏具有本能的性质。但是，本能的游戏内容和游戏范围极其有限，不可能满足人类成长的需要，人类更多的游戏是在生活实践中不断创造出来的。就身体游戏而言，它既具有本能态的性质，又具有游戏态的特点。

人类的游戏活动是一种广泛的身体活动，不同民族、不同地区的人由于生活环境和习俗不同，游戏的方式也不同。临水而居的人喜欢在水中嬉戏，冬季漫长的地区人们更喜欢在雪地中玩耍，由此产生了各不相同的身体运动方式，如游泳、划船、滑雪橇和打雪仗等。此外，各种舞蹈表演活动也是一种身体运动，即通过身体的运动表达一种特定的内容和思想。还有各种杂技运动同样如此，通过身体的技巧展现人的身体的创造力。这类身体运动都具有游戏的因素，所以，属于游戏态的身体运动。

从以上身体运动的分类中可以看出，人类早期的身体活动或身体运动都与生存、宗教活动、战争活动以及生活之余的游戏活动有关，它只是一种广义上的身体运动，同我们现在所说的运动与体育运动有着本质的不同。但彼此之间又有联系，也就是说，没有人类早期的各种身体活动及身体运动的演变发展，就不会产生运动与体育运动。值得一提的是，早期人类的身体运动与本能活动、游戏活动交织在一起,往往容易造成人们认识和理解的误区。那么,如何认识它们之间的区别? 应该把它们放到社会的、文化的视野中考察,方可认识得更清楚。例如,就人类的游泳活动而言,游泳是一种本能行为,其他所有动物都具有游泳的本能。但是,其他动物的游泳活动都是一种被动的身体运动方式。即只有它们被扔到水里或意外落水,能够拼尽全力回到岸上,而不会出于运动或游戏的目的去游泳。即使我们看到的非洲的野驴、野马及羚羊在迁徙过程中,遇到大河会毫不犹豫地跳下去,游到对岸,但这只是一种出于生存需要的游泳,而不是运动。

那么,人类早期的游泳是什么? 虽然从身体活动的形式上说,与身体运动没有差异,但它也只是一种嬉戏游戏。为什么这样说呢? 因为"历史上之所以会发展出身体运动(body exercise 或 body activity),是因为它有助于人们创造、操练、重演在获取和保障其维持生存的手段时涉及的技能。人们就这样解释涉及'跑、跳、投、掷'的一些运动的起源,因为它们能让人练习狩猎,或在追寻猎物的需要消失后继续作为一项模拟活动存在"①。也就是说,早期人类为生存而创造出的各种技能,虽然形式上也是一种身体运动,但目的却是一种生存的需要,与现在的运动概念有着本质的不同。所以,"在解释运动时,并不能完全基于它有助于人们获取其维持生存的手段并捍卫自身的作用。随着衣食住行成为'听候调遣的运动机器,可供慢走快跑,游泳、攀爬、跳跃'的身体能力、骨骼系统和肌肉系统,其用途也就不再必然是协助人们保障基本需要"②。也就是说,早期的身体运动只是一种生存手段,随着人类发展运动的意义逐渐出现,它不再是一种满足生活基本需求的手段,而演变成为以休闲娱乐为目的的各种身体活动。

或许有人认为,古代的射箭、投矛既是一种生存方式,又是一种

---

① 克里斯·希林. 文化、技术与社会中的身体[M]. 李康,译. 北京:北京大学出版社,2011:108.

② 克里斯·希林. 文化、技术与社会中的身体[M]. 李康,译. 北京:北京大学出版社,2011:109.

娱乐方式,而且又是通过身体运动完成的,为什么不是一种运动呢?其实,这一问题应当辩证地认识。射箭和投矛等活动只是人类早期的一种游戏活动。因为运动"sport"与"sports"的产生经历了一个漫长的过程,它首先是人类认识发展的结果。而认识过程无不受到社会文化和社会发展水平的制约,一种事物的产生必然与一定的概念相联系,体现出人类的认识水平。所以,根据符号学的分类原则,只能将早期的射箭、投矛活动归类于游戏范畴。但是,这并不否定游戏活动中包含运动的因素,即无论游戏活动还是运动都是通过身体的活动方式进行,很难丝毫不差地进行切割。因此,我们只能对游戏活动和运动大致地进行区分。同时,运动与体育运动是由游戏活动和竞技活动演变而来,这一观点已获得共识。所以,如果认为运动与体育运动等同于游戏活动,那岂不是说,运动与体育运动相伴人类、与生俱来? 这不仅在逻辑上解释不通,又否定了人类发展的文化性。

2. 运动的演变过程

运动与体育运动是由游戏活动演变而来,从身体活动方式上说,又是一个从广义的运动向狭义的运动的演变过程。这一过程从本质上说既是人类文化的发展变化过程,又是人类文明的进步过程。人类的游戏活动从本能开始,并且在此基础上不断延伸与扩展,使游戏活动的内容和方式不断增多,游戏范围不断扩大。游戏活动是伴随人类生活的一项自始至终的活动,在人类成长的每一阶段和每一过程中都与不同的游戏相联系。通过游戏活动获得快乐、与人交往,即使生活充满了愉快,又使个人与群体、个人与社会彼此联系,实现了自身与社会的沟通与交流。那么,游戏活动由何而来?它是如何实现个体与群体、社会的联系呢? 又是如何演变的呢? 我们从以下几方面加以认识。

人类游戏活动的产生从源头上说可以分为三个部分,即本能的游戏、学习的游戏和创造的游戏,并且依次为基础,即前者为后者的基础。从游戏的分类上说,可以分为肢体的游戏、智力的游戏和语言的游戏。而智力的游戏是在人类的思维能力发展到一定程度之后才出现的,语言的游戏亦是如此,是在人类的语言产生之后才逐渐出现的。所以,人类最早的游戏就是肢体的游戏。当然,肢体的游戏也是智力作用的结果,只是不同于后来产生的纯粹的智力游戏。人类早期的狩猎过程是一种生存方式,在狩猎过程中,每当人们获取了猎物就会兴高采烈、手舞足蹈,这是一种本能的情感表达方式。因为在语言产生之前,人类没有其他表达情感和情绪的方式,只能借助于肢体的动作进行表达。同时,在狩猎过程中,人类也不断学习和模仿动物的身体动作(这也是人类舞蹈出现的源头),从而出现了早期的原始游戏。正如赫伊津哈所说:"游戏的一切基本因素,包括个体和集体的因素,早在动物的生活中就已经存在;这些因素是竞争、表演、展示、挑战、整饬、夸耀、卖弄、佯装和有约束力的规则。在种系发生上,鸟类远离人类,却与人类共有如此之多的游戏特征,这实在令人惊叹。鸟鹬以舞姿竞技,乌鸦以飞行比赛,园丁鸟装饰鸟巢,燕雀吟唱优美的旋律。由此可见,作为娱乐的竞争和展示并不是起源于文化,而是走在文化出现之前的。"①所以,早在人类文化出现之前,人类的游戏就已经出现。但是,需要指出的是,其他动物的一切游戏再优美,它只是动物的本能行为。尽管其他动物的本能行为与人类的本能行为有很多相似之处,但本能就是本能。而人类学习和模仿其他动物的游戏已经超出了本能的范畴,成为一种习得行为。人类的游戏文化也由此开始。

　　而创造的游戏活动是随着人类思维能力的发展,人类逐渐学会了制造工具和使用工具之后,即人类的文化出现以后产生的。人类发明了弓箭,提高了狩猎效率,改善了生存和生活方式。同时,弓箭在狩猎之余又成为人类的游戏工具。由此可见,人类早期的游戏与人类的生存与生活方式有密切联系,都是由生存与生活方式演变而来。在肢体的游戏中,本能的游戏无所谓文化,而学习的游戏和创造的游戏则标志着游戏文化的出现,体现出人类的一种生活方式文明。

　　游戏活动作为一种社会文化出现后,又不只是局限于休闲娱乐

　　① 约翰·赫伊津哈. 游戏的人——文化中游戏成分的研究[M]. 何道宽,译. 广州:花城出版社,2007:51-52.

的范围,它在生活领域内不断延伸、发展。从而衍生出各种具有游戏性质的情感表达方式和社交礼仪方式等,为生活增添了新的文化内容。其中,人类早期的舞蹈、宗教和礼仪活动的产生就具有强烈的游戏色彩。古代早期的舞蹈活动既是一种游戏方式,又是一种古代人表达情感的交流方式。在语言还没有产生的历史时期,人类的交流只能借助于肢体的活动进行表达。"一个部落成员,每当他狩猎或打仗凯旋,或旅行归来,或者任何一种给他们身心带来愉悦和快感的事件之后,他总会在夜晚的篝火边,向那些闻讯而至的妇女和年轻人手舞足蹈地再现他的所作所为。这样一种在世界广泛存在的习俗无疑是产生于每一个成功者都想重温成功喜悦的欲望。除此以外,还有人类本性中天生就有的自我炫耀、自我标榜的欲望"①。所以,人类原始的舞蹈承载着游戏与情感交流的双重功能。

古代的原始宗教仪式也是通过舞蹈活动完成的。在远古时期,原始人类对世界的认识有着他们独特的方式,他们无法从自然科学的基础上认识客观世界的现象,但对于各种客观自然现象又有着独特的回应方式。如原始人对于自身的生存和繁衍十分重视,而生存状态完全依赖于庄稼的收成,因此,为了获得丰收而祈天求雨是世界各国、各民族普遍存在的一种方式。这种祈天求雨的活动在很多民族和地区是通过舞蹈活动进行的,但这种舞蹈活动与游戏舞蹈有所不同,它不是一种个人进行的舞蹈,而是一种群体的舞蹈。

古代的宗教活动,为什么要以舞蹈的形式进行? 这与不同民族的思维和习惯有关。早期人类由于思维和认识水平所致,他们将各种天气现象以人格化的形式加以表达,即天气是否降雨是由天神和雷公掌控,所以,为了祈求天神和雷公降雨,人们便举行各种仪式进行祭拜,由此产生了原始的宗教。正如英国的简·艾伦·哈里森所说:"一种仪式中,出现了这种偶像,出现了人格化的表演形式,它就远非那种单纯而率直的手舞足蹈可比,就再也不是单纯而自发的心理冲动和精力宣泄,而是已经进入了艺术活动的门槛,尽管这种艺

---

① 简·艾伦·哈里森. 古代艺术与仪式[M]. 刘宗迪,译. 北京:三联书店,2008:22.

术可能还非常质朴粗率。借助此种人格化的表现,单纯的事件转变成了典型形象,这种人格化的表现,几乎是所有艺术和宗教活动的滥觞。"①因此,尽管宗教仪式虔诚而庄重,但在表现方式上无不具有一种游戏的意味。

在我国,古代礼仪方式的产生同样具有游戏的因素,即作为生存工具、游戏工具和战争手段的弓箭成为礼仪活动的情感表达工具。商代以后,射箭活动逐步演变为一种礼仪形式,即社会统治阶层将射箭作为一种礼仪方式对不同层别的官员在社交活动中的行为进行规范。所以,这种射箭活动又称之为礼射。商代的礼射分为大射、燕射、宾射和乡射四种。天子用大射,即天子、诸侯在举行盛大祭祀之前所进行的射礼;宾射,即诸侯来朝拜天子或诸侯之间相互拜访时举行的射礼;燕射,即天子慰劳使臣,与诸侯同坐娱乐时的射礼;乡射,即乡大夫举行乡饮宴时的射礼。在射礼过程中,天子、诸侯、乡绅所使用的弓、箭、侯(箭靶)、标准、所奏乐曲、礼仪程式等都有明确的等级规定。并且射箭时,每个人的动作如进、退、周、还也要合乎周礼的规定。礼射作为周礼的一部分,是其宗法制度的反映。

据《礼记·射义》记载:"射者,所以观盛德也。""射者,仁之道也。射求正诸己,己正而后发,发而不中,则不怨胜己者,反求诸己而已矣。"意思是说,射箭可以看出人的德性品质。射箭是一种修行仁义的方法,要调节好心态,心态端正才可以射中。射不中不是对手的原因,而是自己的心态、技术等多种原因造成的。《射义》里面还引用《论语·八佾》的一段话,说君子没有什么可争的事情,如果有所争,一定是比箭吧。当射箭的时候,相互作揖后登高;射击完毕,走下堂来,然后作揖饮酒。

古代的礼射活动,既是一种礼仪方式,用以规范不同等级人员之间的行为,又是一种统治阶级必备的技能,以备战时统兵作战的需要。宋代吕大临曾指出,射礼"天下无事则用之于礼乐,天下有事

---

① 简·艾伦·哈里森. 古代艺术与仪式[M]. 刘宗迪,译. 北京:三联书店,2008:42.

则用之于战争"。所以,到了西周时,为适应统治阶级的需要,在教育中实施以"六艺"为主要内容的教育,即"礼、乐、射、御、书、数"。其中的射就是射箭,御就是驾驶战车或作为交通工具车辆的技能,目的在于培养统治阶级子弟率兵作战的本领以及生活技能。由此可见,作为游戏活动或肢体运动的舞蹈、射箭在发展、演变过程中不断被赋予新的功能和意义,这不仅有益于游戏活动及游戏文化本身的发展,又推动了社会文化的发展进步,体现出游戏的文明和意义。

不仅如此,在游戏活动的发展演变过程中,游戏技能演变为战争技能不仅推动了战争的发展,又使战争竞技活动向竞技运动演变迈出了新的一步。所谓竞技运动,即通过身体的力量、速度、耐力以及技术和方法与对手或既定的目标之间进行的一种竞争活动。竞技运动不同于战争竞技,但却是在游戏技能和战争竞技的基础上演变而来的。

竞技是所有动物的一种本能的活动,旨在战胜对手,使之成为自己的猎物,或通过竞技威慑对手,以巩固自己的霸主地位。而人类的竞技是一种在本能基础上延伸的身体活动,竞技的目的随着目标任务的变化而变化,具有多样性。如游戏的竞技、战争的竞技以及劳动生产中的竞技等。人类的竞技活动是伴随着人类的出现而出现,并随着人类的发展而发展。从早期狩猎过程中与其他动物的竞技,逐渐演变为战争的竞技;又从战争的竞技逐渐演变为各种和平的竞技。在人类竞技活动演变的每一过程中,无不体现出人性的光芒与丑恶、正义与非正义以及"英雄的魅力"和"魔鬼的残忍"。可见,人类的竞技是一把双刃剑,始终与人的理性与非理性联系在一起。在人类历史上,自劳动产品出现剩余之时战争就随之出现,战争的目的从来就是一种利益之争,而战争的形式就是人类的一种竞技过程。所以,自古以来,在世界各国、各民族之间,战争从来就没有停止过。其中,尤以欧洲中世纪的骑士战争最具特色。骑士们为了适应战争,自发组织了骑士比武大会,在比武中模拟实战,演练技能。因而每次比武大会都充斥着血腥场面,伤亡现象屡见不鲜。但对于骑士来说,这种比武大会的惨烈场面并不奇怪,因为战争就是这样,需要每个骑士义无反顾地面对。"现代人视和平为正常状态,而战争则是例外,是不道德和罪恶的。中世纪时人们的态度则全然不同。骑士视战争为人类的正常状态,而这从远古时代起便被奉为真理。作为社会的保卫者,他们的服务是非常必要的。另外,如果他是一名战士,那么,战争对他而言便有重要的经济意义。从抽象意义而言,也就是按照罗马法学家及政治理论家的看法,战争是事物的秩序的一部分"①。正是这种出于战争需要的竞技演练培养了骑士的勇敢品质,使他们在战争中英勇无畏,屡建战功,从而在中世纪欧洲社会中赢得了荣誉和地位。

自 16 世纪起,随着社会文明的发展,尤其是欧洲文艺复兴运动的兴起,人文主义思想广泛传播,使骑士比武竞技开始受到遏制。1517 年,西班牙查理五世即位以后即宣告取缔这种竞技比武大会。1605 年,法国亨利四世也宣布禁止比武大会。所以,延续了几个世纪的骑士比武大会逐渐退出了欧洲舞台。但是,竞技比武大会被取缔后,骑士竞技并没有消失,而是演变为另一种方式的竞技活动。在法国,骑士们将群战比武和长矛比武改变为跑马刺环和长矛击靶。

跑马刺环就是在栅栏上挂一个圆形圈,竞技者在骑马奔跑过程中将长矛刺入圈中;长矛击靶就是用长矛猛击一个固定的靶子。这种竞技方式取代了人与人之间的直接对抗和较量,避免了伤亡事件的出现,同时也能够在竞技过程中提高骑士的作战技能,所以,逐渐成为一种新的竞技比赛方式。而且,跑马刺环除了作为骑士的竞技方式以外,也成为重大节庆、宫廷仪式中的娱乐竞技内容。由于摆脱了人与人的直接对抗,不存在更多的伤亡危险,所以,对跑马刺环的技术要求、动作审美要求也相应提高。由此,战争的竞技活动逐渐演变为一种纯粹的竞技活动。

---

① 理查德·巴柏. 骑士与骑士精神. 转引自张广智,等. 世界文化史:古代卷[M]. 杭州:浙江人民出版社,1999:375.

三、运动与体育运动

运动与体育运动(sport,sports)也是两个不同的概念,"'sport'是英文词汇,1828 年以'disport'的形式首次出现,法国人将它转变为'desport',意为带来各种娱乐,最后英国人将它一分为二取'sport'一词。今天,在整个西方世界,人们以'sport'一词统称能带来娱乐、轻松、欢快的身体活动。只要这种身体活动符合某些书面规则,便没有任何人研究它究竟是什么,是以什么方式实施和完成娱乐的。"①而"sports"是指具有比赛意义或分出胜负的运动,后来又被译为体育运动。运动的内容范围极其广泛,包括"各种能够带来娱乐、轻松、欢快的身体活动",这使很多人在认识体育运动的过程中产生了很多误会,忽略了运动概念产生的时代性,只注重了它的内容的广泛性,因此,便将人类所有时代的能够带来欢快的身体活动都视为运动。

运动一词出现在 19 世纪 30 年代前后,那么,是不是说在 19 世纪 30 年代之前就不存在运动这一内容和形式? 其实不然。比方说,小朋友经常玩的老鹰捉小鸡和"木头人"游戏,从性质和意义上说既可以认为是一种游戏活动,又可以认为是一种运动。而且,我们可以推论类似的游戏活动在人类的古代时期业已存在,那么,因此就可以认为古代就有运动,进而演绎出古代就有体育运动吗? 完全不可以。

1. 运动与体育运动(sport,sports)词义辨析

从符号学的层面来说,运动一词出现在 19 世纪 30 年代前后,那么,完全可以说,运动的概念及其含义在此之前并不存在,但这并不等于说运动的内容和形式也不存在。此话矛盾吗? 一点也不。

从物理学的意义上说,运动是指广义上的运动,即物体的移动,其英文词汇是"move","movement"或"motion"(活动、运动、运动)

① 赛莫斯·古里奥尼斯. 原生态的奥林匹克运动[M]. 沈健,译. 上海:上海人民出版社,2008:35.

等。而对于身体运动来说，还有"act"或"action"（行为、活动、动作），"activity"（尤指娱乐或兴趣方面的活动），"acting"或"show"（即表演、演戏）以及"practise"（练习、实践、表演），"exercise"（运动、操练、锻炼），"training"（训练、教育、培养）等，而不是"sport"或"sports"。例如，古希腊学校教育中的身体训练是"body exercise"（身体锻炼）或"body training"（身体训练），因为在古希腊时期，不仅"sport"或"sports"一词没有产生，而且"physical education"也没有产生，所以，根本不存在体育教育或体育运动的概念。"play"，"body exercise"或"sport"对于身体活动方式而言，有什么区别吗？其实，没有多少区别。但这里有一个概念的逻辑问题，虽然游戏活动也是一种为了愉快而进行的身体活动，与运动的身体活动有异曲同工之处。但游戏就是游戏，运动就是运动。如果在概念上混淆，对运动与体育运动的认识必然产生谬误。为什么中世纪欧洲教育家提出的德智体全面发展教育思想中对"体育"的表述是"养护法"（body maintain method）和"身体养护"（maintain health method），而没有使用"physical education"或"sport，sports"，道理同样如此。所以，在早前的教育学译文中常常将古希腊军事教育中身体锻炼或身体训练译为"体育"，其实是不准确的。这也是导致对古希腊军事训练内容作为体育解释的错误原因之一。

身体的运动既包括物理意义上即广义上的运动，又特指狭义上的运动即"sport"。举例说明，投递员骑自行车送邮件，这一过程只是一种骑自行车运动，而与自行车运动比赛或练习的运动完全不同。当然，邮递员下班后或周末，骑自行车去野外散散心，漫无边际地优哉游哉，我们可以认为这是一种娱乐，或游戏活动，或运动都可以。也就是说，虽然邮递员骑自行车方式和过程同自行车运动的方式和过程没有多大差异，但是，目的和任务的不同导致了活动的性质不同。

那么，在古代的游戏活动中，我们完全可以推论也存在类似老鹰捉小鸡或"木头人"等游戏活动，这类活动中毫无疑问地具有"运动"的因素。那么，为什么没有使用运动一词呢？一是运动一词还没有产生，二是它有固定的词汇——"play"。这说明运动的概念是人类对客观事物即身体活动方式及意义的一个不断认识的过程。

在古代，表示游戏的词汇有"play""game"等，而"game"与"sports"相近，即具有博弈、输赢的游戏。古希腊奥林匹克竞技会所使用词汇也是"olympic game"，并且这一词汇一直沿用至今。"play"即游戏的内容极其广泛，它包括身体的肢体游戏、语言的游戏和智力的游戏活动等，所以，游戏只能称为一种活动，因为它包括非肢体的活动内容。如果一定要强调身体的运动，即身体的肢体运动，那么，在肢体的游戏活动中，也应包含运动的意义，只是由于人类认识的局限性，并没有意识到这一点。而在游戏活动的发展演变过程中，运动的意义逐渐凸显，到了近代，运动一词终于出现。因此人们认为，运动包括体育运动是由一部分游戏活动和竞技活动演变而来。但是，运动的出现并没有影响游戏活动的存在和发展，游戏活动仍然以它自身的规律在延续、发展，不断产生各种新的游戏活动。而运动本身是由游戏活动演变而来，所以，也具有一定的游戏性质。因此我们说，在古代虽然游戏活动中含有运动的因素，但作为一种概念或理念的运动并不存在。

形象地说，可以将游戏活动和运动比作蝌蚪和青蛙，没有蝌蚪就不会有青蛙，但青蛙又不是蝌蚪，而是由蝌蚪演变而来。所以，将古代的游戏活动说成是古代的体育运动其实是一种概念混淆。它否定了人类认识是一个不断进步的过程，否定了文化的发展过程。法国当代著名社会学家皮埃尔·布尔迪厄在1988年法国文化电视台的《名人直白》电视节目中与著名历史学家罗杰·夏蒂埃进行的对话中指出："在体育方面，不少体育专家把从古至今的奥林匹克运动会搞成了连贯的谱系，我认为这是很危险的做法。表面的连续性掩盖了19世纪出现的重大断裂，即英国私立寄宿学校和学校体制的出现，以及体育空间的形成……换句话说，礼仪性的'拉索尔'（18世纪法国民间流行的一种球类游戏——作者注）与足球比赛完全是两码事，它们之间已无任何相似之处。"[1]布尔迪厄的这段话清楚地

---

① 皮埃尔·布尔迪厄，罗杰·夏蒂埃. 社会学家与历史学家：布尔迪厄与夏蒂埃对话录[M]. 马胜利，译. 北京：北京大学出版社，2012：92.

表明,体育是在近代英国学校出现的,"体育空间的形成"是 19 世纪的事情。

2. 游戏活动与运动的边界

客观地说,无论是游戏活动还是运动,它们同属于身体的活动,没有身体活动就谈不上游戏活动,也无所谓运动。那么,二者的区别又在哪里呢? 可以这样认为,由于生存方式和生活方式的变化使人类在游戏活动的基础上经过漫长的发展过程才逐渐产生了运动的理念,进而确定了运动的内容和范围,出现了运动的概念,形成了运动的风尚。

通过身体活动方式进行的游戏活动和竞技活动早在人类原始时期就已经存在,这是在自然生活状态下由人类的本能产生的一种与生存状态相适应的身体活动方式。在人类历史的早期,人类的思维发展水平较低,思维能力极其有限,除了本能的游戏之外,学习的游戏只是模仿其他动物的姿势进行,内容也很简单。但是,这些简单的游戏活动并不影响人类从游戏中获得快乐。随着人类文化的出现,最早的工具文化产生,人类的游戏活动内容不断丰富,出现了以工具为媒介的各种游戏活动,如射箭、投梭镖等。在这一过程中,作为狩猎过程的生存方式与射箭游戏具有很大的相似性,所以,游戏活动本身不需要人类的复杂思维对这种身体活动进行加工和调整,而只是通过一种自然的过渡就可以实现。

当人类战争出现以后,狩猎过程中的各种身体技能转化为战争手段,这一过程也同样是出于本能反应的身体技能转变。但是,随着战争的发展各种身体技能的发展则不是一个自然的过程,而是人类通过战争认识和学习的结果。人类的战争技能伴随着战争的发展不断提高。在古代战争中,虽然战略战术的发展令人钦佩,但战争方式由于社会物质发展水平的局限,所体现出的只是一种野蛮的身体较量。由于古代社会发展和人类的认识水平有限,人类的身体竞技活动也仅限于生存和战争。所以,与之相适应的游戏活动和竞技活动也不可能脱离这种现实的社会环境。

欧洲中世纪以后,由于战争方式发生变化,所以,各种战争技能如长矛比武等逐渐演变为一种竞技运动和竞技方式。"很多贵族的娱乐活动都是这样一种武力场面,有些像冲锋和战斗,都是面对面的猛烈攻击,气势咄咄逼人。最为刺激的是战斗的模拟场面。比如,盛大节日时会模拟大型的实战场面,燃放炮火。1517 年在王太子洗礼庆典时,人们在昂布瓦斯用木料建造了'沟堑防筑'的城市,驻防了几百个士兵,国王弗朗西斯一世亲自率兵攻城。身穿彩服的士兵在他的率领下冲进了围城……这是用来塑造具有尚武精神的国王的形象的方式。统治者以此来炫耀自己的武力与威风,借此来巩固王室至高无上的地位。炫耀武力是中世纪的传统,16 世纪则超越了这一阶段,因为此时的国王控制了诸侯,封建割据已成强弩之末。一切战斗都转变为表演——既真实又戏剧化的表演,主要展示的是战争的武器、骑兵的进攻和真实的战斗规模"①。所以,尽管中世纪的骑士竞技运动已经成为一种娱乐方式,具有了现代运动的意义,但在表述上使用的词汇是一种表演,即"show",也是一种游戏竞技,即"game",而不是"sport"。

而到了近代,欧洲工业革命之后,由于物质生活水平以及人们意识水平的不断提高,欧洲人尤其是英国人的生活方式发生了很大变化,各种以休闲娱乐为目的的户外活动即运动开始出现,如郊游、野餐、爬山、探险等。实际上,这类运动同样具有游戏因素或游戏性质,但又有不同之处。

首先,户外运动的产生与近代教育密切相关,19 世纪的英国在德智体全面发展教育思想的指导下,不仅学校体育课中有各种以游戏为内容的锻炼身体的方法,同时,在课外活动中,积极开展各种户外运动,以班级为单位由教师带领去郊外活动,一起唱歌、做游戏,目的在于使学生置身于大自然中,获得一种心旷神怡的状态。之后,这种户外运动方式又开始在城市的中层家庭中流行,每逢周末,家长带领孩子到野外郊游,不仅享受自然和阳光,又使一家人其乐融融。

其次,从游戏与运动方式上说,各种游戏活动大多具有即兴的

---

① 乔治·维加雷洛. 从古老的游戏到体育表演———一个神话的诞生[M]. 乔咪加,译. 北京:中国人民大学出版社,2007:12.

特点,只要双方约定好,随时随地可以进行。而各种户外运动在进行之前,无论是以家庭为单位,还是以学校班级为单位,都要进行事先准备,在选择的时间里进行游戏。游戏的随意性与早期人类的生存方式密切相关,如狩猎的射箭活动是一种为生存而进行的劳动,在劳动间隙又可进行射箭游戏。茶余饭后在街头巷尾进行的游戏活动也无须进行各种准备,同样是一种即兴的方式。

最后,游戏活动与运动具有交融性,即相互融合、互为补充。运动是在游戏活动的基础上发展和演变而来,从文化的层面来说,这其中既有游戏因素即游戏文化的继承,又有游戏因素的发扬,不可能完全剥离开来。比方说,小朋友玩的跳绳、跳皮筋,既可以说是一种游戏活动,又可以认为是一种户外运动。因此,正确地理解户外运动不在于其中是否包含了游戏活动,而在于是否发展了游戏活动。因为运动的产生不仅仅是身体活动方式的变化,更是一种认识观念的变化。

3. 运动与体育运动的异同

在欧美人的观念中,并不存在运动与体育运动之分,也不刻意进行区分。因为所有能够带来愉悦身体的活动都可以称之为"sport",而具有比赛意义的运动被称之为"sports"。那么,这种理解会不会造成西方的"古代体育说"?完全不会。因为对于古代的身体活动,英语中有"play","game",也就是说,每一种身体活动都有具体的词汇表达。

而在我国由于汉语翻译和习惯问题,将"sport"译为运动,又将"sports"译为体育运动。同时又将"physical education"译为体育,即身体教育。而在使用中又习惯将"sports"即体育运动简称为体育。所以,翻来覆去造成了很多误解。于是,一些人认为体育(physical education)产生之初,进行体育教育的具体内容是一些游戏活动即"play","game",就将所有的游戏活动统统称为体育(活动),随之,在清末民初就出现了"古代体育说"。将古代"六艺"教育中的射箭和驾驭战车以及战国时期齐国都城临淄集市上出现的"吹竽、鼓瑟、击筑、弹琴、斗鸡、走犬、蹴鞠"等娱乐活动中的"蹴鞠",称为古代体育活动,甚至认为"蹴鞠"是人类足球的起源。似乎体育与运动早在两千多年前的中国就已经存在？而且这种思想和观点一直延续至今，这实在是一种缺乏理性的思维模式。

那么，将"sport"和"sports"译为"运动"和"体育运动"有什么不妥吗？完全没有。我们同样可以将"运动"理解为以休闲娱乐为目的的身体活动，将"体育运动"理解为具有比赛意义的运动。但是，需要说明的是，以休闲娱乐为目的的"运动"不包括工作态的身体活动以及属于其他类别的身体活动，如邮递员骑自行车工作、舞蹈演员和杂技演员的表演等。那么，又如何理解职业运动员的"运动"？对于这些人而言，他们的身体运动同样是一种工作态的身体运动。但我们可以这样认识，职业运动员的身体运动的确具有工作态的性质，但这只是一种小众身体运动方式，稍加说明，并不影响我们从社会层面认识"运动"。那么，又如何理解运动中的"体育运动"？运动包括体育运动，体育运动只是运动的一部分。那么，怎样区分运动与体育运动？其实，这与游戏活动和运动的区分一样具有交融性。我们可以这样理解，所有列入国际奥委会和各国、各地区奥委会比赛的运动项目都属于"体育运动"的项目，而某个人或几个人单独发明的身体活动形式或项目，只可以称为运动项目，而不是"体育运动"项目。但是，近些年来，国际奥委会在奥运会中为推动主办国体育运动发展，常常鼓励主办国将具有本国、本民族特色的运动项目纳入奥运会比赛中，这既是体育运动不断泛化的结果，又是体育运动发展的一个标志。由此体现出运动与体育运动的彼此交融，没有必要刻意进行二者的切割。

但是，需要解释的是，将具有本国、本民族特色的游戏活动或运动项目纳入体育运动项目范畴，并不意味着因此可以追根溯源，将古代就已存在的这种游戏方式视为古代体育运动。这不仅是一个事物发展的逻辑问题，更是一个文化发展的认识问题。

例如，在2008年举行的北京奥运会上，武术成为比赛项目，那么，是否就可以说，武术在我国两千多年前就已经产生，所以，我国古代就有体育运动呢？完全不可以，这种观点实质上是一种偷换概念。武术是什么？武术是我国古代的一种战争手段，虽然在练习武术的过程中，它能够起到强身健体的作用，但根本目的不在于此，而是为了战争需要。武术的内容不同,中国武术门派林立,在古代形成了不同的帮派,帮派之间的比武竞技,不是以公平的技术动作进行,而是凭借各自的绝技(我有你没有的技术)战胜对手甚至置对手于死地。

除了战争手段以外,在平常生活中,武术又成为一些民间好汉劫富济贫、打抱不平的方式以及为达官贵人充当保镖所必需的技能。到了近现代,在城市中出现了一些武馆、会馆,但这些武馆的目的和任务并不是为了发展体育运动。而在清末,由于义和团"运动",清政府甚至禁止练武,其原因在于武术虽然具有强身健体之功能,但民间练武的目的并不在于此。所以,在民国时期举办的历届"全国运动会"以及1936年我国参加的第11届德国柏林奥运会上,武术只能作为一种表演项目。这种脱离了战争目的的武术我们可以认为是由战争技能演变的一种运动。

新中国成立后,武术之所以能够从一种战争技能或运动演变为体育运动,其根本原因在于国家设立了专门机构负责开展武术活动,并编制了武术运动所需要的套路以及规则等内容,对武术进行规范管理,使武术活动的性质发生了变化,并且具有了体育运动的性质和特征,其中之一就是体育运动的制度性和规则性。

体育运动的产生经历了一个漫长的发展与演变过程,即从游戏活动、竞技活动发展到运动与体育运动。在这一过程中,从形式上看是一个身体活动方式的演变过程,而从文化发展方面来说,则是人类认识水平不断提高的一种文化进步过程。正如顾拜旦所说:"除体育运动之外,没有任何更便利的场所能使年轻人在娱乐和自由的时间内施展他们在精神和身体上的双重力量。"①由此可见,运动与体育运动的作用和意义非各种游戏活动和竞技活动所能比拟,所以,体育运动产生以后,不仅成为教育的内容,成为培养全面发展的人的一种手段和方法。随着体育运动的普及与发展,其逐渐成为社会大众锻炼身体、获得愉悦的一种身体活动。

---

①　皮埃尔·德·顾拜旦.奥林匹克宣言[M].北京:人民出版社,2008:124.

体育与运动的文明基础

文明是人类社会文化发展到一定阶段的产物,它是人类文化的一种显现状态。人类的文化是如何产生的? 简言之,一方面是由人类自身的思维进化所决定,即人类在进化过程中思维能力远远高于其他所有动物,所以,在维持生存过程中人类不仅依靠本能的进化适应环境,而且能够创造条件、改变环境以维持生存。另一方面是人类的实践活动所决定的,思维能力发展决定了人类的认识水平,决定了人类能够对自身的活动具有反思能力。所以,在进化过程中人类的意识能力逐渐提高,学会了制造工具和使用工具。因此,制造和使用工具标志着人类文化的产生。

体育与运动作为人类文化的一部分,它的产生与发展离不开社会文化的发展基础。体育作为一种教育活动和教育现象,它是在教育文化发展到一定阶段才出现的。而运动与体育运动则是由一部分游戏活动演变而来,同样以社会文化发展为基础。

一、什么是文化与文明?

《现代汉语词典》将文化一词定义为:人类在社会历史发展过程中所创造的物质财富和精神财富的总和,特指精神财富,如文学、艺术、教育、科学等。

文化是什么? 著名国学大师钱穆认为:"文化只是'人生',只是人类的'生活'。唯此所谓人生,并不是指个人人生而言。每一个人的生活,也是人生,却不可说是文化。文化是指集体的、大群的人类生活而言。在某一地区、某一集团、某一社会,或某一民族之集合的大群的人生,指其生活之各部门、各方面综合的全体性而言,始得目之为文化。"①

美国学者菲利普·巴格比(Phylip Bagby)说:"人类活动的重要部分有宗教、政治、经济、艺术、科学、技术、教育、语言、习俗等。任何当代的对于特定民族的文化描述都包含其中的一部分,如果不是它的全部的话。如果我们考察这些字眼背后的'实在',我们就能清楚地看到,我们所涉及的主要是行为模式,人类行动的方式。他们拜神、与政治权力做斗争、买卖货物、绘画等,所有这些行为都能被称作文化。"②除了行为方式之外,"人类学家还涉及观念、知识、信仰、价值和其他一些通常不能称为行为的东西……例如,宗教既包括宗教活动,也含有宗教信念和宗教体验。同样,科学既包括知识的成果,也包括获得知识的行动。至少,这部分非行为的类型的文化可以被称为思想和情感模式。它们是内在'精神'活动的特性。这种特性我们只能在自己身上观察,同时必定要假定它们在别人身上也存在。同狭义的行为模式一样,思想和情感的模式也在我们称之为'文化'的事物之中"③。

从概念的意义上说,文化很抽象,以至于人类生活中的所有创造物和包括有形物质的存在和无形精神的存在都属于文化的范畴。这其中包括人类为了生存和生活所创造的各种生产和生活工具、各种生活设施和公共活动设施以及各种文学和艺术作品等。具体来说,镰刀、锄头、耙犁、播种机是物质文化的具体体现;房屋、畜舍、水井、引水渠同样是物质文化的存在。而人们的各种礼仪方式、习俗特点以及行为模式则是思想观念或者说文化作用于人的结果,不同国家和地区、不同民族和群体由于文化不同,行为方式也不同。凡此种种,均属于文化的范畴和内容。

① 钱穆.文化学大义[M].北京:九州出版社,2011:4.
② 菲利普·巴格比.文化:历史的投影[M].夏克,等,译.上海:上海人民出版社,1987:92.
③ 菲利普·巴格比.文化:历史的投影[M].夏克,等,译.上海:上海人民出版社,1987:92-93.

文明又是什么？英国文化学家泰勒说："文明是人类文化发展的特定阶段，是文化演进中的一定时期，是文化中的亚文化。原始文化发展到一定阶段才有文明的出现。高级的文化才可称为文明。"①

美国历史学者爱德华·迈克诺尔·伯恩斯（Edward Mcnall Burns，1897—1972）说："由于每个文化都有其自己的特点，由于这些文化比其他文化发达得多，我们完全可以说文明即一种先进的文化。我们可以说，一个文化一旦达到了文字已在很大程度上得到使用，人文科学和自然科学已有某些进步，政治的、社会的和经济的制度已经发展到至少足以解决一个复杂社会的秩序、安全和效能的某些问题这样一个阶段，那么这个文化就应当可以称为文明。"②通俗地说，文明是文化出现之后经过一段时间的发展所呈现出来的一种社会形态，即社会文化形态。"文明和文化都涉及一个民族全面的生活方式，文明是放大了的文化。它们都包括'价值观、准则、体制和在一个既定社会中历代人赋予了头等重要性的思维模式。'文明是'一个空间，一个文化领域'，是'文化特征和现象的一个集合'"③。

而菲利普·巴格比认为："'文明'一词有一个几乎完全类似于'文化'一词的发展过程。起初，它意指个人修养的过程，或许它比'文化'一词更侧重于社会的风范。所以，康德作了这种区别：'我们被艺术和科学……所教养，我们在各种社会的风范和优雅中……变得文明。'"④

从以上不同的定义中可以看出，文化和文明具有一致性，相互联系，不可分割。从社会层面来说，文化是人类最初的思想观念和

---

① 转引自王玉德. 文化学[M]. 昆明：云南大学出版社，2006：18.

② 爱德华·迈克诺尔·伯恩斯，等. 世界文明史：第1卷[M]. 罗经国，等，译. 北京：商务印书馆，1987：26.

③ 塞缪尔·亨廷顿. 文明的冲突与世界秩序的重建[M]. 周琪，等，译. 北京：新华出版社，2010：20.

④ 菲利普·巴格比. 文化：历史的投影[M]. 夏克，等，译. 上海：上海人民出版社，1987：89.

共同的行为方式。个别的社会现象不属于文化，只有这种现象成为一种普遍的现象时才构成文化现象。从个人层面来说，一个人的特立独行的行为方式或思想观念不能称其为"文化"，只有每一个人都表现出的共同的思想观念和行为方式才构成"文化"。这种共同的思想观念和行为方式由何而来？很多文化研究者认为，文化的产生与环境和习俗密切相关。

文明是文化化育的结果，没有文化就谈不上文明。文明是指一种较高级的、较发达的文化形态。但是，如何区分文化与文明的界限？又是一个很复杂的问题，各种观点众说纷纭。美国社会学家巴斯认为，"可以将'文化'限定为其技术方面，即'人对自然的支配'，而'文明'则被用来指社会对人的本能的制约，即'人对其自身的支配'。"①这一观点从狭义上解释文明比较清晰，如欧洲近代文化中的绅士文明，既是一种绅士文化的体现，又是一种绅士文明的状态。

1. 文化的产生

人类的文化源于何时？迄今为止，这一问题仍处于不断的探索和认识中。斗转星移、沧海桑田的变化，淹没了早期人类的足迹。所以，各国考古学家和人类学家只能在考古中借助于文物发现对此进行解释。

早在旧石器时代（公元前175万年—公元前3万年前后）早期，即人类的原始社会早期阶段，人类的生活状态同其他动物无异，完全处于一种自生自灭的本能状态，因而也就没什么文化可言。到了旧石器时代晚期，随着人类的进化和发展，人类的思维能力逐渐优于其他动物，这为人类脱离于其他动物奠定了生物学和文化学的基础。其标志就是人类创造了文化，并通过文化的化生、化育作用，使人类超脱于其他动物而拥有了自己的世界。

据考证，在旧石器时代晚期，即公元前5万年前后，人类已经学会了使用工具，将树枝削制成棍棒、将石片磨制成石刀，从而提高了狩猎效率和生存状态。这一时期，人类还学会了使用火种并具有了

---

① 菲利普·巴格比. 文化:历史的投影[M]. 夏克,等,译. 上海:上海人民出版社, 1987:191.

说话的能力,能够和同伴进行交流。到公元前3万年至公元前1万年前后,人类制作和使用工具的能力又有了很大进步。能够制作骨针、鱼钩、鱼镖、投矛、弓箭等,并开始利用兽皮缝制衣服。因此,工具的出现和发展标志着人类文化的出现,即工具文化的出现。

那么,如何理解工具文化? 工具文化的产生是人类思维进化和发展的结果,又是人类认识进步和提高的标志。人类之所以不同于其他各种动物的一个重要原因就是在思维进化过程中,人类的思维能力显著高于其他动物,所以,人类能够利用工具和制造工具,并借助于工具维持生存。因此,体现出人类的文化特征。

在旧石器时代晚期,人类的文字尚未出现,所以,人类的文化没有文字记载。但并不等于说人类的文化就不存在,美国历史学家爱德华·麦克诺尔·伯恩斯说:"文字发明之前的时代成为'前文字时代'。前文字社会的记录当然不是书本和手稿,而是工具、武器、化石、器皿、雕刻、图画,以及饰物和纹饰的残片。这些一般称为'人工制品'的东西,往往具有同文字相同的价值,能使我们了解人们的行为和生活方式。"①

前文字时代的文化不仅体现在劳动工具的制作方面,生活中符号记事的方法同样是一种文化的体现。在文字出现以前,南美洲的印加人使用葵布记事。葵布是由打结的棉制或羊毛制绳子组成,染成多种颜色,有时包括几百股各种长度的绳子。葵布这一名称来自于快赤瓦语,意思是"结"。它将官方所需要的各种统计数据编码,从某个月份某个提供劳役的男性劳力的信息到国内每个粮仓存储的谷物,葵布无所不包。葵布采用十进制记数体系,结在绳子上的位置表明它们的位置数,离主绳最远的结代表的数字是个位,其余依次为十位、百位、千位。这种在印加时代前就已经出现的记数方法,是用来记录官方所需的统计数字的,这也成为印加帝国理想的统治工具之一。

除此之外,人类早期的宗教活动即原始宗教的出现也是一种文

---

① 爱德华·麦克诺尔·伯恩斯,等. 世界文明史:第一卷[M]. 罗经国,等,译. 北京:商务印书馆,1987.10.

化形态。原始人类对于客观世界的很多自然现象无法认识和理解,更无法解释。他们认为自然界的许多现象是由种种神灵驾驭的,由此产生了雷电、风雨和四季更替;日月星辰的天体变化;洪水泛滥,火山爆发等自然现象,并直接影响了植物的生长和动物的繁殖。为了规避自然灾害,使人类自身能够生存立命,原始人类产生了神崇拜观念。"最早的宗教是史前宗教即原始宗教。西方学者如伯恩斯与拉尔夫等人认为,原始宗教包含了恐惧与希望情绪;弗雷泽则探讨了农业与巫术行为的内在联系,认为当时人类在这些有联系的行动与想象中形成了一套复杂的宗教礼仪;泰勒认为,当时人把原始的疑虑与愿望寄托给灵魂,于是,原始宗教与神话产生了"①。宗教活动的内容主要是通过仪式活动祈天求雨或保佑生灵,大多采用祭祀舞蹈的方式进行。而这些舞蹈动作主要是模仿其他动物的动作而来,如澳洲的袋鼠舞、非洲的野兔舞、北美的熊舞与犬舞等。从世界各国的文物考古中可以发现,很多岩洞壁画、陶器器皿上都会有原始人类的舞蹈画面。这种绘画或雕刻的画面不仅记录和反映了原始人类的宗教活动,又成为当代艺术的起源。德国著名艺术史家格罗塞认为"原始艺术是由狩猎生活形成和发展的,在转向农耕时代以后,艺术中才出现了以植物为主的装饰,反映了原始艺术与经济生活有密切的联系"②。由此可见,在旧石器时代,尽管文字还没有出现,但人类的文化就以各种形式出现在生活中。

新石器时代末期,大约公元前 5 000 年前后出现了文字,即古埃及的象形文字。公元前 3 000 年前后,两河流域的苏美尔人又发明了楔形文字。文字产生以后,不仅使人类的交流活动更为方便,又使人类的历史与文化从此有了文字记载,为文化的传承与发展提供了载体。

2. 文明的出现

文明的出现滞后于文化的产生,人类工具文化的出现并不意味着文明的产生。文明作为一种文化表现形态,它是在文化的作用

---

① 张广智,等. 世界文化史:古代卷[M]. 杭州:浙江人民出版社,1999:24 - 25.
② 张广智,等. 世界文化史:古代卷[M]. 杭州:浙江人民出版社,1999:44.

下,使人类的行为方式和生活方式得以改变,逐渐形成明显不同于以往的行为或生活状态,表现出极大的先进性,才构成了一种所谓的文明状态。

具体来说,在旧石器时代晚期,人类的工具文化就已经产生。这种工具文化虽然在一定程度上改善了狩猎方式,但人类的生存方式并没有多少改变。随着人类的不断进化及其认识水平的不断提高,人类的文化发展又有所进步,不仅出现了复杂、精细的工具,而且,人类还学会了用兽皮制作衣服和使用火种。这一过程既是人类生物进化即思维发展的结果,又是人类文化进化的结果。

所谓文化进化是"独有的变革环境的能力,人类不必经过生理上的突变就能很好地应对周围环境。对其他动物而言,生活在北极离不开毛皮,生活在沙漠必须有水源,生活在水中要靠鳍;而人类通过自身所创造的文化,经过新的非生物学的途径,就可以解决这些问题。具体来说,人类文化包括工具、衣服、装饰品、制度、语言、艺术形式、宗教信仰和习俗。所有这一切合在一起就使得人类既能适应自然环境又能调整人际关系"①。文化进化是人类在文化发展基础上的一种新的创造性活动,为人类文明的出现创造了条件。

对于人类文明何时出现有两种不同的观点。一种观点认为,人类的原始文明就是游戏文明,游戏文明是人类最早的文明形态。另一种观点认为,人类定居生活以后,由于生产方式变化,即农耕生产方式出现导致了社会分工,社会形态从母权制向父权制过渡,这"标志着文明时代的真正开始"。

游戏文明论的观点认为,在原始社会阶段,人类的活动就是生存活动。除了采集和狩猎之外,伴随人类唯一的活动就是游戏。而且,游戏不只是一种单纯的为游戏而游戏的活动,它与狩猎生存紧密联系在一起。游戏既是一种狩猎方式的迁移,又是一种为狩猎而进行的准备。人类文化发展始终围绕着狩猎活动和游戏活动而展开,并在游戏过程中以游戏精神的产生为标志体现出人类的文明。

① 斯塔夫里阿诺斯. 全球通史:第7版[M]. 董书慧,等,译. 北京:北京大学出版社,2005;6.

游戏本是一种人类和其他动物的天性,但是,其他动物的游戏只是一种本能行为,没有文化可言。人类的游戏则不同。人类的游戏除了本能的游戏之外,又在人类文化出现以后,从本能的游戏向文化的游戏过渡和发展。具体来说,工具的出现标志着人类文化的产生。但是,工具不只是用于狩猎,同时也用于游戏,并且在游戏中孕育出人类的游戏精神,体现出人类的文明。游戏精神不只是游戏中的一种心理过程和行为特征,还是一种人类智慧的综合体现。它继承了狩猎生存中的竞争精神,又发展了人类的狩猎经验,产生了人类的公平精神和规则意识,为母系社会的产生与发展提供了条件,并为人类其他社会活动的产生提供了游戏模式和精神动力。因为人类的一切活动都是建立在游戏的基础之上。

　　而分工论的观点认为,人类文明是从社会生活和社会生产模式的变化中体现出来的,应从生活方式和生产方式的发展过程考察人类文明。

　　具体来说,就个体生活而言,旧石器时代晚期,人类开始学会了群居生活和使用兽皮制作衣服,这种变化既是一种本能的生理需要,又是一种文化进化的结果。其他动物也有群居生活的习性,人类的群居生活在本质上同其他动物的群居一样,目的是聚合力量,抵御其他动物的侵袭,以求生存。所以,这种群居生活实际上只是一种本能的需要。而使用兽皮制作衣服,一是人类的生理需要;二是人类的文化进化需要,即人类可以通过创造的方式适应外界环境。这是人类思维能力高于其他动物的一个明显特征。但是,这种文化进化的需要同文明程度相比还有很长的距离。也就是说,利用兽皮制作衣服并不具有现代文明的“遮羞”意义。而只是一种维持生存状态的需要,所以,并不属于文明的状态。

　　从群体层面来说,人类群居生活之后,生产方式和生活方式发生了变化,男人一起出去狩猎,女人在居住地附近采集野果。群居生活不仅提高了劳动生产效率,又增强了防御野兽侵袭的能力。而进入新石器时代后,人类的生活方式发生了很大变化。具体表现在以血缘关系为基础的氏族公社组织逐渐形成。人类摆脱了原始群居生活,母权制社会阶段开始向父权制社会阶段过渡。在母权制社会阶段,人类的婚姻生活处于"杂婚"状态,这种"杂婚"状态是以母亲血缘为纽带,孩子不知道自己的父亲是谁。但这并不影响母亲与孩子的生活,因为群居方式使她们获得其他人采集的食品。母权制社会经历了漫长的发展阶段之后,又逐渐出现了父权制社会。父系氏族社会是一种新的社会文化体系,也是人类历史发生的最深刻的变革之一。这种变革是同当时生产力的发展相适应的。由于农业和手工业的进一步发展,男子在生产中的地位和作用越来越大,社会中心自然发生偏移,所以,从母系氏族社会发展到父系氏族社会是社会生产力发展的必然要求。农耕生产方式的出现改变了原始社会的狩猎生存模式,人类逐渐进入了农耕时代,标志着人类文明的出现。

3. 文化与文明的关系

从文化与文明的产生过程可以发现,文化先于文明。文化的产生是建立在人类思维进化的基础上,并在劳动实践中通过思维活动认识实践活动,由此创造了人类以劳动工具为标志的物质产品。尽管原始人类所创造的劳动工具极其简陋,但却凝聚了人类智慧,体现了人类之所以不同于其他动物的独特性,即文化性。

原始人类处于愚昧和野蛮时代,尽管这一时期标志着愚昧和野蛮的文化已经出现,但文明尚未出现。文明是在文化的作用下,经过一定时间并以一定方式,即人们共同行为相互影响,使人类在生产方式和行为方式上具有一定的共同特征,同时创造出具有时代意义的物质财富,才使社会呈现出文明的特征。所以,没有文化的产生和发展就没有文明的出现。

文化的发展具有延续性和传承性,这一过程是一个由低级到高级的发展过程,因此,反映某一时期文化进步水平的文明也同样是一个由低级到高级的发展过程。由此可以看出文化与文明的一致性,即文化发展决定了文明进步,文明水平反映了文化的发展程度。

文化与文明不仅具有一致性,同时,在一定时期或一定条件下,又具有一定的对立性。即文化与文明的发展表现出抵触和对立。在原始社会的父权制阶段,由于农耕文明的出现和一夫一妻制家庭的产生,使人类逐渐摆脱了狩猎生活,开始了定居的生产生活。劳动产品有了剩余，又出现了贫富分化。一些人靠身强体壮抢掠他人的劳动果实，过上了不劳而获的生活。而另一些人为保护自己的劳动产品不得不奋起抗争，于是，战争出现。随之，社会出现了阶级，即赢得战争的奴隶主阶级和由战俘构成的奴隶阶级。从社会发展的层面来看，战争是推动人类历史发展的动力。

但是，从人性的层面认识战争，在一定意义上说，它又是人类文化的倒退。人类农耕文明的曙光出现，为文明发展创造了条件，也为社会进步开辟了广阔道路。但是，由于阶级分化和战争的缘故，人性中愚昧而野蛮的一面又被重新唤起，不得不从"大同之世"和"小康之世"的社会环境中重新回到血腥的厮杀中。因此，尽管父权制社会的物质文明如生产工具和生产方式有了进步，但战争的残忍无异于又回到了狩猎阶段。

现代社会也是如此，一方面社会物质文化发展迅速，高楼拔地而起、道路四通八达，社会物质产品日益丰富，而文明水平则没有同步快速提升。原因何在？从表面上看是文化与文明的发展不同步造成的，实质上则是制度文化不适应物质文化发展的结果。从社会群体或个人来看，其文明水平高低并不完全在于一个国家或民族文化底蕴的强弱，因为文明的体现是一个教化的过程，是将文化通过自觉或灌输的方式转化为个人或群体的行为。

一个国家和民族的文明首先体现在社会群体和个人的文明，而群体和个人的文明状态在一定社会发展阶段又往往与国家和民族文化甚至个人的文化程度无关。从一般意义上说，应当是有文化的人自然是文明的人，而事实并不尽然。在生活中我们常常看到，一些社会名流、官员甚至知识分子在很多场合的行为举止并不文明，谁又能说这些人没有文化？其实，是没有教养造成的。何为教养？即教育和培养。中国文化自古以来就强调修身养性、正人先正己，这既是一个自我教养的过程，也是一个文明的造就过程。所以，文化和文明在一定意义上是有区别的，并不是说有文化就一定表现的文明，文化程度越高就越文明。而只有将文化的规范体现在思想和行为上，才表现出文明的状态。

二、体育与运动产生的游戏文明基础

游戏是人类和其他动物共有的活动,但是,其他动物的游戏只是一种本能的游戏,而人类的游戏除了本能的游戏之外,还在文化的作用下创造了更多的游戏,使人类的生活内容更加丰富。

人类本能的游戏如嬉戏、追逐等同其他动物的游戏一样,是一种天赋,与生俱来。本能的游戏无所谓文化性,更谈不上文明。那么,人类的文化游戏始于何时? 由何而来? 这与人类文化的产生联系在一起。一般认为,在旧石器时代晚期(公元前 5 万年前后),人类文化出现,其标志就是人类学会了利用工具、使用工具,所以人类初始文化也被称为工具文化。

工具文化的产生不仅为人类生存创造了更好的条件,又为人类游戏提供了工具。梭镖和弓箭的出现首先是为了生存的需要,但同时又成为游戏工具。梭镖和弓箭游戏既是一种狩猎生存的准备活动,也是一种生存之余的游戏活动。人类早期的游戏不仅是生存和娱乐方式,也发展成为社会文明的标志。正如赫伊津哈所说,"初始阶段的文明就是游戏的文明。文明不像婴儿出自于母体,它在文明中诞生,它就是游戏,且决不会离开游戏。"①

1. 为什么说游戏文明是人类初始的文明?

公元前 5 万年前后,具有现代人特征的人类终于出现,他们在采食生存中逐渐学会了说话,学会了狩猎,学会了利用工具和使用工具。但是,这一时期的人类在生存方式上与其他动物大同小异,茹毛饮血,彼此厮杀。他们的武器只有牙齿、双手和双脚,仅凭身体的能力与其他动物搏斗,与大自然抗争。又经过 1~2 万年的历练,在公元前 3 万年前后,人类学会了制造工具。于是,以工具为标志的人类文化产生了。

虽然工具文化已经出现,但是,距离人类文明尚且遥远。这一

---

① 约翰·赫伊津哈. 游戏的人——文化中游戏成分的研究[M]. 何道宽,译. 广州:广东出版集团,花城出版社,2007:译者序 13.

时期的人类利用工具,不过是捡个枯枝做工具,拿个石块当武器。这对于现代人来说不过是小事一桩,无须大惊小怪。但是,对于原始人类而言,这是一种巨大的进步。这标志着原始人类的思维能力有了很大发展,能够意识到工具的作用和意义及其与自身安全的关系。在此基础上,人类又逐渐学会了将木棒削尖制成梭镖,将薄石片磨制成石刀以及用竹藤材料制成弓箭,使狩猎效率大大提高。

梭镖和弓箭的产生不仅改善了人类的生存状态,更重要的是为人类游戏提供了工具,使人类游戏从本能的游戏向文化的游戏过渡,这不仅丰富了人类的游戏内容,也在文化游戏的发展中创造了人类原始社会的最初文明,即游戏文明。

为什么说原始社会的最初文明是游戏文明?这是由游戏的文化性和人类游戏精神的产生所决定的。本能的游戏无所谓文化性,人类在旧石器时代早期的一两百万年间,由于思维进化水平所限,游戏水平同其他动物一样只停留在本能的水平上。而随着人类思维的进化发展,人类游戏逐渐区别于其他动物,具有了文化性和文化特征。这一方面表现在游戏方式的变化,即狩猎工具变成了游戏媒介,狩猎方式变成了游戏方式。另一方面表现在人类游戏精神的产生。正如荷兰历史学家赫伊津哈所说:"文化以游戏的形式出现,文化从发轫之日起就是在游戏中展开的……通过游戏的形式,社会表达它对生活与世界的解释。"①所以,游戏孕育了文化,孕育了游戏精神,游戏精神又为游戏注入了新的活力。

游戏方式的变化体现了人类思维水平的提高,其他动物进化至今除个别经过训练的动物之外,大部分动物都不具备使用工具进行游戏的本领,唯独人类例外。当然,人类游戏方式的变化不只是因为思维能力的提高,还是狩猎生存经验积累的结果。为什么人类最早的游戏之一是梭镖和弓箭?这是由生存方式所决定的。原始人类的一切活动都是围绕着生存而进行的,除游戏之外,人类没有其他任何社会活动(早期人类所做的岩石壁画也是一种游戏方式)。

---

① 约翰·赫伊津哈. 游戏的人——文化中的游戏成分研究[M]. 何道宽,译. 广州:花城出版社,2007:13.

所以,生存方式演变为游戏方式顺理成章、理所当然。

游戏文化的产生不只是游戏方式的变化,更重要的是它孕育出一种精神,即游戏精神。精神是人类心理过程和行为特征的体现,属于意识范畴。它作为一种观念形态体现出人类的认识水平,作为一种行为方式体现出人类的朝气和活力。那么,人类的游戏精神又是如何产生的呢?

精神寓于身体之中,精神的体现既包括身体的生理过程,又包括心理过程。竞争性是人类和其他动物共有的本能的生理特征。但是,其他动物只有竞争性,而人类的竞争性又在文化的作用下演化为一种竞争精神,从而为游戏精神的形成奠定了基础。

人类的竞争性是一种源自于本性的心理品质。在人类历史早期,由于人类的思维水平尚未达到一定程度,人类的竞争性与其他动物无异,不过是一种本能驱动下的竞争行为。早期人类的竞争性只是以一种本能的形态表现在生存活动和游戏中,只具有生存意义。而这一时期的游戏活动又与狩猎生存联系在一起,也就是说,游戏围绕着生存活动而进行,体现出人类的竞争本性和竞争力。

而竞争精神是一个文化概念,它是人类独有的心理过程和行为特征。竞争精神不同于竞争性,但又不能脱离竞争性,它是在竞争性的基础上形成的一种稳定的心理特征和行为特征。其他动物也具有竞争性,但它们的竞争性仅限于本能范围内。由于意识能力所限,其他动物不知道自己会死,其他动物也不会笑。人类则不同,能够意识到危险。懂得利用工具与其他动物搏斗,即使面对一些凶猛的动物人类也会通过智慧或众人的力量战胜它们。因此,在这一过程中,人类的竞争性逐渐演变成为一种坚韧不拔的心理品质,即竞争精神。

竞争精神的产生是人类意识能力的体现,在早期的生存活动中,人类不断获得狩猎和生存经验,并能够通过思维活动将这些经验上升为理性认识,形成概念,使人类能够区别出哪些是有益的经验,哪些是危险的教训。所以人类学会了趋利避害。同时,随着狩猎方式演变为游戏方式,这种竞争精神自然地迁移到游戏之中。因为人类在原始社会其他各种社会活动根本不存在,除生存的狩猎活动之外,游戏是人类唯一的活动,因此我们说竞争精神自然地迁移到游戏之中。

竞争精神就是游戏精神吗?不全然。竞争精神是游戏不可或缺的重要因素,游戏需要竞争,竞争需要精神。除此以外,游戏还需要公平,在平等的条件下游戏才可以进行。而公平的实现又需要有规则。早期的游戏随着人类认识水平的不断提高和完善,体现出人类的文化性和文化特征。

或许有人认为,何以见得?人类在原始社会文字尚未产生,就会有公平的游戏规则?其实,这个问题无须质疑。因为任何游戏方法本身就是一种规则的体现,没有规则、没有要求怎么会有游戏?直到今天除了一部分游戏演变为运动与体育运动后有了统一的规则外,其他任何游戏都是由游戏双方自行商定规则,只要双方愿意游戏就可以进行。游戏规则产生后体现出游戏的公平性。人类早期的游戏不仅具有竞争精神,公平精神,规则精神又应运而生,游戏精神由此出现。

游戏精神是建立在竞争精神基础上的一种新的精神,它继承了竞争精神,又发展了竞争精神,使人类的狩猎生存和游戏活动上升到一个新水平。同时,人类在生存和游戏中认识水平不断提高,能够意识到人类自身的生存是人类之间相互协作的结果,这种意识不仅使人类逐渐产生了群居观念,平等的意识也渐渐出现。而平等的体现就是要自我克制,相互适应。所以,人类的认识首先体现在游戏之中,使游戏这个人类早期的除生存之外的唯一活动具有了原始文明的特征。因此,游戏文明成为人类初始的文明。

2. 游戏推动教育发展为体育(教育)文明奠定基础

游戏在人类社会发展中具有重要的作用和意义,人类一切社会活动的产生无不是建立在游戏的模式上,又在游戏精神的推动下不断发展。进入农耕社会以后,农业生产方式为人类的基本生活提供了保障,这促进了游戏发展,各种新的游戏不断产生,使人类生活内容日益丰富。同时,其他各种社会活动又以游戏模式逐渐产生。其中,具有典型意义的社会活动就是战争。

人类早期的战争近似于一种游戏。在我国春秋时期,战争在礼制文化的规范下进行得井井有条、文质彬彬。宣战一方需要向对方递交战书,约定战争地点,一般会选择双方边界的开阔地带,同时告诉对方出战人数和战车数量。而应战方也会派出同样数量的人数和战车。交战前要等双方列阵完毕才可击鼓开战,一般是双方各派一名或几名官兵在双方列阵的空隙地带进行较量,如一方有伤亡出现,战争即宣告结束,收兵回营,等待下次再战。这种战争形式无异于一种游戏竞技比武。

战争的出现,使为准备战争而进行的早期军事训练应运而生。军事训练更是一种建立在游戏模式上的活动,骑马、摔跤、长矛及梭镖对刺等,在游戏中既练习了技能,又增强了体质,还培养了士兵的竞争精神,对应对战争起了重要作用。游戏为人类战争创建了模式,并一直持续至今。不过,随着社会发展,战争的残酷性日益增加,逐渐失去了游戏性质。但是,游戏成分和游戏因素仍然保留在战争中,对胜利者进行褒奖,宣扬他们的英雄主义精神,激励更多的士兵为国家和民族利益而战。从社会的层面认识,这些活动同样具有游戏成分或游戏因素。

战争推动了社会发展,也推动了游戏发展。自古代战争产生以后,人类为准备战争而进行的军事训练活动就一直没有停止过。军事训练方式不断进步,但所有的军事训练都离不开游戏内容和游戏精神。其中,最具典型意义的莫过于古希腊的军事训练方式。

古希腊是一个文明古国,古希腊人不仅在宗教、哲学、文学、历史、艺术和科学等方面创造了辉煌成果,为人类文明发展做出了巨大贡献,而且在为应对战争而进行的军事训练方面独树一帜。以学校教育方式进行军事训练,儿童从七八岁开始进入学校接受军事教育,直至 60 岁为止都要为国家服兵役,成为忠勇合格的军人。古希腊军事教育的内容主要是各种游戏活动,如骑马、射箭、摔跤、格斗、攀爬、跑步等,通过这些游戏使学生身体强壮以适应战争需要。而学校中的音乐、几何、品德等课程同样是为了适应战争需要。需要指出的是人们常说的古希腊人是指古希腊的自由民(即贵族),而不是所有古希腊人。只有自由民的子弟才可进入学校,自由民一生的头等大事就是为国家作战。而自由民不需要劳动,所以,各种专业知识和技能对自由民来说他们不屑一顾,他们认为这些都是奴隶做的事情。古希腊的学校教育实际上就是一种军国主义思想教育,教育目的旨在培养合格的军人。

古希腊学校教育不仅开创了学校教育模式,为后世教育发展提供了可借鉴经验,而且将游戏引入学校教育发展学生身体,为中世纪末德智体全面发展教育思想的产生和教育文明的出现奠定了基础。

在以往的很多教科书中,无不将古希腊学校教育视为典范,认为古希腊教育中德智体内容俱全,其实不然。古希腊教育以斯巴达和雅典两个城邦最具代表性。斯巴达教育是典型的军国主义教育,"若问军国主义的战士,究竟具有何种'资格'? ①体格需强健;②意志需'巩固',富于爱国的热忱与具有牺牲之决心;③需具有遵守纪律,绝对服从国家命令之美德及军事的实际能力"①。所以,在斯巴达教育中,为造就合格军人男子从8岁开始就进入国立的共同教育所,即一种兵营式的寄宿学校,接受军事教育。"8岁至11岁间,专重身体的锻炼,头发需剪短,更使其跣足步行、裸体游戏,同时养成服从之德。至12岁,则军队式的教育更加严格,简直是一种'硬教育'。衣食住行方面,每年仅给予外衣一袭,不准着内衣,沐浴即在河中,严禁温浴与涂油。夜则睡于芦荻或蒿秆所制之粗床褥,冬夏均不许戴帽。食物既恶劣又稀少,因此奖励窃事。少年等往往承队长之命,往窃蔬菜及其他食物,以窃技精巧不被人察觉者为上乘,因为将来的军人时有窃粮之必要也。但若手技拙劣,被人发现者,则受严刑"②。由此可见,斯巴达的教育思想和教育方法旨在培养适应战争的合格军人。

而雅典的教育同斯巴达相比稍有不同,雅典学校有两种,一是体操学校;二是音乐学校。"体操学校崇奉武神赫尔墨斯(Hermes),习游戏、跳舞、竞技(竞走、高飞即跳高、投圆盘即铁饼、投枪、角力等),音乐学校则歌颂美神缪斯(Muses)、智神阿波罗(Apollo),以弹

---

① 雷通群. 西洋教育通史:上[M]. 福州:福建教育出版社,2011:23.
② 雷通群. 西洋教育通史:上[M]. 福州:福建教育出版社,2011:24 – 25.

等、读书(如荷马的诗、梭伦的宪法等)为常课。然则体操学校是体格的锻炼所,而音乐学校是广义的文化教育所,合两种教育机关,以图身心之协调和发展者也。但音乐学校之意义,并非今日之狭义的解释,除音乐之外,尚含有智的、道德的、宗教的意义在内,所以,诗歌、剧曲、雄辩、科学等亦包在其中"①。但是,在雅典,少年满16岁之后,便进入公共教育所进行军事训练。"入所时,需宣誓如下:①尽忠于国,②敬神,③守国民道德的传说,④不辱神圣的武器,⑤救护战友等"②。虽然雅典教育重视身体之外的其他学科教育,但教育目的又是什么呢?

柏拉图在《理想国》中指出:"算术和算学全是关于数的。这个学科看起来能把灵魂引导到真理……因此,算学这个学问看起来有资格被用法律规定下来;我们应当劝说那些将来要在城邦里身居要津的人学习算术,而且要他们不是马马虎虎地学,是深入地学,直到用自己的纯粹理性看到了数的本质,要他们学习算术不是为了做买卖,而是为了用于战争以及便于将灵魂从变化世界转向真理和实在。"③可见,学习算学和算术的目的旨在认识和研究哲学问题以及用于战争。

那么,几何学呢?柏拉图说:"它在军事上的作用是很明显的。事关安营扎寨,划分地段,以及作战和行军排列纵队、横队以及其他各种队形,指挥官有没有学过几何学是大不一样的。不过,为了满足军事方面的需要,一小部分几何学和算术知识也就够了。"④

柏拉图说:"算学、几何以及一切凡是在学习辩证法之前必须先行学习的预备性科目,必须趁他们还年轻时教给他们,当然不是采取强迫方式。因为一个自由人是不应该被迫地进行任何学习的。虽然被迫进行的学习对身体无害,但被迫进行的学习却不能在心灵上生根。"⑤由此可以看出,古希腊的其他学科教育目的也同样是为

---

① 雷通群. 西洋教育通史:上[M]. 福州:福建教育出版社,2011:27-28.
② 雷通群. 西洋教育通史:上[M]. 福州:福建教育出版社,2011:28.
③ 柏拉图. 理想国[M]. 张斌和,等,译. 北京:商务印书馆,2007:251.
④ 柏拉图. 理想国[M]. 张斌和,等,译. 北京:商务印书馆,2007:253.
⑤ 柏拉图. 理想国[M]. 张斌和,等,译. 北京:商务印书馆,2007:265.

了适应战争需要。

　　或许有人认为,即使如此,也能体现出古希腊人全面教育的思想,培养军人也需要德育,即树立忠于国家和民族的思想。学习几何有利于战争,学习雄辩术有助于人思考问题。通过游戏强身健体。这些不就是德智体教育吗? 如果这样理解的话,中国西周的"六艺"教育即"礼、乐、射、御、书、数"岂不也可以称为德智体全面教育?

　　总之,德智体全面发展作为一种教育思想是在教育的不断进步中产生的,古代教育虽然在生活经验的基础上含有德智体发展的因素,但并不成为一种教育思想。所以,将古希腊的军国主义教育方式称为全面发展教育纯属臆想。尽管如此,古希腊人以军事训练为目的开创了学校教育模式,将游戏活动引入学校教育中,这不仅为学校教育开创了发展之路,也为体育教育思想的产生奠定了基础。

　　进入中世纪后,整个欧洲处于封建教会的黑暗统治下,古希腊和古罗马的世俗教育体系走向末路。"没有知识,没有文化已成为社会的主要特征。社会似乎又回到了人类的童年时代"①。中世纪初期,教会学校主要有三种,即寺院学校、大教堂学校和教区学校。学习科目仍然沿用古希腊的"七艺",但内容却大不相同。"七艺"教材中很少有希腊、罗马的古典著作,主要是圣经、教义、宗教道德等内容。而且,在教育思想和教育目的方面同古希腊、古罗马更是大相径庭。在古希腊和古罗马时代,其教育思想从人本主义(即人文主义)出发,注重道德培养,教育目的注重现实主义。苏格拉底提出:"教育应以青年的道德教养、见识的养成为己任,认教育为一生之目的。"亚里士多德认为:"人类活动的目的是在于'善'(道德),即在于'幸福之获得'。而幸福获得之途,乃在于本体之实现。人类之本体为何? 曰,是为理性。"②所以,注重道德教育,注重人的自我即理性发展是古希腊和古罗马教育的基本思想和出发点。而中世纪的学校教育在基督教会的控制下,奉行神本主义的世界观,认为

---

　　① 张广智,等. 世界文化史:古代卷[M]. 杭州:浙江人民出版社,1999:392.

　　② 雷通群. 西洋教育通史:上[M]. 福州:福建教育出版社,2011:48.

神高于一切,主宰一切,而人是渺小的。人生来有罪,必须刻意修行,才能获得神的救赎,主张禁欲主义。在基督教思想的禁锢下,不仅教育发展受到制约,人性发展也受到压抑。

但是,到中世纪中期,由于欧洲社会生产力发展及人口增加的压力,商业经济开始复苏。尤其是在工商业比较发达的意大利,出现了早期的大学,如萨勒诺大学和博洛尼亚大学。大学的出现,无论从组织上还是思想上都突破了教会对教育的垄断局面,适应了时代的需要。同时,又为欧洲文艺复兴运动的兴起和新时期的教育发展奠定了基础。

在中世纪教育迅猛发展之时,意大利教育家韦尔杰里奥(Pietro Paolo Vergerio or Vergerius,1349—1420,又译韦杰里乌斯)在1400年(另说1396年)出版了《高尚性格与自由学科》(又译《论绅士风格与自由学科》)一书,首次提出了教育的目的在于养成"知识、道德、身体三方面协调发达的人"的教育思想。由此开启了德智体全面发展教育的必由之路。1423年,意大利教育家维多里诺(Vittorino da Feltre,1378—1446)在孟都亚(Mantua)办起了一所著名的宫廷学校,称为"怡悦的家庭"(又译"快乐之家")。所教学生既包括王子和贵族子弟,也包括维多里诺的亲友的子弟。其教育思想为"精神、身体及道德之调和的发达以及其他方面更为实际的、社会的准备"[1]。但是,由于在15世纪"体育"一词尚未产生,所以,在表述上使用了"身体养护"或"养护法"一词。不过这无关紧要,重要的是德智体全面发展教育思想的萌芽初现,并且,这一教育思想一直延续至今。德智体全面发展教育思想的出现,标志着教育发展又进入了一个新阶段,近代教育文明开始出现。

3. 战争技能回归生活为运动与体育运动产生提供条件

战争技能是游戏技能的发展和延伸,人类早期的战争是在游戏模式的基础上产生和发展的,而随着战争进程的日新月异,由于军事训练方式的出现,使游戏技能不断提高,成为一种战争技能。在人类古代战争乃至近代战争的枪炮武器出现之前,战争胜负在很大

---

① 雷通群. 西洋教育通史:上[M]. 福州:福建教育出版社,2011:126.

程度上是由个人体能和武器使用技术决定的。所以,几千年的人类战争中,军事训练成为战争的重要组成部分。

不仅如此,随着社会技术发展,战争武器和战争方式也不断改变,不仅使战争的残酷性与日俱增,也使战争技能不断发展和提高。早在公元前2000年前后,俄罗斯南部民族已经开始驯养马匹,当时马匹主要是为农业生产和商品运输提供帮助的。之后,两河流域的苏美尔人又发明了冶炼技术制造出四轮马车,并应用于战争。他们凭借铁制武器和四轮战车驰战疆场、所向披靡。此后,骑兵作战的方式一直延续到欧洲中世纪,在战争中建立了不朽功勋。

公元3世纪末和4世纪初,日耳曼人常常以骑兵作战的方式与罗马士兵交战,他们骑马移动速度快、攻击力强,而且居高临下使用长矛攻击,在厮杀中占尽优势。

一直到公元6世纪末,在欧洲战争中,这种骑兵作战的方式仍保持着优势。那时的骑兵大都是由富人组成的,因为包括马匹、武器等各种作战装备都需要由自己准备,穷人根本无力负担。所以,一些国家为了抵御日耳曼骑兵的侵袭,不得不雇佣另一些日耳曼骑兵配合作战。而这些受雇佣的骑兵靠卖命赚钱,忠诚度很低。因此,这种雇佣骑兵极大影响了战争格局,难以实现战争目的。所以,在法兰克王国的丕平和查理·马特统治期间,为了保证军队的忠诚度和有效性,决定以"采邑制"的办法建立和管理自己的骑兵军队。所谓"采邑制",就是将国家的土地连同土地上的农民一起作为采邑赐封给贵族,贵族有权向土地上的农民征收赋税。同时,这些领受了采邑的地主要服从国家的征召,每年有一定期限为国王服骑兵兵役。在领受国王赐封的土地时要举行仪式,承认自己是国王的骑士。由此,在法兰克国家出现了一个具有封建特权的骑士阶层。

骑兵不是骑士,骑兵是骑马作战的人。而骑士制度是国家为了建立自己的骑兵队伍而对一些地主、庄园主以"采邑制"手段实施管理,使这些人成为骑兵的一种制度。这些骑兵作为社会中的一个阶层,享有国王给予的赐封。所以,他们忠诚于国王和国家,被国王授予骑士称号。

中世纪的骑士在宣誓成为骑士以后,除了参加战争之外,为了

更好地保持和提高自身的战斗力,他们自发地组织起军事训练,即
"比武大会"。"最早有记载的比武大会在 1127 年,实际出现的年代
可能还要早。参加比武大会的通常是两队骑士,他们相互约定某些
条件进行战斗,这些条件包括时间限制、所用武器以及防止不正当
或严重击打对方的规则。在理论上,双方的比武要以友好为宗旨。
但在早期,比武大会并没有裁判,如果一方不正当地击打对方,也没
有什么补救措施,最后往往落到打群架的地步,所有参加的人一起
动手,战斗粗暴而又残酷,四五个人围打一个人是常有的事"①。这
种竞技比武大会同战争无异,血腥场面处处可见。但是,对于骑士
来说,这种比武大会的惨烈场面并不奇怪,因为战争就是这样,需要
每个骑士义无反顾地面对。"现代人视和平为正常状态,而战争则
是例外,是不道德和罪恶的。中世纪的态度则全然不同。骑士视战
争为人类的正常状态,而这从远古时代起便为真理。作为社会的保
卫者,他们的服务是非常必要的。另外,如果他是一名战士,那么,
战争对他而言便有重要的经济意义"②。所以,骑士们热衷于为准备
战争而进行的"比武大会",因为只有在战争中表现出英勇、顽强的
战斗精神,才能赢得战争并获取更大的利益。

　　尽管骑士在比武训练中表现得粗暴残忍,但这只是为了适应战
争需要。除此以外,骑士阶层在人格和行为方面又有值得钦佩的一
面。他们疾恶如仇,视荣誉和尊严重于一切,不可玷污和冒犯。所
以,在比武大会中不仅禁止那些有犯罪记录的人参加,而且对那些
随意冒犯妇女的人也拒之门外。骑士的勇敢精神、忠诚精神和崇高
的自我尊严逐渐赢得了欧洲社会的广泛赞誉,形成了具有时代特色
的骑士精神和骑士文明。

　　进一步说,骑士文明的形成与骑士的成长过程有密切关系。骑
士阶层出现以后,作为受封的贵族不仅自己要为国家服役,享受这
种特权福利和荣誉,还希望自己的儿子也能够如此,成为骑士阶层

　　① 张广智,等. 世界文化史:古代卷[M]. 杭州:浙江人民出版社,1999:373.
　　② 理查德·巴柏. 骑士与骑士精神. 转引自张广智,等. 世界文化史:古代卷[M].
杭州:浙江人民出版社,1999:375.

的一员。所以,很多贵族在自己儿子很小的时候,就把他送到权势较大的领主家中充当扈从。平日里照顾和侍奉主人,男主人外出打仗时则随其身边,负责看护盔甲。一直到21岁时,才有资格成为一名骑士。通过这种方式培养骑士,使他们自幼开始就生活在贵族家庭中,耳濡目染及切身体会了贵族的生活方式。女主人的温文尔雅、慈心柔情的品质以及男主人在生活中彬彬有礼、在战场上的英勇无畏的作风对骑士产生了潜移默化的影响,使他们逐渐具有了骑士的勇敢、忠诚、正义、博爱的精神品格,这是骑士文明的典型特征。

值得一提的是,欧洲中世纪的骑士比武竞技活动不仅是一种战争需要和战争手段,而且,这种竞技比武活动的演变过程又为体育运动的产生创造了可借鉴的模式。"1225年以后,竞技场变得越来越文明,每一次比武都要求有两名骑士及两名随从参加,他们要宣誓保持和平,不能在竞技场上寻仇。而且,比武技巧变得越来越主要,也就是说,比赛双方以比技巧为主,而不是看谁能忍受对方击打的时间长,竞技在规模和形式上均受到限制,并引进了计分制"①。尽管13世纪起就开始对竞技比武进行了一定限制,但效果并不理想,不过,竞技规则的出现在一定程度上为骑士竞技向体育运动演变起了积极的推动作用。

战争方式演变为竞技方式反映出社会进步朝着文明的方向发展,这种趋势不仅在法国,在其他国家也是如此。17世纪末,击剑馆在意大利纷纷出现。击剑本是一种战争方式,剑又是骑士的标志。而随着枪炮技术进入战争后,骑士阶层逐渐消失。但是,骑士精神并没有消失,而是演变为一种绅士精神。绅士精神原本是贵族阶层的一种心理品质和行为方式,而随着社会的发展,许多企业主和中产阶级知识分子也努力塑造这种品质,期望成为具有绅士精神的人。在意大利练习击剑并不是为了战争,而是为了强健身体和塑造绅士精神。战争技能演变为竞技技术实质上是一种战争技能回归生活的体现,不仅为人们提供了一种生活方式,也对运动与体育运动的产生具有示范意义。

---

① 张广智,等.世界文化史:古代卷[M].杭州:浙江人民出版社,1999:374.

三、体育与运动产生的社会文明基础

运动与体育运动一部分由游戏活动演变而来,一部分是由新发明的项目所构成。游戏为什么能够演变为运动与体育运动?一方面由游戏的功能与作用所决定,另一方面由社会发展水平所决定。

游戏的功能不只是娱乐和消遣,一些游戏活动通过身体的对抗完成,在游戏中有利于发展身体能力和培养顽强精神,这成为早期军事训练的方式。15 世纪产生的德智体全面发展教育思想中的体育教育引入游戏作为课程内容,实际上就是借鉴了早期军事训练经验。而且,当时体育教育也具有军事训练的性质,目的是培养合格的士兵。但是,这与古希腊的学校教育军事化不同。中世纪的新式学校虽然具有为军事服务的目的,但不完全如此,学校教育的宗旨是为社会各领域培养合格人才。游戏成为教育内容不仅推动了教育发展,又为游戏演变为运动与体育运动奠定了基础。

那么,为什么在中世纪末之前游戏不能演变为运动与体育运动呢? 这是由于社会发展水平较低所致。一方面,欧洲中世纪在封建教会的神权思想统治下,宣扬神权至上、禁欲主义,使人们的思想观念禁锢,人性受到压抑,没有创新发展的思想基础。另一方面,在庄园经济条件下,人们日出而作、日落而息,自给自足、各自为政。在社会底层缺乏一定的组织机构,所以,游戏活动只能处于一种自然的发展状态,没有演变动力。此外,社会物质生活条件有限,人们日复一日、年复一年地劳作,也只是维持温饱,勉强生活。劳动之余,在田间地头或街头巷尾从事一些游戏活动就是一件很惬意的事情,所以,运动与休闲的观念无从产生。

而中世纪末至近代,随着资本主义社会制度的建立,结束了长达千年之久封建教会的统治,欧洲社会从封建的神权思想中获得解放,人真正成为人,具有人的价值、人的尊严和人的力量。资产阶级人文主义者认为,人可以凭自己的意志决定自己的命运,"个人自由"和"个人幸福"是"人生的目的",是"人性"的要求。所以,他们宣扬以人为本,解放思想,反对禁欲主义。认为每个人都有追求幸福和财富的权利,意大利人文主义者鲍狄奥·布拉乔里尼(1380—1459)说:"财富是上帝眷顾一个人的最鲜明的标志,因此,发财致富,乃是一种善行。"①这种自我肯定和自我追求的精神不仅在当时的社会条件下具有进步意义,而且对于欧洲近代资本主义发展也起到了积极的推动作用。

资本主义制度形成后,对社会经济以及文学、艺术、科学技术等各个领域发展起到了巨大的推动作用,其中,英国的发展最具有代表性。自16世纪开始,英国许多新工业部门如造纸、火药、玻璃、制糖、军工、造船、棉纺业等相继兴起,采掘、冶金等工业部门由于新技术和新工艺的运用也发展很快,为英国工业革命奠定了基础。18世纪60年代至19世纪40年代,英国完成了工业革命,由此成为世界头号经济强国。同时,随着资本主义制度的建立,不仅社会政治制度发生变化,社会各个领域的制度也随之变化。因此,推动了诸如文学、艺术、科学技术和教育等各项社会事业的发展,使人类的文明水平由此进入了一个新的阶段。

游戏演变为运动与体育运动就是在这样的社会背景下发生的,资本主义经济方式产生后,社会结构发生了变化,尤其是18世纪,英国工业革命兴起使资本主义大生产如火如荼地发展,一大批农民涌入城市成为产业工人,生产方式发生了巨大变化。从社会方面来说,资本主义生产方式不同于庄园生产方式,大机器生产要求产业工人具有组织性、纪律性以及生产过程的规范化,所以,各种适应生产需要的组织制度、操作规程相继产生。对于产业工人来说,生产方式变化改变了生活方式,生活观念自然而然发生变化,为游戏演变为体育运动作了观念准备。对于游戏发展而言,工厂企业的管理制度为游戏发展和规范提供了可借鉴的方式。所以,资本主义社会制度的建立为游戏演变为运动与体育运动创造了条件。

资本主义经济发展不仅促进了社会生产进步,同时,也使人们

---

① 林举岱,等. 世界近代史[M]. 上海:上海人民出版社,1982:13.

的生活观念和生活方式发生了改变,包括居住环境、卫生和饮食习惯等方面。但是,由于资本主义社会初期发展固有的矛盾所决定,社会贫富差距巨大。所以,就生活方式而言,呈现出两极分化特点,也就是说,在近代欧洲社会中农耕文明生活方式与近代文明生活方式是共存的。尽管如此,新的生活方式的出现及其逐渐普及并表现出一定的社会文明状态是毫无异议的。

在中世纪末之前,欧洲城镇和乡野还基本上没有差别。乡村中并不只是从事农业生产,还有手工业生产等。这些手工业生产和流通为早期资本主义萌芽的产生奠定了基础。而城镇中相当一部分人仍有自己的园子,还从事着农事活动。所以,城镇和乡野的生活方式并没有很大差异。而后,随着资本主义经济发展和生产技术进步,人们的生活条件逐渐改善。在居住方式方面,"中世纪贵族把家居环境中房间分门别类安排处置,划分为卧室和起居室的做法,终于一点点传递给了其他群体。13 世纪只有贵族绅士和淑女才能享用到的舒适,一直到 17 世纪乃至 19 世纪才普及成为普通民众的生活方式"[1]。16 世纪末,城镇中出现了新发明的抽水马桶,对居家环境的卫生条件有了改进。相比中世纪城堡里的轮式可以拖动的马桶无疑是一种进步。但是,这项技术发明后并没有普及,直到 19 世纪后才被广泛使用。

这一期间,城市建筑有了巨大的发展,整个城市的布局规整而方正平直,还有就是它的城市景观设计当中采用各种几何形体体现的突出的秩序感。各种"建筑装饰变得更加丰富,'慷慨'而又浪费,建筑物的内部却洒满了生命体或者生命体的象征物:比如,布满了金光闪闪的海螺壳,盛满鲜花鲜果的羊角状装饰物"。包含了"许多娱悦感官的、反叛的、反古典的、反机械的特征"[2]。进入 19 世纪,"发明的时代与大批量生产的时代一齐降临了,但却几乎没有改变

---

① 刘易斯·芒福德. 城市文化[M]. 宋俊岭,等,译. 北京:中国建筑工业出版社,2009:46.

② 刘易斯·芒福德. 城市文化[M]. 宋俊岭,等,译. 北京:中国建筑工业出版社,2009:149.

工人的住宅条件和有关设施。铁制管道投入使用了,改进式的抽水马桶也问世了,后来,煤气灯、煤气炉都投入了使用,坐式的浴盆,连同所需的水龙头和排水管道,集体式的供水管网可将用水输送到各家各户,还有集团式的污水排泄水管网路。凡此种种,都在 1830 年之后接二连三地向中层和上层阶级的居家环境普及了。投入使用后也就是过了 30 年的时间,这些东西已经成为中层阶级的必需品"①。由此可见,资本主义经济发展极大地促进了社会变革,正如马克思所说,资产阶级在它不到一百年的阶级统治中所创造的生产力,比过去一切时代创造的全部生产力还要多,还要大。这使欧洲人的生产方式和生活方式发生了前所未有的变化,体现出一种生活方式文明。

近代欧洲的生活方式文明不只是表现在物质生活条件方面的改善,在精神生活层面同样有很多变化。过去,游戏与休闲只是宫廷贵族的生活方式和娱乐内容,而到了 19 世纪,在英国城市的中产阶级群体中,休闲户外运动广泛兴起。以家庭为单位的周末休闲内容之一就是到郊外、山林等处散步、爬山、野餐,一起享受快乐时光。不过,虽然资本主义经济发展使欧洲人的生活方式发生了很大变化,体现出一种文明的社会状态,但是,这种文明状态只为部分社会群体所拥有,而处于社会底层的无产阶级创造了社会文明,却无法享受这一切。"在旧技术文明时代里,这些发明和改进,无论如何都不曾真正进入普通人群体的生活里"。所以,"有些地区,工人的住宅就索性建筑在以灰堆、垃圾、碎玻璃堆集、填埋而成的所谓地面上,这是连草都不肯长的地方。这些住宅群往往就直接面对大堆的煤、永久堆集的矿渣,或者一垛垛的废石料山。因而不论白天黑夜,垃圾堆散发的恶臭,烟囱喷出的黑烟,铁锤的击打声,或者机器的轰鸣,夜以继日地陪伴着工人居家环境里的饮食起居"②。在资本主义

---

① 刘易斯·芒福德. 城市文化[M]. 宋俊岭,等,译. 北京:中国建筑工业出版社,2009:195.

② 刘易斯·芒福德. 城市文化[M]. 宋俊岭,等,译. 北京:中国建筑工业出版社,2009:189.

经济发展过程中,近代生活方式文明实际上是贵族和中产阶级的生活文明,而广大劳动者依然处于社会底层,他们可以感受到近代生活文明的影响,而享受这种生活文明的机会却极其有限。

但是,从另一方面来说,虽然工人阶级劳动艰苦,生活艰辛,但资本主义制度的建立和大机器生产方式,使他们在劳作之余具有人身独立和空余时间的支配权。所以,工人阶级有自己的生活方式和娱乐方式。19 世纪英国足球正是在工人阶级自己的娱乐方式的基础上而产生,因此,足球运动又被称为"工人阶级的运动"。

足球运动是在英国古老的球类游戏发展中演变而来的,早在 12 世纪,英国城镇就产生了一种踢球游戏,开始是用骷髅头作球,后又用充气的牛膀胱作球。这种踢球游戏一直延续到 19 世纪,并成为学校体育活动项目。它最初的名字叫"rugby",即英式橄榄球,又称为英式足球类游戏。英国的拉格比学校就是以这种球类游戏的名字命名的。

19 世纪 60 年代,英国工人将这种"rugby"游戏进行规范,使之成为我们所看到足球运动,并制定了世界上第一个足球规则,标志着足球运动的诞生。而"rugby"游戏传入美国后,美国人又进一步改进,诞生了我们今天所看到的橄榄球运动,所以,橄榄球又称为"American football",即美式足球。

由此可见,19 世纪随着社会文明发展的不断进步,人们的生活水平和生活方式不断改变,对游戏与休闲的需求逐渐增加。而一些古老的游戏活动由于缺乏统一的规则,不利于广泛推广,所以,制定统一的规则,规范游戏方式,并建立相应的社会组织成为游戏向运动演变的一个重要标志。在此基础上,以现代奥林匹克运动为标志的体育运动终于在 1894 年宣告诞生。

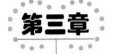

体育（教育）文明

　　体育文明（physical education civilization）是在社会文明的基础上产生的，没有社会文明的发展进步，就不会产生体育运动与体育文明。进一步说，体育文明是在教育的过程中产生的，它是教育发展到一定阶段的产物，也是教育文明发展的标志。而运动与体育运动文明（sport or sports civilization）是体育教育文明发展的结果。体育教育的目的在于通过游戏活动和竞技活动发展身体，促进学生身体发育，使之健康成长。同时，在体育教育过程中通过身体的活动与对抗，锻炼学生意志品质，塑造学生的勇敢精神，使之成为有益于社会的人。近代欧洲体育教育思想产生之后，不断在社会中传播，影响了人们的观念，使运动和竞技运动的理念逐渐出现。随着近代资本主义经济的发展，运动和竞技运动又逐渐从贵族生活方式演变为社会富裕阶层的休闲和娱乐方式，为体育运动诞生创造了条件。追根溯源，运动与体育运动的产生是由近代体育教育的产生决定的。体育教育作为一种先进的教育思想和手段，它的产生不仅推动了近代教育发展和教育文明进步，又孕育并催生了运动与体育运动的诞生。所以，讨论运动与体育运动的发展和运动与体育运动文明的形成首先需要对体育（physical education）的产生与发展过程有一个全面的认识。

一、体育（教育）文明萌芽初现（1400—1631）

　　教育活动或教育现象是伴随着人类发展自始至终的一项社会

活动,只是在不同的社会发展阶段教育方式有所不同。原始人类的教育通过口传身授的方式进行,教育内容实际上是一种生存教育。文字产生以后,又经历了漫长的发展阶段逐渐出现了家庭教育,包括宗教教育、私塾教育。教育目的仅限于培养和建立道德、宗教观和学习生活技能等。所以,教育目的和教育内容无不与一定的社会发展水平相适应。

在古代教育中,社会发展的局限性决定了人类对教育活动的认识水平,体现出古代教育文明的特征。而随着社会发展以及各种社会制度的建立,教育的目的、教育方式及内容又随之变化,出现了官府教育或国家教育等形式,教育目的在于为统治阶级培养所需要的人才。但是,在古代教育中,有类似现在的德育和智育内容,有战争技能的训练内容,而不存在体育(教育)的内容。

1. 古代教育的内容特征

古代教育在世界各国、各民族的不同历史时期有不同的内容和方式,口传身授教育是人类早期共同的教育方式。在洪荒时代,人类的文化特征仅仅表现在制作原始工具的层面上,借助于工具狩猎维持生存。使用工具狩猎需要技能,而技能的传授方式就是口传身授。文字产生之后,逐渐改变了人类的教育方式,借助于文字媒介传授概念和知识,人类的知识和技能不断延续。与此同时,文字又成为人类记录生活和反思生活的表达方式。所以,文字的产生不仅为古代教育发展提供了工具,又为人类文明和教育文明进步奠定了基础。尽管教育活动为古代世界各国、各民族所共有,但教育目的和教育内容则由于文化的不同而不同。概括而言,古代各国、各民族的教育目的和教育内容集中体现在道德、宗教和生活技能方面,教育方式主要是家庭式教育和官府(或国家)教育等。

在中国古代教育中,家庭式的私塾教育自周朝起一直延续到清朝末期,源远流长,经久不衰,为中华文化的传承做出了重要的历史贡献。据《礼记》记载,西周学制的主要特点是"家有塾、党有庠、术有序、国有学"。塾就是西周告老还乡的官员所办的家庭式教育,后称之为私塾。私塾的教育目的主要是培养儿童养成良好的道德品质和生活习惯。而"国有学"又是西周教育的显著特征,即"学在官府",也就是贵族教育。教育内容主要是"六艺",即礼、乐、射、御、书、数。其中,"六艺"又分为"大艺"和"小艺"。礼、乐、射、御作为大艺,即官学教育内容,书、数作为小艺,主要是私塾启蒙教育内容。"六艺"中的礼、乐、射、御、书、数是什么?具体来说,礼,即礼仪教育,类似于今天的德育教育。乐,即音乐教育,实际上这种音乐教育既是礼仪教育的内容,又是宗教教育的内容。在宗教祭祀活动中需要按照礼仪规定,奏不同的乐曲。射,即射箭,射箭既是贵族社交的一种礼仪方式,又是一种战争技能,体现贵族的身份和素质能力。御,即驾驭车辆,包括作为交通工具的车辆驾驭和战车的驾驭。这既是一种生活技能的培养,又是一种战争技能的训练。书,即书法,写字、作文的能力培养。数,即方法的规律,又作"术",指技术、技巧和方法等。在官府教育中,教育内容体现出以礼仪、宗教和生活技能以及战争技能为特征。

长期以来,在我国体育史及教育学中,无不将"六艺"教育中的射、御解释为体育教育的内容,实际上这是不正确的。射箭、御车的确是一种身体活动,而且在练习过程中有助于锻炼身体、增强体力。但它和体育教育的思想根本就不是一回事。不能因为射箭活动已经成为当今的体育运动项目,就把古代的射箭理解为古代体育活动。射箭在人类的原始时期就已经存在,那时的射箭既是一种狩猎方式和生存技能,又是一种游戏方式。而到了农耕时代,射箭活动作为一种狩猎方式继续存在,成为一种生产方式的补充。同时,又是一种贵族社交的礼仪方式。所以,认识射箭活动不能只着眼于射箭本身,而应从射箭的目的和意义上理解,才能揭示射箭活动的本质。

或许有人认为,无论在古代的官学或私塾教育中,同样进行各种游戏活动,既使学生获得乐趣,又有益于学生的身体发育和成长,为什么不是体育教育呢?不可否认,古代教育中的确存在各种游戏活动。而且,不仅教育中有游戏活动,人们的茶余饭后、劳作间隙,同样有各种游戏活动。但这些游戏活动只是人们的一种娱乐方式而已,与体育教育没有任何联系。体育教育是一种教育思想和手段,而不是具体的游戏本身。所以,在我国古代并不存在体育教育思想。古代人虽然也有强身健体的观念,这不过是一种生活经验而已。

在古希腊教育中,对于自由民(即贵族)而言,教育同样是家庭教育和国家教育两种模式,而奴隶没有受教育的机会。自由民家庭中的儿童,7 岁之前,在家中接受家庭教育,同我国的私塾教育类似。7 岁之后进入国家学校(实际上就是兵营)接受教育,学习文法、算术和体操等内容。所以,很多人认为,在古希腊教育中就已经有了体育(physical education),不仅有了体育,还有体育运动(sport,sports),即古希腊奥林匹克竞技运动会。其实,这是一个美丽的错误。古希腊的确出现了学校教育,包括文法学校、体操学校等,也出现了奥林匹克运动竞技会。但这些内容并不是现代意义上的体育与运动。古希腊奥林匹克竞技运动作为一种竞技文化为体育运动产生提供了可借鉴的模式,这一点无可置疑。但从本质上说,古希腊奥林匹克运动是一种宗教祭祀活动,与体育运动毫不相干。而古希腊的学校教育呢? 虽然包括文法、算术和体操(古希腊的体操和现在体育运动项目的体操不是同一概念),貌似德智体俱全,其实并非如此。古希腊的体操实际上就是一种军事训练手段,内容包括跑、跳、摔跤、格斗、击剑等,目的在于适应战争需要。所以,古希腊的学校教育从本质上说是一种军事教育或军事训练。而这种军事训练在古代任何一个国家和民族中广泛存在,只是训练的方法和手段各有不同,但目的完全一致。

或许有人认为,近代体育(physical education)出现后,其教学内容除了各种游戏活动外,与古希腊学校的体操内容完全一致,这有什么不同吗? 的确不同。区分的标准就是教育思想的不同,古希腊的教育思想是一种军国主义教育思想,为适应战争需要而进行学校教育。而近代教育思想是一种德智体全面发展的教育思想。两种不同的教育思想成为区分不同教育性质的分水岭。正如雷通群所说:"古希腊教育单就一般的市民教育而言,则仅课以体操、音乐及简单的主智的学科;至高等教育一段,则有文法、修辞、哲学乃至几何、天文等。乃至希腊末期,则有所谓'三学'(trivium),即文法、修辞、伦理(逻辑)三主要科目;'四科'(quadrivium),即算术、几何、天文、音乐;'七艺'(seven liberal arts),即文法、修辞、伦理、音乐、算术、几何、天文等名称,更迭流行。统计希腊时代,实可认为未有严密意义的教育学说出现。系统的学校制度亦未成立。"①由此可见,在古希腊时代并没有系统的教育理论和学说出现,所谓体育(physical education)也就无从谈起。尽管如此,古希腊学校的出现在人类历史上仍具有里程碑意义。而且,古希腊在哲学、宗教、逻辑学等学科研究方面取得了辉煌成就,为这些学科在近代的发展奠定了基础。同时,古希腊时代出现了诸如苏格拉底、柏拉图、亚里士多德等著名哲学家,他们的贡献至今令人敬仰。

那么,体育(physical education)产生于何时? 诞生于何地? 这是认识体育的基本起点和要素,必须清楚。考察欧洲中世纪及近代教育过程可以发现,体育(physical education)产生于15世纪初的意大利。这个欧洲资本主义萌芽的发源地、文艺复兴运动的发源地在15世纪初率先提出了"德智体"全面发展的教育思想,不仅为欧洲教育发展指明了道路,也为社会文明发展创造了独特的方式和途径。从此,体育文明经历了萌芽阶段、发展阶段和成熟阶段,在欧洲广泛传播。至今,德智体全面发展教育思想已成为世界各国、各民族发展教育的基本方针和指导思想,在人类教育史、文化史、体育史以至于文明史上留下了灿烂的一页。

2. 为什么"德智体"教育思想出现在意大利?

1400年,意大利教育家韦尔杰里奥(又译韦杰里乌斯)出版了《高尚性格与自由学科》一书,首次提出教育的目的在于养成"知识、道德、身体三方面调和发达的人",即教育的目的是培养"德智体"全面发展的人。

韦尔杰里奥提出:"在道德方面,戒儿童说谎、排斥肉体的感觉、节饮食、慎睡眠、破除迷信、重视礼仪等;在智育方面,主张养成高尚优美的言语技能,授以自由科。其他如诗学、图画、物理、医学、法学等,均认为有学习之价值。在身体方面(即在体育方面,因为当时'体育'一词尚未出现),则用竞争、角力、打拳、弓术、骑马、跳跃等为

---

① 雷通群. 西洋教育通史:上[M]. 福州:福建教育出版社,2011:52.

锻炼身体的手段,游戏亦被认为大有价值。"①这一教育思想提出后,即应用于教育中。1424 年,意大利教育家维多里诺在孟都亚受聘开办了"怡悦的家庭"(又译"快乐之家")学校,实践这一教育思想。

为什么"德智体"教育思想出现在意大利? 这既与欧洲中世纪的社会政治、经济、文化和教育的状况有关,又与意大利特殊的经济、文化和教育背景密切相关。

古罗马灭亡以后,欧洲进入了黑暗的中世纪。在欧洲中世纪,教会是社会中的最高权力机构。它肩负着双重的管理职责,既是宗教管理机构,又是世俗政权管理机构。由于宗教与世俗权力合一,所以,天主教会不但可以对各国教徒发号施令,也可以对作为教徒的国王颐指气使。

在政治上,天主教会建立了一套复杂而严密的管理体制,即教阶制度,与世俗社会的等级制度类似。天主教的统治思想即基督教教义,主要内容包括在《圣经》中,核心思想包括"原罪说""救赎论"和"世界末日论"。认为所有人生来有罪,仅靠自己的力量无法获得救赎,只有上帝派来的圣子耶稣能够救赎众人。所以,人们只有刻意修行,才能获得满意的来世。

在经济上,建立了以庄园经济为主要生产方式的社会经济模式,庄园不只是一个经济机构,又是一个独立的政治机构。庄主为最高首领,下设采邑官、管家、书记官、仆役,庄园中的生产者分为三类,农奴、奴隶和自由民。此外,庄园中还有自己的法庭,由庄园主负责处理庄园中发生的问题和案件。欧洲中世纪的庄园在鼎盛时期,也仅仅只能满足村民们的基本生活但这种庄园经济模式却使广大农民由此陷入了长达千年之久的封建统治之下。

在教育方面,中世纪初期,教会控制下的教育机构主要有三种,一是寺院学校;二是大教堂学校;三是教区学校。教会学校的教学内容主要是"七艺",即算术、几何、天文、音乐、文法、修辞和辩论术。虽然当时的"七艺"教育继承了古希腊的教学模式,但在很多内容上却大相径庭。神学在教学中处于主导地位,算术和天文学主要是用

---

① 雷通群. 西洋教育通史:上[M]. 福州:福建教育出版社,2011:128.

于计算宗教和祭奠的日期,几何则是为了测量、绘制教堂建筑的图样,音乐是为了做礼拜和举行宗教仪式服务,辩论术则是为教会的宗教信条进行辩护。

总之,在欧洲中世纪,社会处于教会的封建统治下,人们的思想被禁锢,行为被压抑,没有权利,没有自由。尽管如此,仍不可完全否定欧洲中世纪发展的时代性。首先,在政治四分五裂的状态下,天主教会思想和宗教的统一性、宗教权和政治权的合一对于稳定社会具有积极意义。其次,在社会动乱状态下,庄园经济为人们提供了一种安静的生产环境。庄园经济的集体性有利于开展生产,所以,尽管庄园经济发展缓慢,却为中世纪经济发展积蓄了力量。最后,虽然教会学校的教育内容粗浅,且以神学为主,但却为上层贵族子弟提供了受教育机会,并为中世纪大学的产生和发展做了准备。

那么,同处于封建教会统治下的意大利,为什么能在这种社会条件下产生与时代特点迥异的教育思想?这既与意大利的社会发展进程有关,又与意大利所处的地理环境有关。在一定意义上说,地理环境决定了人们的生产和生活方式,而生产和生活方式又直接影响人们的思想和观念。所以,先进的教育思想出现在意大利一定有其特定的原因。

公元476年,日耳曼蛮族凭借强大的军事力量将罗马帝国变为一片废墟。但是,罗马帝国所留下的文化遗产包括罗马法、拉丁语、拉丁文学等罗马文明却没有消失,成为中世纪文明发展的源泉之一。

公元8世纪,查理曼(Charlemangne,732—814)大帝被罗马教皇封为罗马国王。公元9世纪,查里曼帝国分裂为三部分,法兰克王国成为法国,东法兰克王国成为德国,其余地方组成了意大利。到公元962年,奥托一世(即奥托大帝,德意志国王和罗马帝国皇帝)征服了意大利,成为神圣罗马帝国的统治者。这期间,随着查理曼帝国的崩溃封建统治逐渐强大,等级制度日益分明,许多下层民众丧失土地沦为农奴,教会和贵族构成了上层阶级。在中世纪后期,商业发展以及城镇的崛起使一部分城市市民逐渐成为资产阶级,构成了社会中的第三阶层。社会的政治、经济格局发生了变化。

在政治方面,虽然教会的统治思想没有改变,但是,由于贸易繁荣的缘故,许多外乡人、外国人以及罗马的自由人聚集于当地的城镇从事贸易活动,这些人不受当地地主或主教的约束,并开始与当地居民一起建立自己的组织,成立自己的城镇政府。打破了封建地主的控制,赢得了自由。而且,由于商业贸易的发展,促进了契约制度发展,这种制度延伸到政治中,即国王也要履行契约,否则就不会得到顺从。

在经济方面,西罗马帝国灭亡以后,罗马人的贸易活动并没有停止,尤其是在意大利的威尼斯、热那亚和比萨等地贸易活动极为活跃。到 12 至 13 世纪,意大利已经成为东方和欧洲贸易的枢纽,东方货物通过陆路和海上运到意大利,然后又分散到欧洲各地。这些商业往来不仅促进了经济发展,也为思想交流打开了方便之门,因此,意大利成为新思想的发源地也就理所当然。

在教育方面,意大利相比欧洲各国更具有得天独厚的优势。早在查理曼大帝统治期间,就开始发展世俗教育。公元 782 年,查理曼大帝看到欧洲正处于数个世纪的文化荒芜中,人民愚昧无知,就开始进行教育改革,号召国民学习人文科学知识。并颁布法令,促使天主教堂和修道院开办学校,既传播古典的基督教文化基本知识,也教授儿童学习识字、阅读。此外,查理曼大帝还邀请英国学者阿尔琴到自己的宫廷,创办了欧洲最早的宫廷学校。

查理曼大帝积极倡导发展世俗教育,不仅促进了意大利普通教育发展,又为 11 世纪意大利出现最早的世俗大学——萨勒诺大学和博洛尼亚大学建立了基础。

当人类历史的脚步迈入 14 世纪,一种新的思潮,即人文主义思想又出现在意大利,其代表人物之一就是但丁·阿利吉耶里(Dante Alighieri,1265—1321)。他通过长诗《神曲》(包括《地狱》《炼狱》《天堂》)揭露和批判了封建社会的精神支柱——天主教会的各种罪恶,谴责僧侣阶层的贪婪和腐败,抨击教皇对世俗政权的野心,并热情讴歌了人的智慧才能和文化知识,极大震撼了欧洲社会,由此推动了欧洲文艺复兴运动的兴起,使欧洲社会开始进入一个新的历史阶段。恩格斯评价说:"意大利曾经是第一个资本主义民族。封建的中世纪的终结和现代资本主义纪元的开端,是以一位伟大人物为标志的。这位人物就是意大利人但丁,他是中世纪的最后一位诗人,同时又是新时代的最初一位诗人。"①

人文主义思潮的兴起,影响了欧洲社会的各个领域,其中,在教育领域,人文主义教育思想随之出现。意大利的佛罗伦萨、威尼斯和帕多瓦是人文主义教育思想产生最早的地方。著名教育家韦尔杰里奥在帕多瓦大学积极传播人文主义教育思想,他的《高尚性格与自由学科》一书与昆体良(Marcus Fabius Quintilianus,约35—100)的《演说家的教育》一书成为当时教育领域最有价值的几部著作中的两部。德智体全面发展的教育思想由此出现,并一直延续至今。同时,德智体全面发展的教育思想的出现又预示着体育文明(physical education civilization)萌芽的初现。

3. 为什么说体育(教育)的出现是一种文明?

在欧洲中世纪,天主教会面对社会四分五裂、诸侯割据、各自为政的政治局面,为了达到控制社会的目的,便运用宗教的力量与世俗政权进行斗争。而欧洲各国由于经济落后、国力不足,逐渐沦为天主教会的附庸。所以,天主教会不但成了宗教领导中心,又成为世俗政权的控制中心。

天主教会为了维护统治地位,除了不断扩充经济实力,控制庄园土地,通过征税增加经济收入外,还控制和经营工业,如食盐作为一种生活必需品,属于紧俏商品,主要从威尼斯等沿海城市运往各地。所以,食盐的销售权便被教会控制在手中。而在发展经济实力的同时,教会不断构筑教权至上的理论,并借助于基督教教义从精神上实施对社会民众的控制,进而实现长久统治的目的。因此,要认识封建教会统治的本质,需要对基督教的产生与发展过程有一个简要了解。

基督教早在罗马帝国后期就已出现,公元1世纪,居住在巴勒斯坦地区的犹太人,在反抗罗马帝国的斗争中产生了各种教派,其中包括基督教,也称为原始基督教。原始基督教的主张主要有:①耶

---

① 转引自刘文龙,等.世界文化史:近代卷[M].杭州:浙江人民出版社,1999:4.

和华为唯一真神,选民并非限于犹太人,而是包括一切民族。②不分民族,任何人只要信仰基督教,便会得到赐福。③废除犹太教烦琐的仪式,只保留洗礼和圣餐礼。基督教在政治上则主张推翻罗马帝国,实现建立平等社会的理想。

基督教神学家奥古斯丁(Aurelius Augustinus,354—430)在他的《上帝之城》一书中阐述了基督教的神学理论,认为"世界上存在着善与恶、光明与黑暗两种势力的斗争,但善最终会战胜恶,光明最终会战胜黑暗。自从人类的始祖背叛上帝以来,这个世界就形成了相互对立的两座城池,一为'上帝之城',它代表善与光明,是极乐世界;一为'世俗之城',它代表恶与黑暗,是罪恶的来源。而教会则是'上帝之城'的象征和其在人间的代表,'世俗之城'只有接受教会的指引,才能最终获得进入'上帝之城'的权利"①。基督教的出现,对古罗马社会产生了广泛的影响,并逐渐由一种下层民众信仰的宗教演变为中产阶级和上层贵族共同信仰的宗教。公元392年,古罗马皇帝狄奥多西颁布法律,立基督教为国教。

古罗马灭亡后,基督教分裂为两个派别,即以拜占庭为主的东正教会和以罗马为中心的天主教会。天主教会又将古罗马时期的基督教教义进一步修订、完善,形成了天主教教义。天主教教义分为两种,一为理性教义;二为启示教义。理性教义是指靠人的智力能够推断和理解的教义,内容包括天主创造和主宰宇宙万物,同时造化人的灵魂。天主管理着一切,对善者进行奖励,对恶者施以惩罚。而且,教义认为人的身体虽然会死亡和消失,但人的灵魂永远不灭。启示教义是指天主降示给人们而人们无须理解或根本无法理解的教义,不要问为什么,只要坚定地恪守就行了。其中,"十诫"是天主授予的修行内容,具体包括承认天主唯一、不发虚誓、守瞻礼主日、孝敬父母、不杀人、不邪淫、不偷盗、不妄证、不贪恋他人之妻、不贪他人钱财。同时,还要参加各种各样的礼仪,包括望弥撒、圣洗、圣体、悔罪、坚振、婚配、神品和终傅等。

客观地说,基督教自产生以来一直延续至今,作为一种宗教文

---

① 张广智,等. 世界文化史:古代卷[M]. 杭州:浙江人民出版社,1999:329–330.

化对人类历史发展起到了重要的推动作用,这是不容否定的。但是,在欧洲中世纪,封建教会借宗教之名,行统治之实,以人权神授的幌子,极力宣扬神是宇宙的中心,否定人的主观能动性。实行禁欲主义和愚昧主义,使人性受到极大的压抑和摧残。所以,在中世纪后期,欧洲社会出现了异端思想和运动,斥责教会的各种弊端,揭露社会的各种罪恶,并宣称罗马教皇是魔鬼,提出打倒罗马教皇的口号。但这些反抗无不遭到天主教会的灭杀。其中,教皇组织武力即十字军征讨异端派,仅在土鲁斯的比塞埃城就一次将两万居民屠杀。而在教会学校中,"学生要绝对信仰圣经,绝对服从教师,学生不准提问,更不准对所学内容有任何怀疑。由于教会崇尚灵魂,视肉体为灵魂的监狱,因而,教会学校完全不重视学生的身体训练,而且,为保证学生绝对服从和顺从,还经常使用残酷的体罚,使学生身心受到极大的损害"①。在中世纪末,意大利知识分子首先提出了人文主义思想和主张,由此引发了一场持久的、轰轰烈烈的文艺复兴运动。在文艺复兴运动中,资产阶级知识分子歌颂人性,反对神权。歌颂人的价值,人的尊严和人的力量。推崇理性,认为人有无穷力量,可以创造一切。要求个性解放,反对禁欲主义;认为人应该享受幸福,可以发财。在这种社会背景下,德智体全面发展的教育思想产生,体育教育思想由此出现。

体育的出现不仅仅是一种教育内容的变化,更标志着一种人文主义教育新思想的诞生,即德智体全面发展教育思想的诞生。这一思想在人类教育史上前所未有,虽然人文主义思想早在古希腊时代就已经出现,但是,古希腊的教育根本就谈不上人文主义教育,而是一种纯粹的军国主义教育。所以,体育的出现不仅具有教育发展的里程碑意义,而且标志着体育作为一种社会文明的出现。

首先,从社会政治方面来说,体育的出现是对封建教会神权论的一种思想颠覆。中世纪的基督教宣扬神权至上,认为人是渺小的。人只有服从上帝的旨意,禁欲修行,才能获得未来的幸福。所以,在近千年的中世纪,人性被压抑。人们不能有自由的思想、自由

① 张广智,等. 世界文化史:古代卷[M]. 杭州:浙江人民出版社,1999:395.

的行为，一切都要循规蹈矩，按照基督教的教义行事。这种神权思想禁锢了个人意志，阻碍了人的发展。

　　文艺复兴运动兴起后，意大利教育家从人文主义的教育思想出发，提出了教育的目标不再是为封建教会培养神职人员，而是培养合格的社会公民。维多里诺指出："并不要求每个人都去做一位律师，或一位医生，或一位哲学家，或生活在公众的视线之下，也不是每个人都具有杰出的天赋，但是，我们所有的人生来都要承担社会的责任，我们要对从我们身上散发出的个人影响负责。"①教育目的的变化体现出教育思想的变化，古代各国、各民族所进行的教育无不是一种为统治阶级服务，为权力服务的教育。而人文主义教育首次提出了有教无类、培养合格社会公民的思想，这体现出一种教育文明。而体育教育又有什么意义呢？维多里诺认为："基督教徒要求内心和谐的愿望应该与一种审美的满足所导致的情感相一致，这种审美的满足来源于对美好事物的意识、对人的外表的优雅和匀称的意识，而这些美好的事物则体现在训练有素的活动中、体现在自然和音乐的氛围中。"②这里所说的"训练有素的活动"既包括品德和知识技能的训练，又包括身体活动或身体练习的内容。而身体活动的目的在于满足情感的审美需要。所以，从教育目标和体育目的可以看出，人文主义教育思想通过体育教育表现出来，既体现出人的思想文明，又体现出教育的文明。

　　其次，从个人成长方面来说，体育教育的产生体现出以人文本的教育思想。通过身体的活动既能促进身体发育，有利于成长，又能在活动中感受痛苦与快乐，使身心得以磨炼。然而，在欧洲封建基督教的观念中，对身体的认识却不是这样。"随着基督教的诞生，身体上的痛苦开始有了全新的精神价值。对付疼痛要比面对愉悦更为重要。疼痛比较难超越，这个教训是基督通过他自己的体验告

　　① 威廉·哈里森·伍德沃德.文艺复兴时期教育研究[M].赵卫平，等，译.济南：山东教育出版社，2013：32.
　　② 威廉·哈里森·伍德沃德.文艺复兴时期教育研究[M].赵卫平，等，译.济南：山东教育出版社，2013：32－33.

诉我们的。基督徒的生命历程借由超越'所有'身体上的刺激而形成。当一个基督徒对身体越漠不关心,就表示他越希望能接近上帝"①。"基督徒的身体必须要超越愉悦与痛苦的限制,目的是为了要感觉'无物'(nothing),要失去感觉,要超脱欲望之外"②。因为"追随基督受难时其本身受难具有重大意义,因为面对并承受痛苦要比戒除安逸更具有决定性。我们不可以光凭自己的意思就不去面对痛苦"③。在这种观念的束缚下,教会机构的统治目的与基督徒的虔诚不谋而合,禁欲主义成为人们自觉的信条,人们自觉或不自觉地陷入了愚昧主义状态。

体育的出现虽然没有立刻改变这种状态,但至少使青少年及儿童群体获得了精神解放,他们可以在身体活动中释放天性,获得愉快,体现生命的活力。这种身体活动超越了封建教会对身体的束缚。虽然身体的解放只是局限于学校教育中,缺乏广泛的社会性,但一叶落而知秋,这既体现出一种观念的文明与进步,又体现出一种身体的文明和教育的文明。

最后,从社会文明发展方面来说,体育文明的出现既是社会文明的表现形式,也是社会文明发展的结果。尽管欧洲中世纪是一个黑暗的社会,但在意大利,古罗马的文明并没有消失殆尽。古罗马文化集各民族文化精华于一身,产生了独特的"古罗马民族精神",即政治制度质朴务实、国民性格忠勇坚定以及法律观念至高无上。这种精神在意大利人的血液里流淌,积蓄能量,即使在中世纪的黑暗年代,意大利文化尤其是世俗教育的发展仍在断断续续地进行,如早在公元782年,法兰克国王查理曼大帝就号召他的臣民学习人文学科知识,继承古罗马先辈的文化。查理曼大帝在位期间,为了稳固自己的统治,四处征战,并率兵进入意大利,赶走了威胁罗马教

<hr>

① 理查德·桑内特. 肉体与石头——西方文明中的身体与城市[M]. 黄煜文,译. 上海:上海译文出版社,2011:143.

② 理查德·桑内特. 肉体与石头——西方文明中的身体与城市[M]. 黄煜文,译. 上海:上海译文出版社,2011:154.

③ 理查德·桑内特. 肉体与石头——西方文明中的身体与城市[M]. 黄煜文,译. 上海:上海译文出版社,2011:153.

皇的伦巴第人,巩固了与教会的联盟,查理曼因救援教皇利奥三世有功而得到教皇的加冕,成为"罗马人的皇帝",法兰克王国亦被称为"查理帝国"。所以,在查理曼大帝统治期间,他要求在教会学校中开设人文学科,并要求开办世俗学校进行人文学科教育。在这个基础上,到公元 12 世纪,意大利出现了欧洲最早的大学,而大学教育又注重专业学科内容,如文法、修辞、法律、医学等,与教会学校只注重神学教育有着鲜明的区别。

由此可见,意大利不仅在古典时期创造了古罗马文明,在黑暗的中世纪,文明的种子依然在孕育、滋生和发展,世俗教育的延续和大学教育的产生在一定程度上体现了意大利人的进步思想和文明水平,所以,在中世纪末和近代初的欧洲文艺复兴运动中,体育教育思想和体育教育文明在意大利产生也是顺理成章、理所当然的。

二、体育（教育）思想的发展和确立（1632—1861）

韦尔杰里奥的体育教育思想出现后,首先在意大利产生了很大影响,维多里诺作为韦尔杰里奥的学生,其教育思想师出一门则理所当然。1424 年,维多里诺在孟都亚开办了"怡悦的家庭"即"快乐之家"学校。此外,与维多里诺处于同一时代的人文主义教育家格里诺（Guarino Veronese,1374—1460）在佛罗伦萨开办了贵族学校;阿尔伯蒂（Leo Battista Alberti,1404—1472）分别在佛罗伦萨、里米尼和孟都亚从事教学等。文艺复兴运动早期意大利教育发展成就卓著,并对欧洲各国产生了积极影响。人文主义教育逐渐在其他国家兴起。

其中,德意志（包括今荷兰、德国、瑞士、奥地利等）人文主义教育家温斐林（Jakob Wimpheling,1450—1528）在阐释他的教育思想时指出:"教育为宗教的真正基础、人类的装饰品、国家自卫的手段;教育之着眼处,应在助长儿童之善性,压抑其恶性。所谓善性者,是指施惠心、企业心、同情心、大度、正直等;恶性者,是指激烈性、交易性、轻信性、好争性、欺诈性、夸大性等。"[①]从温斐林的教育思想中可

---

① 雷通群．西洋教育通史:上[M]．福州:福建教育出版社,2011:132.

以看出,为宗教服务仍然是教育的目的之一。这并不奇怪,因为中世纪的教育家及知识分子大多是基督教信徒,所以,他们的教育思想既有基督教教育色彩,又有人文主义特色。

而尼德兰(即当时的荷兰、比利时)人文主义教育家伊拉斯谟(Desiderius Erasmus,1467—1536)则是一位排斥基督教的人物,他攻击经院哲学,鼓吹人文主义。其教育思想主张:"孩子六七岁时,须由母亲首当其冲,一面养护身体,一面则与游戏联络,教以浅近的读书、写字,使知日常所见的动物与自然界的事物。须力避机械的记忆谙诵。至七岁则离却母亲,由父任其教责。此期当授以《圣经》、教父之著书、希腊及拉丁的书籍与文法等。此外,如神话、地理、农业、建筑、兵学、博物、天文、历史、音乐等,亦认有教授的价值。"①此外,还有西班牙的比维斯(Juan Luis Vives,1492—1540)等,也是人文主义教育的代表人物。

总之,在欧洲文艺复兴时期,人文主义教育的兴起逐渐摆脱了基督教的神本主义教育思想主导地位,其标志就是以人为本的教育思想即德智体全面发展的教育思想在教育中逐渐实施。但是,还必须看到,这时的欧洲社会仍旧处于教会机构的统治下,所以,德智体教育思想的传播尚处于一种缓慢的发展状态。

16世纪,欧洲爆发了宗教改革运动,这既是文艺复兴运动的继续,又是对现存宗教秩序的反思和变革。宗教改革运动打破了天主教会在组织上和精神上的统治地位,产生了新的基督教学说。它不仅适应了近代社会发展的需要,又使德智体教育思想在欧洲的传播更为广泛。不过,在宗教改革运动中,虽然出现了各种新教主义教育思想,即主张理性的、个人自由的、世俗的教育思想,但就其本质来说,新教主义教育思想仍没有摆脱以基督教为核心的本质,仍是一种"神本主义的教育"。但是,值得肯定的是新教主义的唯实教育(即实用、实利、实学等主义)产生,进一步强化了德智体教育思想的贯彻实施。16世纪末,欧洲封建制度的崩溃、城市的建立和现代国家的产生,为德智体教育思想的发展奠定了基础。

---

① 雷通群.西洋教育通史:上[M].福州:福建教育出版社,2011:133.

到 17 世纪，自然主义、理性主义的教育出现，尤其是自然主义的唯实教育出现，对教育发展起到了极大的推动作用。所谓自然主义教育，即尊重客观规律发展教育，这种思想的出现与当时崇尚科学研究的思想密切相关。所谓理性主义，即尊重理智与法则。自然主义的唯实教育即自然的、实利的、主智的教育。这些新的教育思想出现后，对于推动德智体教育思想发展，起了重要作用。

但是，直到 17 世纪，欧洲的教育仍处在教会的控制下，宗教教育仍占主导。尽管如此，教育的发展进步不容否定。尤其是捷克教育家夸美纽斯（Johann Amos Comenius，1592—1670）的《大教学论》一书的出版，不仅标志着教育学学科的诞生以及体育（教育）思想的确立，又标志着体育（教育）文明发展到一个新的阶段。

1. 近代教育中的体育（教育）思想和目的任务

15 世纪，意大利教育家韦尔杰里奥首先提出了德智体全面发展的教育思想，为什么要提出这种教育思想？这与当时资产阶级知识分子所处的社会环境及其自身的利益等因素有关。

从社会政治意义的层面来说，通过复兴古典文化中的人文主义思想反对封建教会的社会统治，使欧洲社会民众获得精神自由和身体解放。在中世纪末期，由于意大利商品经济发达，一部分城市商品生产者、从事贸易的人以及农村的土地所有者逐渐积累了财富，出现了新兴的资产阶级。新兴资产阶级追求扩大生产和贸易，即发展资本主义。为了扫清障碍实现这一目的，资产阶级知识分子举起了人文主义思想大旗，向封建教会宣战。

从资产阶级个人需要的层面来说，他们积累了财富，又需要发展，包括他们的下一代也要按照自己的理想发展，即发展资本主义生产和贸易。因此，教会教育远远不能适应他们的需要。他们需要按照世俗教育的内容培养下一代，所以，新的教育思想应运而生。

那么，这种新的教育思想为什么要强调德智体全面发展？这既是一种社会发展需要，又是一种个人成长的需要。品德教育和智育教育在人类发展过程中的教育里从没有缺位过，只是不同时代品德教育和智育教育的内容不同，如古代社会中的礼仪教育、行为规范教育属于德育的范畴，生活知识和生活技能教育，既是一种智育教育,又是一种生存教育。而身体教育即体育教育在此之前从没有成为教育的内容。古希腊的体操不过是一种军事训练手段,各种军事训练在古代世界各国都存在,军事训练能够强化身体机能只是人类的一种经验运用,并没有上升到理性层面加以认识。所以,在中世纪以前包括古希腊、古罗马的教育中从没有出现系统的教育思想,更没有提出具体的教育方针和教育学说。直到文艺复兴运动兴起,意大利教育家才提出了德智体全面发展的教育思想,这一教育思想一直传承到今天。

体育(教育)思想是什么? 仅仅是通过一些游戏活动和竞技活动使学生们锻炼身体、增强体质吗? 其实,远远不止这些。

维多里诺认为,为了任何一种高尚的职业生涯而进行训练(这里所说的训练不仅是指身体训练,还包括各种学识训练),这就是孟都亚学校的原则。而对于身体训练即体育教育,维多里诺认为:"一种身体健壮以及与之相称的个人举止的标准,它与一种美好的、理性主义的人文主义相关联。"他认为:"身体的一种细微的举止必定会表达出精神的本性,因此,从一个人的礼仪、说话的文雅、所避开的东西以及与他无意识的偏爱,我们就能了解这个人。"①意思是说,人的所有行为无不反映出一种思想意识和心理动机。

阿尔伯蒂认为:"在所有的训练中,身体的强壮是首要的目的。它是道德健全以及智力发展和保证社会利益的条件。因此,体力运动应该与脑力劳动交替进行,而不仅仅是诸如参与活动等。球类和其他运动(诸如击剑、跳跃、骑马和游泳等),它们需要身手敏捷、耐力、力量、眼睛和神经的特殊品质,以上这些活动在乡村生活中自然都有它们的一席之地……不建议进行比赛,比赛是危险的,那只不过是一种炫耀。"②

由此可见,意大利教育家提出的体育教育思想旨在追求一种

---

① 威廉·哈里森·伍德沃德. 文艺复兴时期教育研究[M]. 赵卫平,等,译. 济南:山东教育出版社,2013:43.

② 威廉·哈里森·伍德沃德. 文艺复兴时期教育研究[M]. 赵卫平,等,译. 济南:山东教育出版社,2013:80.

"美好的、理性主义的"人文主义教育，并强调"身体的强壮是首要的目的，它是道德健全、智力发展和保证社会利益的条件"。在这里，身体的强壮是道德健全和智力发展的条件不难理解，那么，又"是保证社会利益的条件"指什么呢？指军事训练。在意大利的宫廷学校中，体育的内容除了各种游戏、球类和游泳活动之外，还包括击剑、跳跃、骑马等内容。其目的是在促进学生身体发育成长的同时，又掌握一定的军事技能。

为什么体育教育过程中要进行军事训练呢？这既与当时欧洲社会四分五裂的战乱局面有关，又与教会的统治需要相联系。在整个中世纪以至近代国家建立之前，欧洲社会始终处于基督教会的统治之下。虽然城市及当时的国王一直在同教会机构争夺包括教育在内的管理权，但始终未果。实际上，人文主义教育的发展始终处于对教会统治的不断妥协中才得以发展。同时，宫廷中的贵族后代在战争中还要担负起带兵作战的任务。因此，根据教会的需要在教育中增设军事训练的内容以满足"保证社会利益"的需要。"在维多里诺看来，人文主义和基督教并无冲突"。所以，他在给一个男孩父亲的信中写道："你儿子的天赋表明，他要从事一个士兵的生涯并成为一批人的首领。为了证明他的才能的价值，我将培养他理智的敏锐性，这包括一种坦率的性格和一种对行为的强烈爱好，这将足以使他成为他那个时代的首领……如果你听从我的建议，你就会鼓励和尊重他的雄心壮志。结果，就会像我所坚信的那样，这将增进他和你自己的荣誉，不仅使他的一生充满荣耀，而且会使他流芳百世。"[①]维多里诺的观点很明确，即德智体全面发展的教育不只是为了培养一名合格的士兵，而是培养一名全面发展的人。即使他将来从军，也不仅只是一位领兵的人，而是要成为一名具有全才的人。

或许有人认为，德智体教育中的军事训练与古希腊军事训练有什么不同吗？的确不同。在古希腊，尤其是斯巴达教育中，培养忠勇合格的军人是唯一的教育目的，这与德智体全面发展的教育思想

① 威廉·哈里森·伍德沃德.文艺复兴时期教育研究[M].赵卫平，等，译.济南：山东教育出版社，2013：42.

具有完全不同的性质。柏拉图在他的《理想国》一书中说:"几何学在军事上有用是很明显的。因为,事关安营扎寨,划分地段,以及作战和行军排列纵队、横队以及其他各种队形,指挥官有没有学过几何学是大不一样的。不过,为了满足军事方面的需要,一小部分几何学和算术知识也就够了。"①所以,古希腊的教育究竟是一种全面发展的教育还是一种军事目的的教育一目了然。在古希腊"教育中,文化、手工艺、科学、劳动方法一律遭到摒弃,真正的斯巴达公民是不屑从事这些低级的'希洛特'(战争俘虏即奴隶)专业的事情的,他们所要学习的只是对抗的技术,然后是全心全意地成为国家的战士。所传授的文字教育,也只限于他们能看懂简单的军事行文和命令"②。因此,不能只是看到中世纪体育教育中也有军事训练的内容,就将其等同于古希腊的军国民教育,因为二者的教育指导思想具有完全不同的性质。

2. 体育(教育)思想的确立

德智体全面发展的教育思想出现后,不仅在意大利传播,还逐渐向欧洲其他国家传播并获得认同。德国、荷兰、西班牙、英国、法国以及北欧等国也随之出现这种教育思想。

在文艺复兴运动中,出生于荷兰鹿特丹的德国人文主义教育家伊拉斯谟,后在巴黎的蒙泰哥学院学习神学,毕业后又到英国的剑桥大学任教,他对人文主义与德智体教育思想在英国的传播和发展起了重要的推动作用。他晚年在德国弗莱堡从事编辑和翻译工作。在《儿童期自由教育论》《论教学的正确方法》(又译《论男孩教育》)等书中,详细阐述了他的教育思想。伊拉斯谟认为:"教育就是为了使人今后能在教会、国家、城市和家庭中提供社会服务而进行的训练。然而,单纯的专业学习对学生来说没有吸引力。通过学习一种伟大的文明而实现的个人能力发展和学识进步,这是在人生中各种

---

① 柏拉图. 理想国[M]. 张斌和,等,译. 北京:商务印书馆,2007:253.
② 柏拉图,尼采,弗洛伊德. 经典十讲[M]. 苏龙,编译. 北京:中国言实出版社,2004:111.

荣耀的工作上取得成效的真正方法。"①在教育方法上，伊拉斯谟提出："首先，要用一定的方法使柔弱的生命力接受虔诚的宗教洗礼；其次，要学习和熟悉高贵的知识；最后，要学会从事公务活动；第四，从一开始就要立即学习初步的政治知识，具有良好的品行。"②

伊拉斯谟的教育思想不仅注重学校教育的德智体全面发展，更重视学前儿童的教育。他认为遗传的力量、无意识模仿的力量、早期审美和道德印象的力量对于儿童的成长具有重要作用。所以，他认为六七岁以下的儿童由女子照看更为适宜，因为女性对儿童的健康、习惯、宗教影响、运动以及食欲的控制比较细心、专注。伊拉斯谟还提出对女孩进行教育的观点，目的在于使女孩学会将来如何做一名母亲，这一观点无疑具有重要意义。因为在当时的社会条件下，由于封建制度统治，女子的社会地位低下，没有任何社会权利。所以，伊拉斯谟的教育思想具有超前的意义。在欧洲文艺复兴运动中，伊拉斯谟不仅对于人文主义教育思想传播起了重要作用，又发展了德智体教育思想，他成为文艺复兴运动的先驱人物，对欧洲社会产生了极大影响。

在宗教改革运动中，新教主义思想出现。所谓新教主义，即主张善功无用，反对繁缛礼仪，认为只有信仰才能满足上帝，要求个性解放。尽管这一思想得到了社会底层民众的拥护，但由于新教派的力量无法与天主教抗衡，所以最后仍以失败告终。但是，宗教改革运动在一定程度上推动了社会的发展进步。

其中，在教育方面，人文主义教育在德国、法国、英国等国有了进一步发展，使新教主义的唯实教育蓬勃兴起。所谓唯实教育，即唯实主义教育，强调教育的目的在于应用，在于实践，即为社会实践服务。在16世纪，这种唯实主义教育思想并没有贯彻到位，只是一种对人文主义教育而言的折中教育。不过，它为17世纪自然主义唯

---

① 威廉·哈里森·伍德沃德. 文艺复兴时期教育研究［M］. 赵卫平，等，译. 济南：山东教育出版社，2013：136 – 137.

② 威廉·哈里森·伍德沃德. 文艺复兴时期教育研究［M］. 赵卫平，等，译. 济南：山东教育出版社，2013：136.

实教育的产生做了准备。

在新教主义的唯实教育方面,其代表人物包括法国的拉伯雷(Francois Rabelais,1483—1553)、蒙田(Michel Eyquen de Montaigne,1553—1592)和英国的马加斯德(Richard Malcaster,1530—1611)等。其中,蒙田被认为是唯实主义教育的先驱者之一。蒙田反对不切实际的教育,要求以培养"能处世接物、进退得宜、具有判断力、能进一己之责务、情操纯洁德性高尚的人物"为教育目的。他认为,教育不仅是为了使人增加知识,更是为了使知识运用于社会实践。即使拥有很多知识而对社会无用,也不能体现出人的价值。因此,蒙田又被称为是"社会唯实主义"派。

在教学方法方面,蒙田反对以往注入式的教育方法,反对死记硬背。重视教师能力,认为教师能力较强,才能引导儿童观察事物,并认识和理解知识。在德育方面,反对体罚学生,认为体罚教育没有意义。在身体方面,注重精神层面教育,鼓励进行角力、骑马活动,以发展体力。蒙田的教育思想虽然重视实际,不过仍未摆脱人文主义教育色彩。

17 至 18 世纪,欧洲社会发生了前所未有的变化,社会处于转型期,政治制度、社会经济和人们的观念经历了文艺复兴和宗教改革运动的洗礼,出现了崭新的面貌。在这个历史时期,虽然封建贵族仍占有重要社会地位,但是,由于资本主义经济力量不断上升,资产阶级精神已在社会中树立起来,形成了强大的社会发展动力。同时,随着君主制国家的建立,封建制度日渐衰落。因此,处于资产阶级革命前夜的欧洲正以不可阻挡之势向前迈进。社会政治、经济发展推动了自然科学和社会科学的发展,促进了教育发展,又使德智体全面发展教育思想走向了一个新阶段。

在教育方面,产生了自然主义和功利主义的教育思想,即自然主义的唯实教育。发展了新教主义的人文唯实教育,使世俗教育有了快速发展。所谓自然主义的唯实教育,就是以培养现实社会需要的人为目的,而旧的基督教教育是以培养超自然的、类似神性的人为目的,即培养神职人员为目的,而人文主义教育则是以培养具有古典的、人文精神的人为目的。新教主义教育将是宗教目的与人文主义目的合二为一。其间，涌现了以培根、拉特克、夸美纽斯和洛克为代表的自然主义唯实教育家。其中，夸美纽斯和洛克教育思想具有代表性，集以往教育思想于一体，并为现代教育学发展奠定了基础。

捷克教育家夸美纽斯是近代西方教育理论奠基者。他早年在德国赫尔伯恩大学学习神学，所以，他具有很强的神本主义理想；同时，他也受人文主义思想影响很大，深信人的智慧和能力具有无限的创造力。他认为教育能够培养人的智慧和能力，从而实现改造世界的目的。所以，他提出了教育的任务在于：①知识之养成；②德性之陶冶；③宗教信仰心之启培。而要实现这一任务需要做好以下几方面工作，即：①教育的时机；②教学的方法；③训育的方法；④养护的方法；⑤学校管理方法等。其中，养护的方法即体育。夸美纽斯认为，身体是精神的寓所，没有不养护之理。他说："脑髓有病，则思想为之窒碍，肢体柔弱时，则精神亦柔弱，是二者切切相关也。然则养护之如何？①饮食之选择；②饮食之节制；③关于作业与休息须充分加以注意及考虑。"①

夸美纽斯一生著述颇丰，先后出版了《语言学入门》《语言学初听》《大教学论》《母育学校》《物理学概论》《世界图解》等著作。其中 1632 年出版的《大教学论》是他的代表作。在《大教学论》中他开宗明义，即教育是"阐明把一切知识教给一切人的全部艺术"。书中全面地论述了改革中世纪的旧教育、建立资本主义新教育的主张，提出了一套完整的教育理论体系，第一次把教育学从哲学中独立出来，完成了教育理论有史以来的重大变革。该书开创了近代教育理论的先河，成为划时代的巨著。因此，夸美纽斯被称为近代的"教育巨匠"和"教育理论的始祖"。现代教育学以《大教学论》一书为标志宣告诞生，而体育在教育中的地位也由此确立。

---

① 雷通群．西洋教育通史：上［M］．福州：福建教育出版社，2011：187．

三、体育(教育)文明广泛传播(1400—至今)

17世纪,在英国又诞生了一位伟大的哲学家、教育家约翰·洛克(John Locke,1632—1704)。洛克在哲学、政治学方面建树颇多,先后出版了《论宽容》《人类理解论》《政府论》等著作,不仅对当时欧洲社会影响很大,对现代哲学、政治学的发展也产生了很大影响。而在教育学研究方面,1693年,洛克的《教育漫话》(又译《教育意见书》)出版,在书中洛克第一次将教育分为体育、德育、智育三部分,即养护法、训育法和教学法,并强调在体魄与德行方面进行刻苦锻炼。洛克的教育思想实际上是一种培养绅士的教育思想,这一思想对西方近代教育思想的发展产生了极大的影响。

洛克在《教育漫话》中,开篇即提出"健康的精神寓于健康的身体"。这句名言流传至今,成为洛克教育思想尤其是体育教育思想的符号,广为人知。对体育即养护法的具体内容和方法,洛克指出,应采用"自然主义的锻炼法",即"衣服需宽舒,勿紧束身体,无论寒暑不可戴帽,又宜跣足,至不得时始穿薄靴,天寒亦不近火,只曝于日光。食物亦淡泊,毋过食,毋服药。睡眠须充足,以八小时为度,须早眠早起,呼吸新鲜空气,做活泼的运动。奖励冷浴与游泳,以图肌肤之强壮"[1]。同时,洛克认为,在学校体育课中,除了让学生从事各种游戏活动以促进身体成长外,高年级学生还应学习击剑、骑马等与军事训练相关的内容,不仅能够锻炼身体,又能够以备战时之需;在课外还应学习园艺、手工等,既可以解除精神疲劳,增进身体健康,又可以增加情趣,成为多才多艺的人。

而训育法就是培养学生良好的德性,即德育。德育的基本原则就是以理智克制欲望,养成服从理智的习惯,要求学生要知礼仪、懂廉耻、讲谦逊。洛克不提倡体罚学生,认为学生如果违背了德性要求,自然会受到惩罚,即任何不良行为都会影响周围的人对自己的评价或态度,从而影响自己的发展。而学生受到挫折后,能够运用

---

① 雷通群. 西洋教育通史:上[M]. 福州:福建教育出版社,2011:191.

理性意识到这一点,养成服从理智的习惯。所以,这种方法又被称为"自然的惩罚法"。

教学法则是以实用主义为本,选择好的教材,以绅士标准培养学生,学习内容包括读书、习字、博物、理化、几何、天文、解剖以及历史、法律、修辞、伦理学等。洛克的教育思想虽然是在 17 世纪末提出来的,但已经具备了现代教育思想色彩,对欧洲乃至全世界现代教育发展起到了巨大的推动作用。

18 世纪,欧洲启蒙运动爆发。启蒙运动同样是文艺复兴运动的继续,资产阶级启蒙学者在政治、文化、宗教和社会制度等各个方面向封建制度发起了猛烈攻击,提出了较为完整、系统的主张,即崇尚理性,肯定客观世界的规律性,提倡科学、重视知识、反对愚昧,向往自由平等的理想社会等。启蒙运动不仅为资产阶级革命作了思想上和舆论上的准备,也推动了欧洲及美洲社会的发展。

从教育发展方面来看,18 世纪,虽然欧洲各国出现了很多教育家,提出了各自的教育理论和方法,如泛爱主义教育广泛兴起。所谓"泛爱主义",即广泛爱护儿童之意。但在教育目的和教育方法上都是建立在洛克的教育思想基础上,并没有太多的新意。在体育教育方面,值得提出的是德国泛爱主义教育家巴泽多(Jhann Bernhard Basedow,1724—1790)和阿尔兹曼(Christian Gotthilf Salzman,1744—1811),他们在体育教育方面提出了"体操"的内容,而德国 18 世纪的"体操"不同于古希腊摔跤、格斗、跳跃等体操内容,它是一种专门的身体练习,分为"学校体操"和"军事体操",军事体操即"兵式体操"。而在法国,启蒙运动思想家、哲学家、教育家和文学家卢梭的思想又有特别意义,对教育发展产生了积极的影响。

卢梭(Jean Jacques Rousseau,1712—1788)一生中只做过一年家庭教师,也没有教育学专著,但在他的著作中尤其是小说《爱弥尔》中所体现的教育思想对教育界影响很大,博得广大教育家的青睐,因此,卢梭也成为 18 世纪具有影响的教育家之一。

在《爱弥尔》中,卢梭讲述了主人公爱弥尔的成长故事,提出了对不同年龄阶段的儿童进行教育应当遵循不同的原则、内容和方法。全书共分五卷,在第一卷中,着重论述对两岁以前的婴儿如何进行身体即体育教育,使儿童能自然发展。在第二卷中,他认为2岁至12岁的儿童在智力方面还处于睡眠时期,缺乏思维能力,因此,主张对儿童进行感官教育。在第三卷中,他认为12至15岁的少年由于通过感官的感受,已经具有一些经验,所以,应对他们进行智育教育。在第四卷中,他认为15至20岁的青年开始进入社会,所以,主要应对他们进行德育教育。在第五卷中,他认为男女青年由于自然发展的需要,应对他们进行爱情教育。总之,卢梭提出的按年龄特征分阶段进行教育的思想,在教育史上无疑是个重大的进步,它对后来资产阶级教育学的发展,特别是对教育心理学的发展,提供了极可贵的启示。卢梭在教育领域的地位和影响力由此产生。

总之,在17至18世纪的欧洲,教育领域人才辈出,教育理论和观点不断创新。尤其是捷克教育家夸美纽斯的《大教学论》的出版,确定了体育在教育中的地位之后,这一教育思想在欧洲的传播更加广泛。不仅促进了欧洲教育进步,也使体育教育发展上了一个新台阶。

四、体育(教育)文明传播的条件和作用

德智体全面发展教育思想自15世纪产生,至今已有600多年的历史,成为世界各国、各民族教育中的重要指导思想。这不仅是教育文明的体现,也是社会文明的缩影。那么,德智体全面发展教育思想尤其是体育教育思想为什么能够在600年多的岁月征程中,历经曲折、经久不衰? 我们从以下几个侧面予以阐释。

1. 德智体全面发展教育思想广泛传播的社会条件

在欧洲中世纪,古希腊和古罗马的古典文化毁于一旦。基督教会一统天下,历时千年,社会动荡不堪。整个社会处于封建基督教统治下,既没有精神自由,又没有人身自由。同时,由于教会和世俗国王争夺权力而导致的战乱不断,社会生活暗无宁日。因此,整个社会发展尤其是经济发展处于一种缓慢的状态。

中世纪末,在意大利半岛,由于小商品经济不断发展,出现了一批最早的资产阶级分子。资产阶级出于自身发展的需要,开始兴办

世俗学校。在教育思想和内容方面力图摆脱封建教会的约束,在教育中增加了世俗教育的内容,并提出了德智体全面发展的教育思想,与当时的宗教学校教育目的形成了强烈的反差。那么,既然资产阶级反对教会的思想统治,又倡导世俗教育,为什么没有遭到封建教会机构的取缔,反而使世俗教育和德智体全面发展的教育思想一直发展、延续至今,并成为世界各国普遍认同的教育思想呢? 这主要有以下几方面因素。

首先,政治上的一致性为德智体教育思想发展提供了条件。在欧洲中世纪,尽管资产阶级为反对封建教会的思想统治而发起了文艺复兴运动,歌颂人权、反对神权;要求个性解放,反对禁欲主义;主张理性,反对愚昧主义等。但是,现实的情况是资产阶级的力量远远不够强大,虽然他们的思想在一定程度上有利于人们的思想发展,但相比封建教会的统治力量而言微不足道,根本无法彻底动摇封建教会的地位。而资产阶级知识分子就其个人的政治身份来说,他们本身也是基督教教徒,与封建教会有着千丝万缕的联系,因此,相互利用、相互妥协既是一种政治手段,又是一种生存策略。

而对于封建教会机构来说,发展教会学校的宗教教育是控制社会、维护统治地位的一种手段。但是,资产阶级所进行的世俗教育对他们来说也同样有利。因为当时社会中的学校除极个别由商会和行会创办的世俗学校以及公元 11 世纪末少量的大学之外,其余的学校只有大教堂学校、教区学校和宫廷学校。而体育本身就是产生于宫廷学校,宫廷学校的受教育者又大多是贵族子弟,包括教会人员的子弟。所以,教会机构一方面推行教会教育,另一方面又不得不容忍世俗教育的发展。因此,在与贵族和资产阶级知识分子的相互妥协中,世俗学校在以神学教育为主导内容的教学中,增加了世俗内容,使世俗教育得以生存和发展。

而在发展身体的体育教育中,资产阶级知识分子所提出的“养护论”教育,目的在于强化体质,促进学生的身体健康。而采用的内容包括各种游戏活动,既使学生在游戏中获得快乐,又能够增强体质。为什么又要在体育中增加诸如击剑、跳跃、骑马、弓术等内容?

这是为了满足封建教会准备战争的需要而设置的。众所周知,在中世纪战争频繁,各国国王为赢得战争胜利纷纷组建自己的武装,由此产生了中世纪的骑士阶层。但由于国家没有财力开办骑士学校,所以,骑士教育一般采取家庭教育的方式进行,即作为领主的骑士会将自己的孩子送到更大的领主家里充当扈从,既学习做人,又学习打仗。而骑士阶层在长期的骑士文化熏陶下,形成了一种文明的品格与作风,并赢得了社会的赞誉。在中世纪的宫廷教育中,统治阶级将战争手段内容列入了体育教育中。而资产阶级教育家为了使自己的教育思想得以实施,不得不折中、妥协。所以,意大利教育家维多里诺在体育教学中采用不同的内容和方式进行,"在年幼儿童的户外游戏中,各种形式的球类运动被看作是最有价值的,其次是跑步和跳跃,作为一种强制的、有活力的活动。跳舞尽管有许多好处,但经常受到谴责,在一定程度上,这似乎是因为它让男孩们受到了较轻松和不够刺激的影响。10岁后,需要定期的技能训练的运动和锻炼。例如,射箭、击剑、弹弓的使用和初步的军事训练。竞争应该得到鼓励,因为出色的速度和耐力而受到嘉奖。使用武器的技能作为公民义务的必要训练应该得到培养,因为每个公民都可能要在保卫公共自由和独立中尽他的职责"①。这种观点,使体育教育从一开始就与军事训练的内容联系在一起。由此可见,资产阶级教育家所提出的培养"合格公民"的德智体全面发展思想之所以能够得以实施和传播,皆因为这一教育思想与封建教会机构在政治上有共同需要。

其次,技术发展为德智体教育思想传播提供了手段。15世纪40年代,德国人谷登堡发明了手工印刷机,开启了大众传播的先河。手工印刷机的产生,为信息传播提供了媒介,并由此推动了教育思想的传播和教育发展。在印刷机出现以前,欧洲的手抄图书只有几万册,而1450至1500年间,只经过50年,欧洲印版书已达3.5万种,数量猛增到900万册。

---

① 威廉·哈里森·伍德沃德. 文艺复兴时期教育研究[M]. 赵卫平,等,译. 济南:山东教育出版社,2013:571.

到了 16 世纪，"估计有 1 500 到 15 000 种书籍出版。在 16 世纪，印刷了超过 100 万份路德（Luther）翻译的《圣经》。书籍交易在当时也十分盛行。进出口在那些拥有印刷业的国家之间相当普遍，特别是法国、英国、德国和意大利。事实上，16 世纪末的书籍出版已经蕴藏了许多现代媒介的基本特征，包括最早的阅读人群"①。随着印刷业的日益发达，在 16、17 世纪产生了世界最早的报刊，同时，包括教科书在内的书籍发行量也大大增加。因此，施拉姆评价说："从技术上看，古登堡所做的，以及自他那个时代起一切大众媒介所做的，就是把一种机器放进传播过程，去复制信息，几乎无限拓展人们共享信息的能力。传播过程几乎未变，但由于人们靠信息生存，共享信息的新能力就对人的生活产生了深刻的影响"。②

德智体教育思想与大众传播诞生在同一时代，所以，大众传播的诞生为教育发展以及德智体全面发展教育思想的传播提供了支持。这一点在大众媒介的故乡——德国尤为明显，从 15 世纪至 19 世纪以至于现代，德国教育家、哲学家人才辈出、群星璀璨。不仅使德智体全面发展的教育思想在德国及其早先的德意志地区广泛传播，而且为欧洲教育发展做出了贡献。

在 15 世纪的文艺复兴运动中，德国的人文主义教育家温斐林和尼德兰的人文主义教育家伊拉斯谟，成为欧洲较早传播德智体教育思想的教育家。在 16 世纪的宗教改革运动中，德国资产阶级知识分子身先士卒、一马当先，成为这场运动中的急先锋。德国涌现了一大批教育家，如路德（Martin Luther，1483—1540）、梅兰希顿（Philipp Melanchthon，1497—1560）、特罗曾多夫（Valentin Friedland，1490—1556）、斯图谟（Lohannes Sturm，1507—1589）以及尼安德（Michael Neander，1525—1595）等。在宗教改革运动中，德国的教育发展迅猛，小学教育向着普及的方向发展，中学教育逐渐发达。这一时期，

---

① 丹尼斯·麦奎尔. 麦奎尔大众传播理论：第五版[M]. 5 版. 崔保国，李琨，译. 北京：清华大学出版社，2010：21.

② 威尔伯·施拉姆，威廉·波特. 传播学概论：第二版[M]. 2 版. 何道宽，译. 北京：中国人民大学出版社，2010：14.

德国出现了最早的教育法令,如 1559 年维滕堡的宗教律规定:"在小村落,凡属教会的看守者所居之地,必须设德意志学校,授以读书、写字、宗教问答、赞美歌等。此是认寺仆学校与德语学校为同一的。又据 1580 年的萨克森州的教育令,则规定'在教会之旁,建筑教室'。"①这为教育发展建立了基础。

15 世纪末,意大利航海家哥伦布横渡大西洋进行海上探险,并发现了美洲大陆,于是,西班牙、葡萄牙、英国、法国和意大利纷纷开始了海上殖民和对外扩张活动,虽然这种对外扩张活动是一种掠夺财富的殖民活动,但却为教育思想传播开辟了又一条新途径。在欧洲基督教文明的冲击下,美洲在文化、教育方面发生了很大变化,"欧洲的政治和经济制度、宗教信仰、各种思想意识、生活方式和习俗、各种技艺和知识等,都被移植到了新大陆"②。

自 1607—1775 年起,英国在北美东起大西洋沿岸西迄阿巴拉契亚山脉的狭长地带建立了 13 个殖民地。之后,欧洲移民不断涌入,其中大部分来自英国,也有一部分来自法国、德国、荷兰、爱尔兰和其他国家。这些移民既有社会下层的贫苦人,也有贵族、地主、资产阶级人士。来到美国后,他们组织公民团体,拟订法规,为美国奠定了自治政府的基础。

在教育方面,移民隶属于不同的宗教派别,各教派分别设有自己的学校,由教会负责教育。完成初等教育后,再送到英国继续学习。而殖民地教育则由地方当局负责,1647 年马萨诸塞地方议会通过法律,规定满 50 户的镇要聘请一个小学教师,有 100 户以上的乡,要办拉丁语法学校。同时,还为贫穷白人的儿童办了免费的学校,称"穷人学校",而奴隶的孩子不得受学校教育。此外,贵族地主的子弟主要是请家庭教师进行教育,完成初等教育后再送到英国就学。

殖民地时期的学校基本上是按照欧洲的学校原样移植来的,学校教育内容主要是拉丁语、阅读、书写和宗教等,包含了智育和德育

---

① 雷通群. 西洋教育通史:上[M]. 福州:福建教育出版社,2011:161.
② 刘文龙,等. 世界文化史:近代卷[M]. 杭州:浙江人民出版社,1999:28.

的内容。而体育教育的内容只是在课间或课外活动时间做一些游戏而已。没有欧洲学校中的军事训练内容,这与殖民地教育的性质有关。直到 19 世纪,美国进行了进步教育运动改革,欧洲系统的教育思想才开始在美国广泛传播。

最后,资本主义国家制度的建立为德智体教育思想传播建立了制度基础。1688 年,英国资产阶级发动了"光荣革命",推翻了封建复辟王朝的统治,确立了资产阶级和新贵族联合专政的立宪君主政体,标志着资本主义制度在英国确立。英国资产阶级革命开辟了世界历史的新纪元,对世界历史发展产生了深远影响。

1760 年,英国工业革命爆发,到 19 世纪 40 年代前后,工业革命基本完成。此时英国的社会结构和生产关系发生了巨大变化,生产力大大提高,一跃成为世界头号资本主义强国。正因为如此,资产阶级工业革命使英国社会面貌产生了巨变,既促进了包括教育在内的各项社会事业的发展,又使德智体全面发展的教育思想在英国社会体现得淋漓尽致,成为世界各国学习的榜样。

19 世纪,随着英国工业革命的完成,欧洲社会发展进入了一个新的历史阶段。在近代与现代历史的交汇期,欧洲教育发生了波澜壮阔的变化,一大批新人文主义教育家如雨后春笋般破土而出,使教育领域呈现出一派勃勃生机。所谓新人文主义思想,即区别于文艺复兴时期的"旧人文主义思想"。文艺复兴时期的人文主义思想主要体现在,歌颂人性,反对神权;要求个性解放,反对禁欲主义;主张理性,反对愚昧主义;拥护中央集权,反对地方割据。而经历了时代的变迁,人文主义思想无论是内涵还是内容都发生了变化。新人文主义思想即国家本位主义思想,历史本位主义思想、社会本位主义思想以及唯实主义思想。人文主义的内容由从个人、个性出发,上升为从国家、社会本位出发。教育思想及其目标和目的发生了根本的转变,教育为国家服务、为社会服务成为唯一的主题。在这一时期,欧洲各国教育家在继承发扬中世纪以来的各种教育思想的基础上,又提出了各自的教育主张,分别从国家、社会的层面阐述了教育的目的、方法及内容。使德智体全面发展的教育思想从个人、个性的发展上升到国家、民族的发展高度。

其中,具有影响的教育学家包括英国的赫尔德、洪堡、斯宾塞等;德国的席勒、里希特、康德、尼迈尔、赫尔巴特、齐勒、莱因、费希特等;瑞士的裴斯泰洛齐和法国的福伊勒等。而英国斯宾塞的教育理论又颇具典型意义,成为体育教育思想传播的经典蓝本。

英国哲学家、教育家斯宾塞(Herbert Spencer,1820—1903)在1861年出版了《教育论》一书,该书由四篇论文构成。分别是知识的价值(worth of knowledge)、智育论(intellectual education)、德育论(moral instruction)和体育论(physical education)。斯宾塞的核心教育理念是:①提倡科学教育,反对古典主义教育;②提倡自主教育,反对灌输式教育;③提倡快乐和兴趣教育,反对无视学生身心发展规律的教育方式。

在智育论中,斯宾塞反对当时学校中流行的形式主义、经院主义的教学方法,主张教学过程应建立在学生主动性的基础上,强调兴趣在教学过程中的作用,提倡快乐教育。他认为应该引导儿童自己进行探讨,自己来推论。给他们讲的应该尽量少些,而引导他们去发现的应该尽量多些。

在德育论中,斯宾塞反对中世纪教育中苛刻的干涉主义作风,主张自然主义的德育教育,使学生养成自律自由之风。反对体罚学生,认同并提倡洛克的"自然惩罚法"。

在体育论中,斯宾塞第一次使用了"体育"即"physical education"一词,代替了以往的"养护法"一词。所谓体育,即身体的教育。斯宾塞说:"吾人不但要能耐精神的劳作,且要能耐身体的劳作。即欲营完全的生活须先为完全的动物方可。"①意思是说,健康的精神和健康的身体同等重要,要营造生活、适应各种生活的需要首先需要具有像其他动物一样的勇猛、顽强的能力,即野蛮其体魄。

斯宾塞的《教育论》在美国出版后,产生了广泛的影响,该书先后被译成十几种文字出版,对于教育尤其是体育教育在欧洲以至于世界各国传播起到了重要作用。"现在中国的教育界,关于教育方

---

① 雷通群.西洋教育通史:下[M].福州:福建教育出版社,2011:80.

法上分为智育、德育、体育等,是受斯宾塞的教育影响"①。值得一提的是,虽然斯宾塞的教育思想中并没有很多创新性的内容,但他在身体教育方面首先使用了"体育"一词,从此,体育的概念不仅脱离了"养护论"的表述,又在教育分类上成为一个独立的学科,为现代教育发展尤其是体育教育发展奠定了基础。

总之,德智体全面发展的教育思想在社会中的延续和传播不仅与各个时代的政治、经济发展有关,又同教育的进步紧密联系在一起。也就是说,社会文明程度的不断提高,为体育(教育)提供了动力和条件。同时,又与体育(教育)的功能和作用有直接关系。

2. 体育(教育)文明传播在绅士教育中的作用

体育教育从形式上说极其简单,不过是在教育过程中对少年儿童进行的一种游戏活动,通过游戏活动促进儿童的身体发育以利于他们健康成长。但是,作为一种教育思想和方法提出来却是人类的一种伟大创举。这一教育思想自欧洲文艺复兴运动中提出后,薪火相传,生生不息,不仅促进了人类教育的发展,也推动了人类文明的发展进步。那么,体育教育思想传播在社会发展中有什么功能与作用?简而言之,有强健身体、塑造文明的作用。

在欧洲中世纪,出现了骑士阶层,骑士作为受封的贵族不仅自己要为国家服役,享受这种特权福利和荣誉,还希望自己的儿子也能够如此,也成为骑士阶层的一员。所以,很多贵族在自己儿子很小的时候,就把他送到权势较大的领主家中充当扈从。平日里照顾和侍奉主人,主人外出打仗时则随其身边,负责看护盔甲。一直到21岁时,才有资格成为一名骑士。因此,这种贵族家庭教育和战争洗礼造就了骑士文明。虽然在当时的社会条件下,骑士在作为实战训练的"比武大会"中表现得野蛮、残忍,但这完全是出于战争目的的需要。尽管比武大会充满了血腥场面,但从另一方面看,正是这种出于战争需要的血腥场面培养了骑士的勇敢品质,使得他们在战争中英勇无畏、屡建战功,从而在欧洲中世纪社会中赢得了荣誉、赢得了地位。

---

① 雷通群. 西洋教育通史:下[M]. 福州:福建教育出版社,2011:80.

而在生活中,骑士们对自身有严格的规范,这既是出于自尊,又是出于一种社会责任感。即使对参加比武大会也有严格的限制,"最先限制犯了罪的人参加,继而扩展到禁止使骑士道蒙羞的骑士介入。其他如靠买卖商品而获利的骑士,在战场中抛弃主人的骑士及肆意践踏葡萄园和田地的骑士,也在禁止参加之列"①。不仅如此,对于生活中的邪恶行为、不公平行为,骑士会挺身而出、主张正义。对老弱妇孺及面临困境的人,骑士会主动相助。所以,自中世纪骑士阶层出现后经历了近千年的千锤百炼,形成了骑士精神,成为欧洲近代文明的象征。

　　什么是骑士精神?骑士精神即骑士阶层中的个人或群体所表现出的忠诚、勇敢、正义、博爱的品格。它是欧洲社会对男士品格塑造的基本要求和行为规范。在欧洲文化中,无论是从历史的层面还是现实的层面来说,骑士精神都占有重要地位,有着深远的历史意义和现实意义。具体来说,骑士精神表现在对贵族和国王效忠,勇敢作战,保卫国家安全。具有博爱情怀,尤其是对女人的尊重与爱十分纯洁高尚。但值得注意的是,这种对女人的爱并非是一种性爱和爱情,而是一种爱与崇拜的混合体。骑士可以爱上一个他根本没有接近过,甚至一点不熟悉的女人,并为之战斗,甚至献出生命,而并不在乎是否实际拥有她。骑士精神不仅对女人博爱,对弱者和儿童同样博爱,同情弱者、保护弱者也成为骑士的优秀品质,所以,他们赢得了社会的崇敬。

　　进入17世纪,随着科学技术的发展,火枪、火炮(16世纪就已出现)广泛运用于作战中,各国又逐渐建立起常备军,骑士阶层慢慢开始退出战争。然而,骑士精神并没有消失,作为一种荣誉和文明的象征,骑士精神又逐渐演变为一种新的形式和特征即绅士精神。

　　"绅士"一词早在古希腊就已存在,专指那些贵族阶层的自由民,而自17世纪开始,绅士的概念已经不仅仅限于贵族阶层。一些新兴的资产阶级知识分子和拥有资本的企业家、工厂主也崇尚绅士精神,并逐渐成为绅士阶层的群体。而绅士精神正是由骑士精神演

---

① 张广智,等. 世界文化史:古代卷[M]. 杭州:浙江人民出版社,1999:374.

变而来的。虽然绅士不再是一个单纯的战争群体，但忠诚、勇敢的精神依然被推崇。除此之外，所有的骑士品格都在绅士精神中得以延续和体现。所以，绅士精神成为欧洲近代社会中一种文明精神的体现，并广为社会民众颂扬。英国教育家洛克首先提出了绅士教育的理念，即教育的目的是为了培养适应社会发展需要的绅士阶层。而具体的教育方法即通过德智体全面发展教育思想和方法培养学生。身体教育不仅使学生具有骑士般的身体，健康强壮，更要具有骑士的精神，即在危急时刻勇敢无畏，勇于牺牲。德育教育使学生忠诚于国家，具有正义感和对民众的爱心。智育教育使学生具有建设社会的本领，从而成为社会需要的、具有绅士精神的人。

19 世纪，英国教育家托马斯·阿诺德任拉格比公学校长期间，拉格比公学在所有公学中地位较低，学校注重智育教育，而疏于德育和体育教育，且体罚学生现象严重。在学生中，打架斗殴、旷课迟到现象习以为常。所以，1828 年，阿诺德一上任就提出了以培养"基督教绅士"为目标的教育主张，制定了以"宗教的道德的教育、绅士的行为、智识与才能的养成"为目标的学校发展方针。阿诺德认为："训育是最注重的，以引导学生臻于自制为主，以信任学生之人格为训育之要诀……一旦发现学生有出于非绅士的行为者，则严格待遇，毫不宽假。"[1]从信任学生开始，严格要求学生守纪律、慎行为，强化德育教育。同时，又在课外体育活动中采取"竞技运动自治"的管理方法引导学生自律守纪、修身养德，取得了很好的效果。

所谓"竞技运动自治"，即以学生宿舍或班级为单位组织开展课外体育活动。当时英国的寄宿学校宿舍分别住着不同年级的学生，人数刚好组成一个橄榄球（即英式足球）队，所以，阿诺德为了配合德育教育，让学生在课余时间组织开展以宿舍或班级为单位的橄榄球或其他各种体育活动和比赛，由高年级同学负责组织管理，开展宿舍与宿舍之间的比赛。这种竞技运动模式被称为"竞技运动自治"。竞技运动自治实施以后，收到了良好效果。使学生的课余时间紧张充实而有意义。不仅如此，阿诺德还经常带领学生走出校

---

① 雷通群. 西洋教育通史：下［M］. 福州：福建教育出版社，2011：125.

门,与其他学校进行比赛。不仅推动了学校体育发展,又使竞技运动在社会中不断普及。

阿诺德认为:"个人项目的比赛能够锻炼'勇敢''坚强'的意志,集体项目的比赛可以培养'协作'和'团体'意识。在团队精神的鼓舞下,学生们可以做到克己奉公。板球等项目的公平比赛,可以将遵守规则及公认的行为方式的重要性铭刻在学生的脑子里。"[①]通过"竞技运动自治",不仅提高了学生的品德意识,又使阿诺德培养绅士的教育方针得到了很好的贯彻。"英国的公学,借此种刺激为转机,其后大加改良。温彻斯特及哈罗等公学率先模仿(拉格比),其后竟影响及全英国及美国的公学。"[②]由此可见,体育教育不只是具有锻炼身体的作用,对于品德培养同样大有裨益。近代资产阶级教育家在德智体全面发展的教育思想指导下,不仅实现了培养绅士的教育目的,又为现代教育培养社会所需要的人树立了榜样。

---

① 元清林. 公学教育的若干问题[J]. 教育评论. 2006;(4).
② 雷通群. 西洋教育通史:下[M]. 福州:福建教育出版社,2011:125.

体育运动文明

19 世纪,在欧洲历史上具有划时代意义,历时百年的英国工业革命完成,使英国一跃成为世界头号资本主义强国,这不仅标志着英国工业革命的胜利,也推动了整个欧洲的社会发展。同时,资本主义工业革命为社会各个领域注入了勃勃生机,使社会各项事业日新月异、繁荣发展,体现出近代资本主义文明的强大的生命力。放眼欧洲社会,认识资本主义文明的发展过程可以发现,资本主义文明不仅体现在工业革命本身的技术发展和进步上,而且在思想文化领域包括哲学、艺术、科学、教育等方面同样发生了革命性的变化,其中,运动与体育运动的产生又成为 19 世纪欧洲社会的一项伟大的杰作。

运动与体育运动的产生是一个逐步的过程,其基本条件是欧洲工业革命使社会生活方式发生了改变,生活观念亦随之变化。在中世纪以及近代只有贵族阶层拥有的生活方式,包括休闲娱乐方式也逐渐成为中产阶级模仿和追求的目标。即使处于社会底层的工人阶级和普通市民,也有自己的休闲娱乐方式和游戏方式。社会观念的变化为语言符号的产生提供了条件,19 世纪 20 年代末,"运动"一词即"sport,sports"应运而生。19 世纪 60 年代,"体育"即"physical education"一词又随之出现,使体育与运动无论在社会观念层面还是在社会实践层面都拥有了一席之地。1862 年,英国第一个足球俱乐部在伦敦成立,并制定了世界上第一部足球竞赛规则,这标志着足球运动由此诞生。体育运动的组织制度性决定了它不同于以往的任何一种游戏活动。所以人们常说,英国是运动与体育运动的发源地。但是,一般而言,体育运动诞生的时间又是以第1届现代奥林匹克运动会的举行即1896年希腊雅典奥运会的举办为标志的。这届奥运会既标志着古希腊奥林匹克运动精神的复兴,又标志着运动与体育运动的诞生。

一、体育运动产生的社会因素分析

体育运动的产生同社会中各种新生事物的产生一样,不是凭空而来的,不能一蹴而就。它经历了一个漫长的发展过程,即从体育教育思想的提出到英国户外运动出现的四百多年间,社会发展使人类的思想和认识水平不断提高,人类对自身的认识从神权思想的禁锢下解放出来,人性自由成为人类的追求,这推动了教育思想和教育方法的发展进步。在资本主义工业革命过程中,欧洲的社会生产力水平有了很大发展,使人们的物质生活水平不断提高,生活方式不断变化,出现了与生活方式相适应的各种运动,其中,一部分运动内容是由古老的游戏活动和竞技活动演变而来的。在这个基础上,孕育并催生了体育运动。总之,体育运动的产生既是一个社会发展的渐进过程,又是一个人类认识的理性飞跃过程。

1. 体育运动产生的思想基础

考察人类社会的发展变化不能脱离对一定历史时期的社会思想和社会文化的认识,思想和意识作为社会现实的反映,投射出不同历史时期的社会状况,同时,又决定了当时社会人们的行为,从中可以梳理出历史发展的社会轨迹。

在中世纪的欧洲,资产阶级知识分子发起文艺复兴运动,其根本原因在于封建教会的基督教统治已经令人窒息,严重阻碍了社会发展,所以,他们要复兴古希腊、古罗马文化,即人文主义思想,借此打破欧洲社会的封建统治格局,为资本主义社会发展开辟一条新的道路。但是,这一过程曲折而漫长,先后经历了文艺复兴运动、宗教改革运动和启蒙思想运动,又称"三大思想运动"。直到19世纪,人文主义思想在欧洲乃至北美等国成为主流的社会思想,标志着资产阶级思想文明的发展达到新的高度,这不仅为人类科学文化的发展做出了贡献，又成为人类宝贵的精神财富。

文艺复兴运动中，资产阶级宣扬的是一种新的世界观，即"人文主义"世界观。人文主义的思想文化特征首先在于它的世俗性质，与封建文化的宗教性质完全相反，人文主义者肯定人是生活的创造者和主人，要求把人们的思想、感情、智慧从神学的束缚中解放出来。针对罗马教会神学蒙昧主义的"神本"观，人文主义者主要是依托"借神颂人"的形式来表达他们的人本主张。他们借助上帝这个法力无穷、统驭一切的最高神圣权威，来否定教会"原罪"说的谬论，颂扬人的自由意志和理性尊严。针对教会提倡的禁欲主义说教，人文主义者大力歌颂人的感情欲望和世俗生活享受。在他们看来，既然上帝使人成为现实世界中具有意志自由和人性尊严的强大主宰，人就有权利和能力去追求世俗生活享乐。人文主义的人本观包含了新的价值取向和新的意识即这个世界是人的而不是神的，人应当而且也有能力设计自己的命运，规定自己的未来。在人文主义思想推动下，欧洲文学、艺术、哲学、科学和教育等社会事业有了很大发展。虽然文艺复兴运动在一定程度上抨击了封建贵族所宣扬的神学愚昧观念，对社会民众进行了广泛的启蒙教育，开启了民众智慧，促进了社会发展，但欧洲的封建教会力量仍处于绝对的统治地位，资产阶级的历史使命任重道远，仍需努力。因此，在 16 世纪，欧洲又爆发了宗教改革运动。

1517 年，神学家马丁·路德推出了反对基督教会的《九十五条论纲》，提出"教士不是人与上帝之间的中介，教徒只凭信仰，灵魂就可以得救，而不必借助于教士主持的各种宗教仪式"才能拯救灵魂的观点。这一观点在德国各阶层民众中广泛流传，为摆脱中世纪教会思想的束缚，接受人文主义思想的影响起到了积极作用。1525年，宗教改革家托马斯·闵采尔发表了《致阿尔斯特德人民书》，号召城市平民和农民联合起来举行起义，推翻宗教统治。因此，一场声势浩大的宗教改革运动在德国、瑞士、法国、英国、西班牙等国蓬勃兴起。同时，天主教会与新教改革派之间的宗教战争也连绵不断。在宗教改革运动中，法国神学家约翰·卡尔文（John karwin，1509—1564）出版了《基督教要义》，认为"上帝接纳信徒，使之成为义人,这只是上帝拯救人的开始。上帝圣灵在人心中发生作用,使之圣洁,这才是上帝所要实现的结果"①。卡尔文的新教思想虽然并不否定上帝的存在和意义,但却将神与人分离,体现出一种人文主义的以人为本思想。所以,在瑞士的宗教改革中,教会机构采取以共和的长老制取代天主教会的教阶制,以平民信徒的民主选举制取代专制的继承制的方法,这代表了新兴资产阶级的思想,在欧洲历史上产生了重要影响。

而在英国的宗教改革中,国王亨利八世同罗马教廷公开决裂,并授意国会在1536年通过了《至尊法案》,宣称"国王是英国教会在世间唯一的最高元首;罗马教皇对英国教会没有任何管辖权;神职人员必须向国王宣誓,过去向教皇的宣誓予以废除"。英国的宗教改革为17世纪40年代英国资产阶级革命爆发提供了宗教动力。总之,宗教改革运动和宗教战争彻底瓦解了欧洲封建统治的基础,使之处于崩溃的边缘。在此期间,虽然封建贵族仍在社会中占有统治地位,但资产阶级的力量也在不断壮大。

17世纪,欧洲资本主义经济迅速发展,尤其是在英国,采矿和冶金业的发展推动了机械技术的发展和进步,如船舶制造、国际航运和印刷业等也随之发展,使资产阶级在欧洲社会的地位不断上升。国家的政治权力逐渐集中到国王手中,封建因素逐步消失。18世纪,封建贵族阶级逐渐分化、衰落,资产阶级和社会下层民众的反封建斗争日趋激烈。在这种社会背景下,欧洲又爆发了一场资产阶级思想启蒙运动,为封建制度灭亡和资本主义制度发展铺平了道路。

思想启蒙运动的主要内容包括:①崇尚理性,即用人的理性代替神的意志,从人的理性出发认识和评判社会制度、法律和政策,而不是盲从。②肯定客观世界的规律性,认为任何事物都有自身的规律性,尊重客观规律才是认识事物、认识世界的有效方法。③提倡科学,重视知识,反对愚昧。即只有通过科学研究,才能促进社会发展。只有学习知识,才能消除愚昧思想。④向往自由、平等的理想社会,这既是启蒙思想家追求的信念,又是人类共同为之奋斗的目

---

① 刘文龙,等. 世界文化史:近代卷[M]. 杭州:浙江人民出版社,1999:78.

标。启蒙运动一兴起就博得了各国资产阶级思想家的广泛认同,并推动了包括英国、法国、意大利、俄国、美国在内的世界各国启蒙运动的发展,使人文主义的自由、平等和民主思想发展到一个新的历史阶段。

到19世纪,欧洲彻底摆脱了封建制度的统治,以人为本、自由平等的人文主义思想深入人心,并由此推动了文学、科学、艺术、教育等学科的发展。至19世纪末,体育运动应运而生。

2. 体育运动产生的物质条件

社会物质条件是人类赖以生存和生活的基础,社会物质条件的产生既是一个自然的发展过程,又是人类生产实践的结果。在不同的历史阶段,因受社会生产力发展水平的影响,社会物质条件的状况有所不同。因此,不同的社会物质条件下人类对客观世界的认识就不同,所形成的观念意识必然不同。也就是说,一定的思想观念总是与一定的社会发展水平相适应。从社会文化的层面解释,正如我国文化学家陈序经所说:"文化的文化基础,是文化的水平线。在同一文化水平线上的文化,既不会离这个水平线太远,也不会离这个水平线太近。比如在石器时代,绝不会发明出机器。机器若不发明,绝不会有飞机。这都可以说是文化受了文化水平线的限制。"①作为身体文化的游戏活动、运动和体育运动的产生与发展过程亦是同理。

在人类历史的早期,思维进化过程决定人类的生存状态与其他动物无异,同处于自生自灭的自然状态。随着人类进化过程的发展,人类的思维能力逐渐提高,显著区别于其他动物。其他动物只是自然之物,而人类却成为社会之物。人类学会了使用工具和制造工具,并从事改造客观环境的各种实践活动,使人类的生存和生活条件不断得以改变。因此,作为身体文化的游戏活动也在生活实践中不断发展。考察早期人类的游戏活动可以发现,人类的游戏活动同其他动物的游戏活动一样始于本能,但对其他动物来说,由于思维能力所限也只有本能的游戏。而人类则不同,从本能的游戏开

---

① 陈序经. 文化学概观[M]. 北京:中国人民大学出版社,2005:217.

始,又能够学习和创造各种新的游戏活动。但是,无论是学习的游戏活动还是创造的游戏活动,都与人类社会发展水平密切相关,也就是说,人类的学习和创造活动不可能超越社会发展水平。所以,狩猎过程的游戏活动只能是射箭游戏,早期的舞蹈游戏只能是本能的身体动作或模仿其他动物的动作。而随着古代战争的出现,战争的方式又是狩猎技能的迁移,即以弓箭、梭镖和肉搏形式作战。由此可见,人类的活动包括生存方式、战争方式以及生活之余的游戏活动,无一不受客观自然条件和社会条件的制约。所以,在人类的古代时期,不可能产生运动与体育运动。或许有人认为,古代的游戏活动本身也是一种肢体的运动方式,但即使如此,人类在古代时期也不可能具有运动与体育运动的意识和观念。

当历史的脚步跨入19世纪,欧洲工业革命成就斐然,大工业生产技术的运用,使社会生产率有了很大提高,"一件件东西被发明出来,有了铁的管子,接着有了抽水马桶,最后终于有了煤气灯、煤气灶、水龙头及有排水管的浴缸。一整套的供水网使每个家庭都有了自来水,还有一整套排水网。所有这些设施,从1830年以后,逐渐普及到中产阶级和上层经济阶层,这些设施从开始使用起,在一个世纪的时间内就普及了,它们的确成为中产阶级的必需品了。但是,在19世纪的工业技术(应用)期间,广大群众没能享用这些设施"[①]。而社会底层的工人阶级虽然生活水平远不及中产阶级,但也或多或少获得了改善,直到19世纪末,他们也用上了先前中产阶级所用的基本生活设施。物质生活条件的改善,使人们的生活观念发生了变化。这些变化首先表现在中产阶级的富裕阶层,一些企业主和资本拥有者发财之后,开始羡慕和模仿社会中的贵族的生活方式,先是追求豪宅和豪华马车,继而又模仿贵族的社交、生活方式。例如,网球本是中世纪法国宫廷中的贵族游戏活动,19世纪逐渐成为欧洲各国中产阶级模仿贵族喜爱的运动。打网球不只是一种娱乐方式,还是一种社交方式,体现出中产阶级的社会阶层优越感。

---

① 刘易斯·芒福德. 城市发展史——起源、演变和前景[M]. 宋俊岭,等,译. 北京:中国建筑工业出版社,2011:479.

1873 年,英国人沃尔特·克罗普顿·温菲尔德又将网球活动加以改进,成为可以在草坪上进行的运动,取名为"草地网球",为网球运动走出宫廷创造了条件。同年,他还出版了一本《草地网球》,对网球活动进行普及推广。所以,温菲尔德被称为"近代网球的创始人"。1875 年,英国建立了全英网球运动俱乐部。1876 年,英国制定了一个全英统一的网球规则。对网球运动的场地、设备、打法和比赛等方面的规则进行了统一,并于 1877 年举办了全英草地网球男子单打锦标赛,即延续至今并闻名于世的温布尔登网球赛。

19 世纪,物质生活条件的变化不仅使中产阶级的生活方式有所改变,开始从事各种休闲娱乐活动,产业工人同样如此。他们在工作之余开展足球活动,满足社交和休闲需要。总之,各种运动的出现,无不是建立在社会物质发展水平的基础之上。

3. 体育运动产生的教育动力

19 世纪,欧洲教育思想又有了新的发展,从新人文主义思想向理性的道德教育思想、人道主义教育思想和国家社会主义教育思想方向发展,在这一过程中,国家对教育的干预逐渐加强,不仅促进了教育发展,教育中的体育教育也有了发展。

德国哲学家、教育家康德(Immanuel Kant,1724—1804)早在 18 世纪就提出了"新人文主义的教育思想",他认为"教育是使人完成所以为人之使命",个人不能使自身的本性得到完善,只有通过教育才能实现这一目的。康德说:"教育不是为儿童的现在计,乃为将来之可能计,且为世界计。故曰'一般父母,是欲教其子在现在的世界上成功,一般的王侯贵族,是欲教其臣子适于自己之目的。即是父母单为一家计,王侯单为一国计,欲养成良好的工具之人。但此种思想,实在不能认为究极的,教育之究极理想,是在完成至善的世界,即在实现一视同仁的世界'。"①康德的教育思想不仅重视个人的完善,还具有世界主义的理想,对后来的教育学家产生了积极的影响。

瑞士教育学家裴斯泰洛齐(Johann Heinrich Pestalozzi,1746—

---

① 雷通群. 西洋教育通史:下[M]. 福州:福建教育出版社,2011:21–22.

1827)受康德的影响很大,他认为:"个人非单为自己而生存,实为社会的关系(即社会团体的关系)而受陶冶,且须借外界的关系而陶冶之……家长的精神扩而充之则可为一国的元首;兄弟的精神,扩而充之则为一般市民的关系。此两种精神结合,遂生家国间之秩序。"①裴斯泰洛齐的团体主义、爱国主义教育思想不仅对德国、英国和美国影响很大,而且在世界教育史、社会发展史上也具有重要地位。

在这种教育思想的影响下,国家对教育的认识水平不断提高,教育不再是中产阶级和上层社会的特权,包括广大工人阶级的子女在内的所有儿童都拥有受教育的权利并接受教育,才能促进国家发展。1833年,英国颁布了《工厂法》,规定限制童工的工作时间,并要求对童工进行义务教育。《工厂法》规定,9~13岁的童工在工作时间内需接受两个小时的义务教育,工厂主雇佣童工必须持有年龄证明和教师的入学证明。该规定使英国中下层家庭的儿童有了受教育的权利。1870年英国国会又通过了《初等教育法》,即《福斯特教育法》,明确规定:"国家对教育享有补助权与监督权。设立学校委员会管理地方教育。对5~12岁儿童实施强制初等教育,并在缺少学校的地区设立公立学校。"《初等教育法》的颁布与实施标志着英国初等国民教育制度正式形成,推动了英国教育的发展。

而在体育教育方面,随着英国工业革命的推进,体育教育的内容又不断变化。延续了几百年的以游戏活动和竞技活动促进学生身体发展、保持健康的体育教育又增加了新的内容,即户外运动。所谓户外运动,最早的形式就是教师在其他课程之余,带领学生到野外散步、踏青、做游戏,使学生置身于大自然中,享受身体活动的乐趣。这种户外活动不是随意进行的,而是作为体育教育的一项内容在规定的时间进行。"19世纪70年代以阿宾汉姆学校为代表的一些学校规定文化科目的学习必须在中午12点之前结束,以确保学生每天下午都有充足的时间参加户外游戏"②。户外运动的产生使

---

① 雷通群. 西洋教育通史:下[M]. 福州:福建教育出版社,2011:52.

② 林可,等. 观伦敦奥运侃学校体育[M]. 中国教育新闻网,2012:8.

体育教育有了新的内容和方式。

户外运动的产生不仅为体育教育增添了新的内容和形式,又逐渐在社会中传播,赢得了城市中产阶级和普通市民的喜欢,成为社会生活中的一种新的生活方式。"随着闲暇时间的普遍增加,游玩成了生活中一件令人热衷的事情。高尔夫球场、乡间俱乐部、游泳池、鸡尾酒会成了多样化和有意义的生活中的无意义的仿制品。作为对拥挤的城市各种不利情况的反应,郊区成了一个过分专业化的社会,它越来越变得专门以娱乐和游玩为目的"①。城市中产阶级为什么热衷于郊区生活?其主要原因是由于城市工业发展所带来的环境污染和机器的嘈杂声不利健康,所以,中产阶级一族纷纷跑到郊外建设住宅,在那里生活,只有上班的时候才去城里的工厂。每逢周末,回到郊区的住宅并从事一些户外运动。另有一部分人,在郊区没有固定的住宅,只是周末去郊外从事运动或社交活动,久而久之,英国的户外运动便逐渐兴起。不仅有中产阶级人士参与,又有城市一般市民参与。而且,户外运动的内容又不断丰富,爬山、探险等活动也随着出现。因此,英国的户外运动不仅丰富了学校体育教育的内容,也为体育运动的诞生奠定了基础。

4. 体育运动产生的社会诉求

19世纪前,欧洲各国相继建立了具有现代意义的独立国家,随着国家的日趋强大,逐渐向帝国主义的国家形态发展,如英国、法国、俄国等。因此,富国强兵的教育思想成为学校体育教育的重要目标,也为体育运动的产生起了推动作用。

特别值得一提的是19世纪国家社会主义教育思想(简称国家主义教育思想)出现,其代表人物是德国的费希特(Johann Gottlieb Fichte,1762—1814)和法国的福伊勒(Alfred Fouillee,1838—?)。费希特认为,教育的目的在于养成"具有自由意志,肯为国家社会服务,捐弃私欲与私利,促成宇宙之道德的秩序之人。唯借此种目的,

① 刘易斯·芒福德. 城市发展史——起源、演变和前景[M]. 宋俊岭,等,译. 北京:中国建筑工业出版社,2005:508.

乃能使个人完成道德的生活,同时尽救国之任务"①。他提出了全民教育的思想,对于不接受教育者,国家要实行强制措施,即现在的义务教育观点。而福伊勒的教育思想同费希特大同小异,同样强调教育目的的国家至上观点,他说:"国家之进步发达上,亦同生物界同样,具有自然淘汰的作用。无形的竞争者,是指观念界、理想界的竞争而言。即理想高尚的国家,比于理想低下的国家,是为精神界之强者。从此点言,教育须养成国民之高尚理想与坚固的志操,使国家适于生存竞争,而图进步发达。"②在体育教育方面,福伊勒认为:"从个人论,虽有身体虚弱能发挥卓越的精神力者。但从社会上、国家上、人种上看,其中组织之单位的个人分子,倘身体不健,未闻其社会、种族或国家可以兴隆者。"③因此,19世纪教育思想的变化,使教育发展为国家服务的目的得到了广泛认同,对体育教育的发展起到了极大的促进作用。

那么,费希特和福伊勒为什么要提出国家主义教育思想? 其原因在于17和18世纪欧洲战争频繁,国家的兴衰与战争进程和结果相关,这使费希特和福伊勒等教育家认识到教育必须为国家服务才能体现出它的意义,因此,提出了国家主义教育思想。这一教育思想的出现使学校对教育尤其是对体育教育更加关注,强身健体为战争服务。19世纪,英国将德国的体操,即学校体操和兵式体操引入体育教育中作为体育课的内容。通过学校体操促进学生的身体发育,达到学生健康成长的目的,同时,在高年级学生中又运用兵式体操进行军事训练。不仅实现了体育课的教学目的,又为国家培养了贮备兵员。

另一方面,除了国家的战争需要之外,运动与体育运动又在磨炼意志、塑造人格方面具有独特的作用,不仅使人具有健康的身体,更使人保持健康的精神。所以,自18世纪欧洲骑士阶层消失以后,新兴的资产阶级和社会贵族对骑士精神情有独钟、念念不忘。在意

① 雷通群. 西洋教育通史:下[M]. 福州:福建教育出版社,2011:70.
② 雷通群. 西洋教育通史:下[M]. 福州:福建教育出版社,2011:72.
③ 雷通群. 西洋教育通史:下[M]. 福州:福建教育出版社,2011:73.

大利,出现了各种击剑俱乐部和击剑培训机构,目的在于通过击剑训练培养绅士精神,即英勇顽强、坚韧不拔的战斗精神和恭谨谦逊、彬彬有礼的绅士风度。在英国,随着户外运动发展,各种爬山、攀岩、探险等具有冒险精神的活动相继出现,这些运动方式虽然具有一定的危险性,但却是培养健全人格所需要的手段和方法,深受中产阶级一族的青睐。而这种绅士精神的塑造方法正是资本主义社会发展不可或缺的手段之一,因此,社会需要通过运动与体育运动造就一代对社会有用的人。

5. 体育运动产生的制度保障

运动与体育运动是近代资本主义发展的产物。首先,资本主义制度保障了社会大生产的有序进行,使社会生产力水平大大提高,由此改变了社会民众的思想观念和生活方式。其次,人的基本权利在资本主义制度约束下能够得到基本的保障,使普通市民和产业工人在出卖劳动力之后既能够满足基本的生活需要,又有人格的独立和自由。资本主义制度不仅体现在政治、经济领域中,而且延伸到社会各个层面,使社会中各个阶层、群体的人至少处于法律意义上的平等地位。最后,社会各项事物的发展被赋予了严格制度性和秩序性,既体现出事物发展本身的规律性,又体现出各种事物发展在整个社会中的和谐性。这是资本主义社会之前的任何社会制度不可比拟的。

为什么说封建社会不能产生运动和体育运动?

从制度方面来说,封建社会制度是以封建地主阶级占有土地,剥削农民(或农奴)剩余劳动为基础的社会制度。封建社会中,上层建筑主要是以等级制为特点的封建制国家,国家把土地作为采邑封给大封建主,大封建主再把它封给自己的臣下为采邑,层层分封,层层结成主从关系,形成像阶梯似的等级制。封主有责任保护封臣,封臣必须忠于封主,封建主阶级内部的联系加强了。同时,封臣得到采邑时同时获得领地上农民的管辖权,对劳动者的控制加强。这是西欧封建土地所有制的基本特征。

从社会意识形态方面来说,中世纪的欧洲处于宗教与世俗权力的双重控制之下,社会民众处于社会底层,毫无政治权利可言。在这种社会背景下,由于土地所有制的缘故,广大农民和奴隶被牢牢固定在庄园内。庄园与国家的关系是一种庄园主与国王的垂直的领导关系,庄园主效忠国王并在国家需要时随时应招为国服务。而庄园内的一切事物均由庄园主决定,他们不仅拥有经济管理权,还具有执行司法、征集赋税和维持公路等行政职能。而且,中世纪的欧洲商品经济并不发达,也没有相应的社会组织机构组织流通,社会群体之间的交往甚少。因此,画地为牢、封建割据式的社会结构极大地限制了各种社会事物的发展。而体育运动作为一项社会活动不可能在这种环境下产生。

从社会事物发展的秩序性方面来说,封建社会的等级政治制度决定了广大农民和奴隶没有基本的权利可言,同时,又缺乏相应的民间社会组织机构进行自我管理,所以,对于生活中的各种事物的存在与发展只能顺其自然,而不能随心所欲,按照人的需要引导和规范各种事物的发展和变化。因此,仅就游戏活动和竞技活动而言,只能处于一种自然状态的发展,而无法对其规范。同时,不同社会阶层的人各有各的游戏内容和方式,如宫廷贵族有网球、板球、骑马狩猎等活动,而庄园中的农民和奴隶也有自己的游戏娱乐内容,如用自制的球进行踢或抛,可以在田间休息时或茶余饭后进行娱乐。但是,由于等级制度的原因,不同阶层的人不可能有同样的游戏活动,也不可能一起进行游戏活动。

运动和体育运动是游戏活动和竞技活动演变而来,但是,这一演变过程是有条件的,不是在任何时期、任何历史阶段都能够完成这一演变过程,其中,一个重要的原因是社会的制度性所决定。例如,在中世纪也曾出现过对骑士比武大会进行规范的制度,"1225年以后,竞技场变得越来越文明,每一次比武要求有两名骑士和两名随从参加,他们要宣誓保持和平,不在竞技场上寻仇。而且,比武技巧变得越来越主要,也就是说,比赛双方以比技巧为主,而不是看谁能忍受对方击打的时间长,竞技在规模和形式上都受到限制,并引进了计分制"①。但是,实际情况并非如愿。也许在一定时间或一定

---

① 张广智,等. 世界文化史:古代卷[M]. 杭州:浙江人民出版社,1999:374.

地点出现过这种具有制度性规范的比武,而实际上一直到 16 世纪,在法国、西班牙等国的骑士比武中仍然充满了血腥场面。其原因在于封建教会机构与各国国王之间只有利益的争夺或妥协,而没有统一的具有法律意义或契约精神的制度性约束。这种状况直到世俗国家建立之后,即资本主义制度确立后才逐渐消除。

由此可以看出,在封建社会中,由于社会制度的局限,使生产方式和生活方式处于一种相对封闭的状态,人们的社会交往范围极其有限,同时,由于封建教会的严苛思想统治,压制了各种新思想、新观念的出现。所以,尽管封建社会中同样存在着各种游戏活动和竞技活动,但缺少转变为运动和体育运动的社会条件,因此,封建社会中不可能产生体育运动,也不可能产生体育运动制度。

美国著名科学技术发展史和人类思想史权威刘易斯·芒福德对运动与体育运动产生的制度性论述更加形象。他认为:运动与体育运动是大机器工业生产的产物,"体育(运动,作者著),不像游戏,它甚至以抽象的方式存在于我们的机器文明之中。没去看比赛的群众也会拥挤在大城市的记分牌前观看比分的变化"[1]。而且,"体育运动具备三个要素:壮观、竞争和角斗士的品格。壮观本身引入了古生代(即远古生物时代)技术时期所缺乏的感情元素。赛跑或球赛在观众聚集的场地举行。观众的活动、喊叫、欢呼和歌唱伴随着赛事的进行,他们的喊声宣告了即将发生的事件,强调了竞赛的戏剧性;他们事实上构成了新的机器舞台上希腊合唱团的一个组成部分。每个观众通过自己的特殊角色找到了独特的释放途径,他暂时切断了自己与原始社会的联系而与其他观众融为一体,变为原始的、无法区别的群体的一员……因为竞技场上的观众会有自己被彻底动员、充分调动的幻想。而且壮观的场面也提供了机器文明时代最多姿多彩的满足感,这是任何其他文明都无法提供的"[2]。那么,

---

① 刘易斯·芒福德. 技术与文明[M]. 陈允明,等,译. 北京:中国建筑工业出版社,2009:267.

② 刘易斯·芒福德. 技术与文明[M]. 陈允明,等,译. 北京:中国建筑工业出版社,2009:268.

芒福德在这里所说的"机器文明时代"实际上就是以蒸汽机为代表的近代资本主义大机器生产时代,即18世纪中叶至19世纪。芒福德认为,运动与体育运动是任何其他文明(时代)都无法提供的。

6. 体育运动产生的先驱贡献

运动与体育运动的产生除了各种客观社会条件之外,人类自我的主动性是一个不可忽略的重要因素。没有人类的自我努力,体育运动同样不可能产生。一般认为,英国是体育运动的发源地,因为英国"第一次出现了有组织机构的运动竞赛,具有民主的组织形式、统一的规则和有计划的赛程"①。所以,具有制度上的标志意义。但这并不等于说,欧洲其他各国就没有对体育运动产生做出贡献。

19世纪,除英国之外,其他欧洲国家也相继出现了各种运动和体育运动。瑞典伦德大学的斯卡图教授分别于1834年7月和1838年8月,在赫里辛鲍尔格附近的拉姆列斯疗养地举办过两次纪念古奥运会的"斯堪的那维亚运动会",当时的报纸称之为"奥运会"。比赛内容有摔跤、跳高、撑竿跳高、爬绳、体操以及长跑和短跑。到了19世纪中叶,各种运动逐渐开始超越国界,出现了国家间的运动交流和比赛。1858年在澳大利亚举行了国际游泳锦标赛,1871年在布德举办了国际射箭比赛,1889年在荷兰的阿姆斯特丹举办了世界速滑冠军赛等。

另外,值得一提的是考古学家对古希腊奥林匹克运动会的考察,为体育运动诞生助了一臂之力。柏林大学教授埃·库尔季斯早年住在希腊,在大学时代就立志发掘奥林匹克运动会。1852年,他走遍了伯罗奔尼撒半岛,返回德国后在柏林向公众作了有关古代奥林匹克运动会的长篇演说,打动了当时的德国皇太子——后来的德皇凯泽·威廉一世。他的发掘奥林匹亚计划得到支持。1875年开始,由库尔季斯率领的考察队对奥林匹亚进行了为期六年的发掘。到1881年,古奥林匹克遗址的主要设施终于重见天日。

这一时期,希腊也在积极复兴奥林匹克运动。1859年,第1届

---

① 乔治·维加雷洛. 从古老游戏到体育表演[M]. 乔咪加,译. 北京:中国人民大学出版社. 2007;50.

泛希腊奥运会在新建的雅典体育场举行,国王奥托出席并主持了开幕式。比赛项目有赛跑、跳远、跨越障碍、撑竿跳高、铁饼掷远、抛高,投标枪、赛马、马车赛、划船、游泳、爬竿、技巧和平衡练习等,竞赛的优胜者被授予按古奥运会传统制作的荣冠和少量现金。这届泛希腊奥运会除了竞技比赛以外,还举行了艺术品展览和商业博览会。1870年和1875年又先后举行了第2届和第3届泛希腊奥运会。1887年和1889年又举行了第4届和第5届的泛希腊奥运会。

但是,希腊人复兴奥运会的多次尝试,完全是按照古代奥林匹克运动会的模式进行的,是一种民间庆典式的竞技赛会,其比赛内容仍然是各种游戏和竞技活动,没有相应的组织机构和比赛制度与规则。且与这一时期的英国不同,没有对各种运动项目进行组织规范,更没有制定相应的比赛制度与规则。因此,泛希腊运动竞技会不过是模仿古希腊奥林匹克运动的竞技活动而已。尽管如此,泛希腊运动会同古希腊奥林匹克运动会一样,为体育运动诞生提供了可借鉴的模式。

19世纪蓬勃发展的运动与体育运动,迫切需要一个国际体育组织来协调世界各国的体育运动发展,在这种背景下,法国人顾拜旦在1893年发出倡议,在巴黎举行了讨论复兴奥运会问题的国际性体育会议。1894年1月,顾拜旦草拟了复兴奥运会的具体步骤和需要探讨的10个问题,致函各国体育组织和团体,广泛征求意见。与此同时,顾拜旦四处奔走,寻求支持。他同各国的政治家、社会活动家频繁接触,并得到了希腊、比利时、瑞典、挪威和俄国的一些政界人物的支持,一些国家的驻法使节和教育界、科学界的知名人士都表示愿意通过国际协商,促成复兴奥运会一事。

1894年6月16日,国际体育运动代表大会在巴黎索邦神学院(巴黎大学前身)隆重开幕。与会代表79人,代表着12个国家的49个体育组织。法国驻比利时大使德·库尔舍被选为会议主席,顾拜旦主持大会开幕式。200多人参加了开幕式。

大会组委会由英国人赫伯特、美国人斯隆恩和顾拜旦3人组成。6月23日,代表们一致通过了成立国际奥林匹克委员会的决议,从79名代表中确定14人为第1届国际奥委会委员,顾拜旦当选为国际奥委会的秘书长,希腊委员维凯拉斯担任主席。"这次国际体育运动代表大会后来被追认为第1届奥林匹克大会。正是这次大会的胜利召开和取得的共识,奠定了国际奥林匹克运动的坚实基础,成为现代奥运会起步的历史里程碑"①。这次大会同时也标志着体育运动由此诞生。

二、体育运动文明的核心内容

体育运动产生标志着运动与体育运动文明的出现,这种文明形态的表达方式独具特色和魅力。它是通过自身的身体运动方式展示人类的文明形态,既是人类文化与文明发展的结果,又是人类文化与文明的一种创造。所以,这种文明状态对人类来说意义非凡。

运动与体育运动文明的产生离不开人类文化与文明的发展过程,从游戏的身体活动开始,到战争的身体技能演变,以至于运动和竞技运动的出现,身体活动方式的每一个变化过程无不体现出人类的文明状态。但是,本能的身体游戏活动和竞技活动无所谓文化,它和其他各类动物的本能活动一样是一种天性,人类的游戏活动自学习和模仿游戏活动开始便具有了文化意义。而发明和创造游戏活动既是人类文化作用的结果,也是人类创造力和文明状态的体现。所以,运动和体育运动文明的产生是在人类文明基础上发展进步的结果。具体来说,运动与体育运动文明的核心内容就是传承文化,自我缅怀;强身健体,塑造精神。

1. 传承文化,自我缅怀

文化是人类特有的精神财富,它是在社会发展过程中由人类创造和积累而来的。人类社会的发展是一个持续不断的过程,在这一过程中,前人所创造的文化包括物质文化、精神文化和制度文化是社会发展的基础,没有这一基础,就谈不上社会发展,更谈不上人类自身的发展。所以,文化的发展是在前人所创造的文化基础上经历

---

① 皮埃尔·德·顾拜旦. 奥林匹克宣言[M]. 北京:人民出版社,2008:95.

了一个漫长的、循序渐进的过程才不断创造出一种又一种文化形式,使人类的文化发展薪火相传、生生不息。

从物质文化方面考察文化的发展过程可以发现,世界各国、各民族依然留存有各种不同时代的本民族物质文化遗产,包括中国的长城、古埃及的金字塔、古希腊的奥林匹克运动遗址和古罗马的大竞技场等,这些物质文化遗产凝聚了人类祖先的才智,历经了几千年的沧海桑田,见证了人类历史发展的每一过程。从精神文化方面考察文化的发展过程也可以发现,古代人所创造的文化思想如哲学、文学、艺术、教育等同样为后人留下宝贵的财富,使人类的古代文明思想成为一种现代精神文明之源,激励着一代又一代人对真理、正义及客观自然规律不断探索,由此实现了从文明走向更高文明的发展之路。那么,运动与体育运动的发展过程又是如何通过身体的活动内容和活动方式,完成从文明走向新的文明的这一过程呢?概而言之,即传承文化、自我缅怀,激励自我、不断创造。

翻开体育运动的史册,每个人都会发现所谓的运动与体育运动的内容是什么?不过是人类早期的一些由生存技能演变而来的游戏、娱乐、战争手段的内容,包括走、跑、跳、投掷标枪、铁饼以及摔跤、举重和游泳等。这些由生存技能、游戏活动和竞技活动演变而来的体育运动项目,成为人类在固定的时间、固定的地点以固定的方式和规则要求,在不同的范围内进行的一种身体活动。运动与体育运动被赋予了庄严的仪式给人一种肃然起敬的神圣感。运动与体育运动在一定意义上说也具有游戏性,是一种源自于游戏的特殊的身体活动形式。运动为什么能够如此引人注目?仅仅是这些运动项目能够给人带来欢快、娱乐的体验?满足了人的竞争欲望或参与的目的?其实,远不止如此。

从人类文化的层面认识,运动与体育运动的诞生是人类传承文化、自我缅怀的一种精神表达。人类之所以伟大,从洪荒的远古走来,从愚昧野蛮走向文明,靠的是什么?靠的是人类自身的聪明才智,靠的是人类的身体能力,即走、跑、跳、投的基本能力并在此基础上形成的技术能力。人类凭借这种最原始的身体能力在社会生活中打拼东西,征战南北,一步一步走到现在,成为屹立于地球之上的最庞大的动物群体之一,享受创造世界、改造世界的无穷乐趣。因此,人类对于祖先的缅怀之情、对于人类文化的敬仰之心深深融入了人类的灵魂,念念不忘,无法释怀。所以,这个世界才留下了各种物质文化遗产和精神文化遗产,而运动与体育运动作为一种精神文化,它所传递的内容正是对人类身体活动方式的纪念和缅怀。正如英国社会学家所说:"尽管体育活动开始超越出物质必需的要求,但作为游戏形式,通过仪式牺牲掉获取维持生存之手段后所剩的身体能量,对共同体来说依然十分重要。运动不再有助于获取生命之物质必需,而是承担了另一项关键角色:确立并维持了一个集合体的社会关系与文化特性或认同。"①所以,人类才创造了从游戏活动、竞技活动到运动与体育运动的各种身体活动方式,并通过这些身体活动方式承载和传递着人类的奋斗历程。

　　或许有人对此观点不以为然,认为体育运动诞生时所确定的运动项目是由古希腊奥运会流传下来的内容,现代奥运会即体育运动是对古希腊奥运会的继承与发扬,才有了这些走、跑、跳、投的项目,并认为古希腊奥运会就是古代的体育运动。

　　其实,体育运动诞生时的确是模仿和借鉴了古希腊奥林匹克运动的精神和表现方式,这没有错。但是,古希腊奥林匹克运动中的竞技活动并不是现代意义的运动与体育运动,而是一种宗教祭祀活动。那么,现在奥林匹克运动即运动与体育运动为什么要模仿和复兴古希腊奥林匹克运动?因为古希腊的宗教精神(religious spirit)体现了人类的崇高精神,具有广泛的社会意义。所以,近代末期的欧洲知识分子为传承和弘扬这种精神,即发起了恢复古希腊奥林匹克运动的倡议,并最终得以实现。而古希腊奥运会中的竞技项目,虽然是一种对战争方式和战争手段的模拟,但同样是由人类的生存方式和游戏方式演变而来的一种战争竞技活动。古希腊的竞技活动实质上同样是一种传承文化,不同的是它的宗教目的。所以,古希腊竞技会的目的同样是传承文化,缅怀英雄,激励自我,不断奋斗。

---

　　① 克里斯·希林.文化、技术与社会中的身体[M].李康,译.北京:北京大学出版社,2011:109.

从文化意义上说,运动和体育运动与古希腊奥林匹克运动具有极大的相似性,这是人类文化传承和借鉴的结果。从精神文化方面来说,二者具有完全的一致性。但是,从竞技活动的本质上说,二者又大相径庭。古希腊奥林匹克运动不是古代的体育运动,古代没有体育运动。它是一项古希腊的宗教活动,因此,要认识古希腊的奥林匹克运动即古希腊奥林匹克竞技会,首先要认识古希腊文化的产生与发展过程。

古代希腊不是一个统一的国家,也没有一个统一国家的概念。古希腊只是一个文化地理上的概念。公元前1600年亚该亚人征服了迈锡尼。亚该亚人属于野蛮人,但他们凭借青铜武器、战车以及勇敢的作战精神,终于取得了在希腊半岛的霸主地位。公元前1400年,他们又攻陷了克诺索斯城,整个克里特岛都落入了他们的统治之下。

在古希腊人之前,爱琴海诸岛和小亚细亚地区便出现了米诺斯—迈锡尼文明。在迈锡尼时代,希腊人还没有获得他们现在的称呼,他们被称作阿卡亚人。公元前1200年,多利安人(希腊族人)又征服了迈锡尼,使米诺斯—迈锡尼文明最终走向灭亡。从公元前1200年到公元前的800年,希腊进入了一个文化荒芜时代,各种文化资料、艺术作品消失殆尽。因此,历史学家将这一时期称之为希腊的"黑暗时代"。

但是,这一时期希腊文化仍然以它独有的方式存在,尽管很多文字材料消失了,但口传文化成为这一时期的主要传播形式。公元前8世纪时,古希腊出现最早的文学作品《荷马史诗》。荷马史诗包括《伊利亚特》和《奥德修斯》两部分,它是诗人荷马根据民间流传的故事整理而成的。这些故事大多是人们代代相传的英雄故事和神话故事。对于希腊人来说,荷马史诗不仅是一部文学作品,同时也是他们早期历史的最权威记载。

荷马史诗中的神话故事讲述了众神的战斗、争吵和婚姻等故事,大力的英雄可以和神争斗,如特洛伊战争中,宙斯、阿波罗、战神阿瑞斯和爱神阿芙洛狄忒站在特洛伊一方,赫拉、雅典娜和波塞冬则站在希腊人一方,相互展开了一场神与人的大战。总之,荷马史诗中所讲述的神话故事不是一种纯粹的、脱离现实生活的神话故事,而是一种神人合一的故事。神不是远离人间,而是直接进入人间并参与人间的一切活动。如特洛伊战争的开始和结局,都是由神决定的,但是战争的过程则是由神与人一起进行的。所以,荷马的神观念深深地影响了古希腊人,自荷马史诗产生以后,就成为古希腊人的一部基础教科书,无论是在生活方面还是在宗教方面,古希腊人都会以荷马史诗为准则规范自己的观念和行为。

荷马在史诗中描述了大量的英雄故事和神话故事,他认为,神不过是大写的人而已,神具有与人同样的属性,"同人一样的身体,同人一样的弱点和需要。他想象出大量的神性,如彼此频繁争吵,需要吃喝与睡眠,与人自由地混在一起,甚至偶然与人间妇女生儿育女。他们与人唯一的区别仅仅在于这样的事实,他们吃的是仙家美食,饮的是琼浆玉液,因而他们长生不死。他们不是住在天空或星球上,而是住在奥林匹斯山顶"①。因此,根据荷马的神的观念,古希腊人的宗教没有什么清规戒律和神圣的仪式,每一个人都可以随自己的喜好相信什么,也可以自由地选择自己的生活方式,而不用担心神的谴责。

古希腊的宗教活动既不是为了赎罪,也不是为了让神宽恕,而主要是让神高兴使之赐福于人。古希腊奥林匹克运动作为古希腊宗教活动的一种形式,是古希腊文化在宗教活动中的体现。那么,古希腊人为什么以这种形式进行宗教活动呢? 许多研究者提出了各自的观点。

一种观点认为,这是为了"安抚坟墓里死者的灵魂"而举行的竞技比赛。这种理论认为,竞技比赛源于人们在头领的坟墓周围举行的某种竞技活动。这种竞技活动是"因为死去的武士希望后人能够记住他们,假如受到冷落,他们会给后人带来灾难"②。因此,后人为

---

① 爱德华·麦克诺尔·伯恩斯,菲利普·李·拉尔夫. 世界文明史:第1卷[M]. 罗经国,等,译. 北京:商务印书馆,1990:213.

② 简·艾伦·赫丽生. 古希腊宗教的社会起源[M]. 谢世坚,译. 桂林:广西师范大学出版社,2004:207.

了纪念这些武士就在他们的墓地旁举行各种竞技活动。另一种观点则认为："戏剧和竞技会一样都是源于葬礼。换句话说，只要我们发现英雄崇拜及其仪式多多少少跟纪念'英雄'有关，我们都应该认为英雄崇拜及其仪式源于一些纪念性的仪式，而这些仪式又始于历史上某个或某些人的葬礼；人们就是在这些人的坟墓（或至少是衣冠冢）周围举行这些仪式的。"①

在荷马时期即公元前8世纪，古希腊已经有了为贵族葬礼而举行的竞技悼念活动，"希腊英雄阿基里斯在特洛伊为他的朋友帕特洛克罗斯举行葬礼时，即举办了由希腊盟军中的英雄们参加的竞赛，并为各项赛事设立了奖品。比赛的项目有马拉战车赛跑，迪奥米德斯获得了冠军并赢得了丰厚的奖品———一个灵巧的女奴和一只三角杯。另一项赛事是拳击，决赛在埃佩俄斯和优里阿洛斯之间展开。后者出身于拳击世家，其父麦基斯提俄斯曾到底比斯参加俄狄浦斯王的葬礼运动会，并击败了所有的底比斯拳击手而获得冠军。第三项比赛是摔跤，由阿亚克斯对奥德修斯，两个回合之后，仍不能分出胜负，阿基里斯判为战平，两人均无异议，于是共同分享冠亚军的奖品。其他比赛项目包括跑步、掷铁饼、射箭和投标枪"②。古希腊的葬礼反映出古希腊宗教的文化特色，举行葬礼是一种情感的表达，但这种情感的表达方式不是对死者哀思，而是通过展现死者的英雄行为进行的。

自公元前9世纪至公元前6世纪，在古希腊各地不断出现这种以竞技比赛为内容的葬礼活动，同时，这种竞技活动除葬礼活动以外，也出现在一些节庆活动中，如庆丰收节日（也是一种祭祀活动）中也进行一些竞技比赛活动。到公元前776年，在位于伯罗奔尼撒半岛西北部的奥林匹亚举行了一次盛大的竞技运动会，据说是希腊大力士英雄赫拉克利斯为祭祀宙斯而创办的，古代奥林匹克运动会由此诞生。

---

① 简·艾伦·赫丽生. 古希腊宗教的社会起源[M]. 谢世坚，译. 桂林：广西师范大学出版社，2004：209.

② 张广智，等. 世界文化史：古代卷[M]. 杭州：浙江人民出版社，1999：184－185.

之后,在公元前 582 年,德尔斐的庇底亚运动会;公元前 581年,科林斯的地峡运动会和公元前 571 年的尼米亚运动会也相继产生。奥运会和庇底亚运动会每四年举办一次;地峡运动会和尼米亚运动会每两年举办一次。运动会的比赛项目主要有五大项,一是赛跑,包括三个不同距离的赛跑和一个身穿盔甲的赛跑;二是五项比赛,包括跳远、铁饼、标枪、赛跑和摔跤,赢得其中的三项即成为该项目的冠军;三是拳击;四是摔跤,分为两种,一是古典式摔跤,二是自由式摔跤;五是马拉战车比赛,参赛者要驾驶战车在有180 度急转弯的赛道上跑 12 圈,比赛充满了危险性和刺激性,引人注目。

竞技会的奖品各有不同,奥运会冠军的奖品是用橄榄枝编成的冠冕;庇底亚运动会的奖品是用桂枝编成的冠冕;地峡运动会的奖品是松枝编成的冠冕;尼米亚运动会的奖品是用野生芹科植物编成的冠冕。在其他运动会上,还有各种各样包括青铜器、彩陶和橄榄油等奖品。除此以外,获胜者还会获得荣誉和金钱奖励,如各城邦会以凯旋仪式迎接冠军,并举行盛大的公共宴会以示庆贺。

公元前 146 年,罗马人征服了希腊,希腊变成了罗马帝国的一个省,古希腊奥运会开始走向衰落。奥运会成了罗马奴隶主贵族消遣取乐的"观赏会"。公元前 1 世纪,罗马统治者苏拉和尼禄曾先后破坏奥运会传统,篡改比赛规则,这时的奥运会已面目全非。公元前后出现了基督教,其后基督教很快在整个罗马帝国兴起,而此时帝国的皇帝为了统治的需要,迫切需要一种精神舆论来束缚人民的思想。所以,公元 313 年,君士坦丁大帝发布"米兰赦令",正式承认基督教为合法宗教。公元 325 年,君士坦丁大帝在尼西亚召集宗教会议,确立了基督教的正统教义,并规定了教会组织条例。到公元 393年,狄奥多西一世皇帝颁布法令,宣布关闭一切异教神庙,禁止一切献祭活动,确立基督教为国教。

从此,古希腊的宗教活动不仅在罗马消失,在希腊本土也由于罗马帝国的统治而消失。古希腊宗教仪式的游戏竞技活动也从此衰亡。希腊人开始接受基督教,直到今天,西方大多数国家仍以基督教为精神支柱团结在一起。

由此可见,古希腊奥林匹克运动并不是运动与体育运动,而是一种以模拟战争方式为内容的竞技活动(military of training game)。古希腊人之所以采用这种方式进行宗教活动是由他们的宗教观所决定的,即通过展示英雄在战斗中的英勇行为悼念死去的英雄。但是,从文化的层面认识古希腊奥林匹克竞技会可以看出,竞技会的目的一方面是为了敬神和缅怀英雄;另一方面是为了发扬神和英雄的精神,激励人们为国家战斗。

但值得肯定的是,古希腊人创造了不同于其他各国、各民族的宗教思想和宗教方式,体现出古希腊人的人文主义思想和世界观,为近代欧洲文明乃至世界文明发展起到了重要作用。同时,古希腊人创造的奥林匹克运动模式,为运动与体育运动产生提供了可借鉴的范式。

2. 强身健体,塑造精神

古希腊人为什么将走、跑、跳、投等人的基本行为能力确定为竞技会内容进行比赛? 其实,道理很简单。人类的所有活动均始于人的这些基本行为能力,从生存技能到游戏娱乐都建立在人的基本行为能力基础上。人类战争出现后,这种能力又迁移或演变为战争方式和战争手段。在古代战争中,人的身体能力优劣直接关系到战争的成败。因此,自古代战争出现,为战争而进行的各种身体训练和技能训练就从来没有停止,而这种训练的指导思想完全出自于人类的实践经验。古希腊人将这种身体训练和竞赛引入宗教过程,使之既成为宗教祭祀内容,又成为身体训练方式则是人类的一种伟大的创举。

古希腊人为什么要将宗教祭祀活动与身体训练结合在一起?除了人文主义的宗教观影响之外,还与当时的社会状况有密切关系。在公元前8世纪至公元前6世纪,古希腊人相继建成了自己的城邦。城邦建立后,各城邦又先后开始了大规模的海外殖民活动,这种殖民运动历史上又称为大殖民运动。古希腊人为什么要进行大殖民运动? 主要有以下几方面的原因。①古希腊各城邦建立后,人口密集,可耕地不足,粮食生产很难满足城邦人口需要。所以,各城邦政府鼓励民众向海外移民,实施强行殖民策略,以减少城邦压力。②城邦内部的阶级分化和阶级斗争十分激烈,那些在政治斗争中失败的贵族即自由民被迫寻求海外定居。所以,便率领那些失去土地的贫困农民进行海外殖民征战。③一些商人和手工业者,为了寻求商品市场、获取工业原料和劳动力,也纷纷去海外建立新的居民点。④通过殖民活动加强希腊各城邦与殖民城邦之间以及殖民城邦与非希腊各国建立相互的经济联系,为促进奴隶制经济的发展建立基础。因此,古希腊人开始了一场声势浩大的海外殖民活动,通过海外殖民活动使整个希腊世界得到了改变。各种生产和生活原料被运回本土,他国的产品也通过贸易和掠夺的方式获得,从而促进了希腊经济的快速发展。但是,海外殖民活动从本质上说是一场旷日持久的战争,战争就要流血牺牲,因此,古希腊人一方面通过宗教方式悼念死去的英雄;另一方面又在悼念英雄的宗教仪式中,展示英雄的作战技能和勇敢精神,为社会树立榜样。所以,竞技活动便成为宗教活动的内容和形式。

实际上,古希腊人的这种作战方式和勇敢行为是古代各国、各民族共有的竞技文化特征,没有哪一个民族没经历过战争,任何战争都需要每个人英勇无畏、视死如归。但是,将弘扬英雄的战斗精神和表现英雄的作战方式纳入宗教活动中,则是古希腊人的创造。他们通过宗教的力量塑造人的精神,通过竞技活动磨炼人的意志,造就了古希腊人特有的英雄品质。所以,古希腊产生了一大批思想家、哲学家和艺术家,创造了欧洲的古典文明,并为世人留下了宝贵的精神财富。由此可见,古希腊人以竞技文化作为宗教方式不仅是对英雄精神的一个弘扬过程,也是对国民精神的一个塑造过程。所以,在近代欧洲的文艺复兴运动和宗教改革运动中,古希腊精神备受推崇,成为欧洲各国教育家学习和模仿的榜样。

在欧洲中世纪,古希腊的竞技精神对于骑士精神的产生与发展起着重要的推动作用。虽然骑士属于封建贵族阶层,没有受过正规的学校教育。但他们在成长中接受了贵族骑士家庭教育,而正是这种教育培养和造就了他们的独特的品格,即忠诚、勇敢、正义、博爱的骑士精神。那么,古希腊人的竞技精神如何影响中世纪的欧洲?“是哪一个群体率先用满怀希望和满意的调子诉说自己的时代呢?

不是诗人,更不是宗教领袖,甚至不是政治人物,而是学者,是人文主义者。重新发现古代的智慧使人狂喜,首先使人对当前的生活感到欢欣鼓舞,就是思想的胜利"①。作为封建贵族的骑士家庭虽然对于复兴人文主义的理想并不崇尚,但他们对于古希腊精神尤其是古希腊人的竞技精神仍然情有独钟。而且,骑士家庭生活优裕,家中的主人有良好的教养,所以,耳濡目染使接受家庭教育的骑士后代养成了独特的品格,即忠实于主人,博爱女人(不是性爱),同情弱者,富于正义。

同时,为了提高作战本领,骑士们自发组织了竞技比武大会,而这种竞技比武旨在培养骑士的竞技精神和实战本领。但是,其中"中世纪的剑术同古希腊及现代运动的剑术都截然不同,其自然的程度大大降低。为了增强实战的调子,中世纪的剑术依靠贵族自豪和荣誉激发的亢奋,依靠浪漫、色情和艺术的绚烂色调。它承载着过多的艳丽和装饰,过多的色彩斑斓的幻想……骑士竞技里的勇武要素绝不亚于古希腊五项全能竞技的价值。它那一望而知的色情性是其血腥味的原因"②。意思是说,骑士培养自身的竞技能力不仅是为了作战,更在保护女性安全方面显示出独特的骑士魅力。骑士精神在欧洲延续了千年之久,成为欧洲人崇尚的社会精神。17 世纪以后,骑士阶层逐渐退出战争,但骑士精神依然没有消失,逐渐演变为一种"绅士精神"在社会中留存。绅士精神除了具有优秀的道德品质和知识之外,还要具有健康的体魄和勇于奋斗的精神。

17 世纪,英国教育家洛克提出了"绅士教育"的思想,注重培养学生强健的体魄、竞争精神和实践本领。为了培养强健的体魄、竞争精神和实践本领,洛克提出了在绅士教育中开展骑马、击剑、游泳、划船和舞蹈等活动。他说:对于一个民族而言,只有培养出野兽般的体魄,才能在未来的斗争中立于不败之地。

---

① 约翰·赫伊津哈. 中世纪的秋天——14 世纪和 15 世纪法国与荷兰的生活、思想与艺术[M]. 何道宽,译. 桂林:广西师范大学出版社,2008:27 - 28.
② 约翰·赫伊津哈. 中世纪的秋天——14 世纪和 15 世纪法国与荷兰的生活、思想与艺术[M]. 何道宽,译. 桂林:广西师范大学出版社,2008:83.

19世纪,英国教育家托马斯·阿诺德通过开展体育活动进行德育教育,针对学生中打架成风、玩世不恭的现象,他不主张采取体罚的方式教育学生,而是通过引导,让学生以"竞技运动自治"方式开展体育活动,使学生逐渐养成了良好的习性,不仅改变了学生的精神面貌,也使学校的整体形象大为改观。

1883年,体育运动先驱顾拜旦前往英国对学校体育运动进行考察,"考察从中学开始,因为他认为中学是塑造一个人的关键时期,对人的一生都有着重要影响。顾拜旦先后考察了英国最具声望的三所私立贵族中学:哈罗公学、伊顿公学、威灵顿公学。在这些学校里顾拜旦看到了宽阔的体育场,各种运动同时开展,互不影响;顾拜旦还看到学生宿舍和餐厅张贴着各种赛事的海报,招募参赛人员或者啦啦队;顾拜旦看到这里的教师一个个精力旺盛,走路昂首挺胸,学生们洋溢着青春的活力,充满快乐和自信"①。英国公学开展体育运动所发生的变化,使得顾拜旦深受感动,他决心将英国的学校体育运动传到法国、传到世界。近代教育家所提出的强健身体思想,不仅促进了教育的全面发展,为体育运动的诞生提供了思想基础,同时,在体育精神的确立方面也产生了很大影响。

由此可见,强身健体、塑造精神是任何时代培养人的不可或缺的内容和方法,只是在不同时代有不同的形式、内容和方法,这是由时代的局限性所决定。在古代,为了争取战争胜利而进行的各种身体训练和技能训练,同样能够强身健体、塑造精神。但这种训练只是一种以军事为目的的身体训练,训练对象也只是那些准备打仗的人,而不能成为一种人类共同的活动。也就是说,虽然军事训练中的各种身体训练和技能训练也能够强身健体、塑造精神,但并不适用于任何人。只有运动与体育运动才是适于所有人的一种方法和内容。正如顾拜旦所说:"对精神的塑造、意志的培养、品格的熏陶,如果没有体育运动这条重要途径,一定是不完整的,不健全的。文艺复兴和启蒙运动的大师们早已告诉我们,健全的思想寓于健全的身体,灵魂与肉体应当是统一、和谐的,怎么能够设想一个学识丰

---

① 皮埃尔·德·顾拜旦. 奥林匹克宣言[M]. 北京:人民出版社,2008:89.

富、目光远大的思想者,却是一个病魔缠身的人呢?虽然这样的人并不少见,但那是有理智的人应该竭力避免的,绝不是值得仿效的榜样……"①顾拜旦又指出:"奥林匹克精神依然是人类追求强健的肌肉所需要的,强健的肌肉是欢乐、活力、镇定和纯洁的源泉。奥林匹克精神必将被所有人享受,包括现代产业发展所赋予的各种形式地位最底下的公民。这就是完整的、民主的奥林匹克精神。"②通过体育运动实现强身健体,塑造精神,成为体育运动的基本目的和追求精神。

三、体育运动文明渊源

运动与体育运动是由游戏活动和竞技活动演变而来,所以,运动与体育运动文明不言而喻,是在游戏文明和竞技文明的基础上演变和发展而来。荷兰历史学家约翰·赫伊津哈(Johan Huizinga,1872—1945)说:"游戏性质的竞赛精神,作为一种社会冲动,比文化的历史还要悠久,而且渗透到一切生活领域,就像真正的酵母一样。仪式在神圣的游戏中成长;诗歌在游戏中诞生,以游戏为营养;音乐舞蹈则是纯粹的游戏。智慧和哲学表现在宗教竞争的词语和形式之中。战争的规则、高尚的生活习俗,全部建立在游戏模式之上。因此,我们不能不做出这样的论断。初始阶段的文明就是游戏的文明。文明决不脱离游戏。它不像脱离母亲子宫的婴儿,文明来自于社会的母体:文明在游戏中诞生,文明就是游戏。"③赫伊津哈的观点似乎有些夸大其词,但"文明就是游戏"却在一定意义上揭示了各种社会活动包括游戏活动的本质。

游戏作为一种社会文化自产生以来,伴随着人类走过了风风雨雨,历经了沧海桑田。人类的许多古老的文化与文明几经沉浮,一

---

① 皮埃尔·德·顾拜旦. 奥林匹克宣言[M]. 北京:人民出版社,2008:87-88.
② 皮埃尔·德·顾拜旦. 奥林匹克宣言[M]. 北京:人民出版社,2008:147.
③ 约翰·赫伊津哈. 游戏的人:文化中游戏成分的研究[M]. 何道宽,译. 广州:花城出版社,2007:203.

些流传至今,一些灰飞烟灭。而游戏文化从没有消失,并且随着人类社会发展游戏文化的内容和方式不断丰富。其中的奥秘何在?简而言之,即游戏活动是所有动物的天性,人和动物都离不开游戏活动。而人类的游戏活动又与人类的生存和生活联系在一起,自始至终伴随着人类发展的每一过程。

1. 游戏文明的产生与发展

人类的游戏活动发生于本能,这与其他所有动物的游戏活动一样是一种本能的游戏,所以,赫伊津哈说游戏的历史比文化的历史还要悠久。但是,赫伊津哈又认为,游戏不是源于本能,而是一种"自主"的存在。他说:"既然游戏的现实情况超越了人类生活的范围,它的基础就不可能扎根于任何理性的关系中,因为理性这个词局限于人类。游戏的发生并不和文明演化的具体阶段相联系,和人类的宇宙观也没有关系。凡是有思维能力的人都非常清楚,游戏是一种自主的存在,即使这个人母语里没有表达游戏概念的词语,游戏的存在也是无法否认的。"[①]那么,这种"自主的存在"又是指什么? 是否同万有引力定律、动量守恒定律一样自主地存在于地球之中? 赫伊津哈没有给出解释。但是,生物学家和生理学家则认为,游戏是所有动物的本能。人类学家则认为游戏是幼儿学习求生本领的过程。而社会学家又往往把游戏看成是幼儿社会化的必备条件。

其他动物的游戏活动都是本能的游戏。而人类则不同,能够在本能游戏的基础上,学习和模仿其他动物的游戏,发明和创造新的游戏,这一过程实际上就是人类游戏活动的文化过程,即由人的思维能力发展所决定,使游戏活动具有了文化性。那么,又何以解释游戏的文明性? 众所周知,人类对于古代文明的评价标准是以生产工具和文字的产生为依据,也就是说,工具的出现标志着工具文化的产生。而工具文化的出现使人类从此区别于其他各种动物,标志着人类原始文明的产生。因此,在原始文明中人类的游戏

---

① 约翰·赫伊津哈. 游戏的人——文化中游戏成分的研究[M]. 何道宽,译. 广州:花城出版社,2007:5.

活动又逐渐发生变化，即从本能的游戏演变为学习的游戏和创造的游戏。以人类早期的狩猎方式——射箭来说，弓箭是人类维持生存所必需的一种劳动工具，利用弓箭人们可以在一定距离内射杀动物，收获劳动成果，从而维持人类的生存。而在解决了温饱问题之后的间隙，人们又将弓箭作为一种游戏工具开展射箭活动。或者按照人类学家的观点，这种游戏活动是"为准备对付生活而进行的训练"。通过这种游戏活动，不断学习或练习各种新的射箭技巧。对于未成年人来说，这既是一种学习游戏的机会，又是一种学习生活本领的机会。

但是，这种学习的游戏活动只是一种生活技能的迁移，随着社会生产力的发展进步，尤其是到了农耕时代，各种新的游戏活动不断产生，这些游戏活动不再与生存和生产活动有关，而是一种纯粹的游戏活动。人类开始了定居生活，基本的物质生活能够得到满足之后，人类便有了安定的生活和闲暇的时间，这为开展游戏活动提供了更好的条件。以中国的蹴鞠为例，早在两千多年前就已经出现，起初这种游戏不过是用一个动物的膀胱充气后，人们用脚踢着玩儿。而后，又用动物皮内加填充物缝制成一个球状物，之后皮革制作技术出现后，又采用皮革做球面。这种蹴鞠游戏同本能的游戏和由生产工具衍生的游戏活动不同，它同生产劳动没有任何直接关系，是一种纯粹的游戏，目的在于通过游戏活动使人们获得愉快，因此，这种游戏属于创造的游戏活动。其他游戏活动如踢毽子、放风筝、踏跷跷板等游戏活动也均属此类。

在古希腊，游戏活动更是丰富多彩。古希腊人由于特有的人本主义观念，使他们的宇宙观同世界各国、各民族有所不同。这一观念即神人同一的思想。这种思想决定了古希腊人崇拜神灵，但不迷信神灵。这种神本观不仅使古希腊人的宗教活动不同于其他各国、各民族的宗教观，又使古希腊人在生活中没有任何禁忌，可以尽情欢乐，享受生活。所以，古希腊游戏活动的内容之多令人称奇。他们将生活中的大部分活动都以游戏的方式进行，即通过竞赛进行，如宗教活动、酒宴、歌唱、猜谜语等。总之，在古希腊游戏无处不在，游戏表达了古希腊人的世界观、价值观和人生观。正如加拿大传播学家麦克卢汉所说:"游戏是我们心灵生活的戏剧模式,给各种具体的紧张情绪提供发泄的机会。它们是集体的通俗艺术形式,具有严格的程式。古代社会和无文字社会自然把游戏看作是活生生的宇宙戏剧模式。希腊的奥林匹克运动会就是直接扮演这种竞赛的游戏,或者说直接扮演太阳神争斗的游戏。竞技者绕圆形跑道奔跑时,头上扎着黄带,模仿太阳神驾车一日一周所经过的圆形黄道带。由于游戏和娱乐是宇宙性争斗的戏剧演出形式,观众的角色显然是带有宗教色彩的。参与这些仪式使宇宙保持在正确的轨道上。"①所谓"宇宙戏剧模式",即符合天性的自然游戏模式。所以,古希腊的游戏既保持了他们的自然宇宙观,即对神的崇拜,又体现了他们的独特的宇宙观,即神人合一。因此,麦克卢汉认为,这种竞赛的游戏是"宇宙性争斗的戏剧演出形式",使古希腊人的宇宙观能够"保持在正确的轨道上"。

由此可见,游戏活动和游戏文化在人类社会发展过程中,从本能的游戏活动开始到发明的游戏活动出现,这一过程体现出人类活动的文化性。所以,赫伊津哈认为:"文化以游戏的形式出现,文化从发轫之日起就是在游戏中展开的。在古代社会即使那些直接满足生命需要的活动比如狩猎也往往带有游戏的形式。社会生活带有超生物本能形式,也就是游戏的形式,社会生活的价值因此而得到提高。通过游戏形式,社会表达它对生活与世界的解释。这样说并不意味着游戏转变成了文化,而是说文化在滥觞期就具有游戏的性质,文化在游戏的形态和情绪中展开……文化就是从游戏中浮现出来的。"②尽管赫伊津哈对文化产生的解释有失偏颇,但文化产生过程中的游戏因素是不可否认的。尤其是对于由生产工具衍生而来的游戏活动和人类创造的游戏活动而言,这一衍生和创造过程既是一种文化作用的结果,又是一种文明的体现。

---

① 约翰·赫伊津哈. 游戏的人——文化中游戏成分的研究[M]. 何道宽,译. 广州:花城出版社,2007:12.

② 约翰·赫伊津哈. 游戏的人——文化中游戏成分的研究[M]. 何道宽,译. 广州:花城出版社,2007:51.

2. 竞技文明的演变与升华

一般认为,竞技性是人类和所有其他动物共有的本性。在人类和其他动物各自的游戏中,无不体现出一种竞技性的特征。但是,对于竞技性的产生渊源则有不同的观点,生物学家和心理学家认为,竞争性是所有动物在进化过程中产生的一种天性。弗洛伊德认为,人的本能中具有进攻倾向,这是一种原始的、自我生存的本能的属性。而人类学家则认为:"人们的思想和行为在很大程度上是在某一社会环境中习得的结果,这种观念实际上包含着这样的意思:如果我们改造社会,我们就能改变人性。这似乎是一个乐观的观点,因为它为有可能产生更加正义的社会、更加正直的民众,为扫除贪婪、偏见和侵犯提供了某种指望。但人类可塑性的概念,也包含着规定某物为人们的条件这种观念的萌芽。人类如能变得更加高雅,当然也会变得愈加残忍;如能学会无偿共享,当然也可学的自私自利。"[1]所以,人的竞技性或说竞争性无论起源于"本能说"还是"环境说"都能够很好地解释人类的竞技性。按"本能说"的观点,人生来具有潜在的进攻性,当生存或生命受到威胁时能够爆发出巨大的攻击力进行抵御,表现出一种强烈的竞技性或竞争性。按"环境说"的观点,人类的竞技性从古代狩猎为生开始就慢慢在恶劣的生存环境中表现得淋漓尽致,弱肉强食、你死我活。正如英国生物学家赫胥黎在《进化论与伦理学》一书中所说:"物竞天择,适者生存"。这是一条颠扑不破大的自然法则。人类及其他动物千百万年的进化过程证明了这一点。

人类的竞技活动始于早期的为生存而进行的狩猎过程,狩猎活动本身就是一种人类与其他各种动物的生死较量的过程。之后,这种竞技又体现在各种具有胜负意义的游戏活动中。而人类竞技活动的最高体现和最佳境界莫过于战争。战争不同于狩猎,更不同于闲暇的娱乐游戏。但是,战争的方式和过程又具有游戏的意义,正如人们常说的,战争是一种政治游戏。尽管战争残酷、血腥,甚至泯

---

① 罗伯特·墨菲. 文化与社会人类学引论[M]. 王卓君,译. 北京:商务印书馆,2009:22.

灭人性,但战争使人类的竞技性得以充分地展示,从另一个层面显示出人类的伟大。在古代战争中,为赢得战争胜利而进行的各种军事训练极其普遍,目的在于提高人的竞技能力。其中,古希腊人的奥林匹克竞技会将这种发展人的竞技能力的方式表现得淋漓尽致,显示出古希腊人的聪明才智。

古希腊奥林匹克竞技会本质上是一种宗教祭祀活动,通过竞技方式展示神和英雄的伟大,激励人们崇拜神和英雄,并在未来的战争中展示英雄品质,为国家英勇作战,使自己能够成为英雄,成为神,并得到人们的怀念和敬仰。而古希腊人将神与英雄在战争中的行为壮举以竞技会的形式进行再现,并通过竞技方式塑造人们的精神,则是人类史上的一项伟大创举。古希腊人为什么会有这样的创举? 因为"希腊从一开始就没有古代社会的影子。那些令人畏惧的、令人不敢仰视的神圣万能的主宰,无论是埃及的法老,还是美索不达米亚的政教合一的君王,他们的权力在几千年之中没有遇到过任何人的怀疑,这样的权力在希腊的历史上却从来都未曾有过"[①]。也就是说,古希腊人的人本主义、神人同一思想使他们没有将神置于高于一切的地位,而同时又借助于神的名义凝聚力量、塑造精神。正如荷马在史诗中说:"神不是远离人间,而是直接进入人的世界……神也不是完美无缺的,他们有着人类所有的所有的缺点和弱点,相互之间产生嫉妒以至争吵。神不过是放大了的人,他们的力量更大,从这个意义上来说,英雄们是从神到人的过渡。"[②]荷马的神学观,对希腊人影响很大。因此,古希腊产生了祭祀神和英雄的奥林匹克竞技会。

古希腊奥林匹克竞技会为什么能够在城邦战乱不断的情况下以固定的时间和固定的形式举行? 正是由于这种竞技会是以神的名义而进行的一种祭祀活动,因为古希腊各城邦具有同样的宗教观。在举行竞技会期间,各城邦要遵循"神圣休战原则",不得对其

---

① 伊迪丝·汉密尔顿. 希腊精神[M]. 葛海滨,译. 北京:华夏出版社,2008:18 – 19.

② 张广智,等. 世界文化史:古代卷[M]. 杭州:浙江人民出版社,1999:182.

他城邦进行挑衅或作战。那么,奥林匹克竞技会真的会使古希腊各城邦因此而和平,不再有战争? 其实不然,因为竞技会本身既是一种展示神和英雄的作战行为,又是一种战争技能的训练和演兵过程。竞技会之后,各城邦的战争依然如故。

古希腊人的这种以竞技会形式进行的竞技比赛,将人类战争的竞技活动或竞技训练发展到一个新的阶段,提高到一个新水平,即以和平的方式表现战争竞技活动。虽然这种竞技活动方式又是为战争做准备,但却使战争的竞技活动在一定程度上体现出一种新的文明方式,并为运动和体育运动诞生建立了可借鉴模式,这一意义非同小可。

在中世纪,骑士竞技风靡了千年之久,在欧洲战争史上留下了不可磨灭的印记。骑士竞技同样起源于战争,是一种战争手段。而且,骑士为了应对战争需要,曾自发组织了骑士比武大会。然而,骑士比武大会的血腥场面和残酷性遭到了社会广泛的诟病。到了 17 世纪末,骑士比武大会逐渐退出了欧洲社会。继而演变成为具有表演性的纯粹的竞技活动。在意大利,17 世纪出现了各类培训击剑的专门场所——击剑馆。这时击剑馆训练的目的虽然也不排除为战争作准备,但毕竟在训练方式上有别于军事训练。主要是为了培养贵族子弟和中产阶级的剑术技艺和勇敢、顽强的精神品质,造就一代具有绅士风度的社会人才。因此,同骑士竞技一样,这些竞技活动逐渐由战争手段逐步演变为一种纯粹的竞技活动。这不仅体现了人类的竞技活动逐渐趋向于文明的方向,又为竞技活动向运动与体育运动演变创造了条件。

3. 运动与体育运动文明的出现

运动与体育运动的产生不仅发展了游戏文明和竞技文明,而且创造了新的文明内容,使运动与体育运动在继承了游戏文化和竞技文化的基础上向着新的文明方向发展。

在我国,由于以往很多人对游戏活动、竞技活动以及运动与体育运动的理解有误,没有分清三者之间的区别和联系,只是从表面上认识这些身体活动,认为都是一种身体活动方式,都具有游戏性、竞技性,将三者混淆,不仅导致了错误的“古代体育论”的出现,又产生了不能自圆其说的矛盾。其实,游戏活动、竞技活动和运动与体育运动作为一种身体活动在性质上具有相同和一致之处,相互之间又有彼此融合之处,即由于文化性的传承因素所致,不可能排除彼此之间的联系。但是,三者又具有各自不同的特点及特征,各自产生机制和时代性也有所不同。因此,如何认识运动与体育运动同游戏活动和竞技活动的区别是认识和理解运动与体育运动文明不可忽略的因素之一。

(1)制度与规则文明

运动与体育运动文明的主要特征首先表现在它的制度与规则性方面,制度与规则是规范事物发展的必要条件,正所谓"无规矩不成方圆"。而运动与体育运动的制度与规则的产生与欧洲资本主义制度的建立有直接关系,没有资本主义制度产生,就没有资本主义经济发展。各项与之相关的社会制度与规则也就不可能出现。

早在14世纪前后,资本主义小商品经济在意大利出现,小商品生产者为保证商品流通的秩序性,随即建立了自己的商会组织,对商品的运输和流通进行协调管理,并维护组织成员的个人利益,由此推动了早期资本主义经济的发展。在18世纪的欧洲启蒙思想运动中,一大批资产阶级知识分子包括伏尔泰、卢梭、孟德斯鸠等又极力倡导自由、平等思想,提出了建立自由平等的"理性王国"的设想,对于推动资本主义制度建设起了重要作用。其中,法国启蒙思想家孟德斯鸠(Montesquieu,1689—1755)出版了《论法的精神》一书,明确提出了"三权分立"学说,特别强调法的功能。孟德斯鸠认为法律是理性的体现,提倡资产阶级的自由和平等,强调自由的实现要受法律的制约,政治自由并不是愿意做什么就做什么。他说:"自由是做法律所许可的一切事情的权利;如果一个公民能够做法律所禁止的事情,他就不再有自由了。因为其他的人也同样会有这个权利。"孟德斯鸠对资产阶级的国家和法的学说做出了卓越贡献。

资本主义国家制度的建立和完善,促进了社会各个领域的制度发展。运动与体育运动制度的建立就是在这种社会背景下逐渐产生的。英国为什么成为运动与体育运动的发源地?其原因就在于它的组织性和制度性。正如赫伊津哈所说:"偶尔的娱乐活动是如何过渡到运动体制,即娱乐为何成为有组织的俱乐部和比赛。17世纪的荷兰情况表明,市民和农夫喜欢打高尔夫球,但就我所知,俱乐部组织的比赛和正式比赛的运动是闻所未闻的。显然,只有两个团体进行对抗比赛时,这种固定的组织才容易出现。大型球类运动需要永久性组织,这就是现代运动的起点……在一定程度上,这个过程起源于英格兰是可以理解的,至于盎格鲁撒克逊人特有的心态是否可以被认为是充足的理由,那倒并不是很肯定的。然而毋庸置疑,英格兰生活的结构和现代运动的兴起的确有关系。地方自治鼓励社团组合与团结;不实行义务兵制度训练,对体育锻炼的举行和需要也非常有利;教育制度的独特形式有利于朝着这个方向发展;最后一个原因是英格兰的地理条件,地势大致平坦,到处都有公共用地作为最完美、最合意的运动场地。最后这个原因是最重要的原因,于是,英格兰就成为现代运动的摇篮和中心。"①运动与体育运动组织的建立,最早的雏形出现在英国学校,1828年托马斯·阿诺德任拉格比公学校长时进行的"竞技运动自治"活动,以宿舍为单位开展比赛,产生了最初的组织形式,之后,这种组织形式又上升为学校组织,即拉格比带领学生到校外与其他学校进行比赛。这种运动组织形式还不具有广泛的社会性,但却为运动组织的建立提供了模式。直到19世纪60年代,英国足球协会在伦敦成立,并制定和通过了一部较为统一的足球竞赛规则,由此标志着足球运动的诞生。

运动与体育运动的产生不只是一个身体活动方式问题,更重要的是组织和制度的建立,这也是游戏活动和竞技活动演变为运动与体育运动的关键因素。这不仅体现出运动与体育运动的制度与规则性,又体现出身体运动的进步特征和文明状态。

(2)平等的参与权利

运动与体育运动的产生以国际奥林匹克运动委员会的诞生为标志,国际奥林匹克运动委员会成立后就将它定位于一项人类共同

---

① 约翰·赫伊津哈. 游戏的人——文化中游戏成分的研究[M]. 何道宽,译. 广州:花城出版社,2007:230.

的理想与追求。第1届奥运会在希腊的雅典成功举办后,希腊人便提出希望奥运会主办权永远留在国内,这一要求与国际奥委会创立体育运动的初衷大相径庭,对此,顾拜旦阐明了自己的观点:"奥运会是希腊人民的独特贡献,也是全世界共同的追求。如果始终由一个国家来主办,势必造成双重的局限,即希腊人难以理解现代奥运会追求的国际性,其他国家则很难把奥运会理想当作共同的事业,这样奥运会走向世界的目标就不可能真正实现。我理解希腊学者们珍视他们祖国古老灿烂的文化传统的真挚感情,但是仅仅看到奥运会发源于希腊,具有许多希腊特征而将其与希腊以外的广大世界割裂开来,恰恰是作茧自缚,不是彰显而是限制了希腊文化的世界影响。只有充分认识到古奥运会传统中适宜于其他国家、民族的普遍价值,以轮流充当东道国的方式,将其向全世界推广,才能教育各国青少年树立积极健康的新人生观,并形成一股强大的国际和平力量。希腊这一伟大的古代传统在此过程中只能得到强化,变得更有生命力,而不会受到削弱。"[1]顾拜旦和国际奥委会的这一态度和原则,不仅体现出运动与体育运动的公平精神和平等参与权利,又体现出运动与体育运动的文明状态。

回顾历史可以发现,无论是古希腊奥林匹克运动会,还是中世纪的骑士运动,概不能体现出这一文明特征。古希腊奥林匹克竞技运动从性质上说是一种宗教祭祀活动。从参与对象范围上说是一种贵族活动。只有古希腊的自由民即贵族有权利参加,而奴隶、城市市民、商人以及教师等平民阶层根本无权参加。"希腊人认为,精神财富是闲暇(Schole)的成果。对自由民而言,只要不是为城邦服务、打仗或参加庆典仪式的时间,都是空闲的时间,所以,他们有大量的空余时间"[2]。这些自由民从事各种诸如哲学、艺术和宗教等研究以及参与各种竞赛活动。而在中世纪骑士阶层出现后,为适应战争需要骑士们开始进行竞技比武。这项竞技比武比赛又逐渐演变

① 皮埃尔·德·顾拜旦. 奥林匹克宣言[M]. 北京:人民出版社,2008:97.
② 约翰·赫伊津哈. 游戏的人——文化中游戏成分的研究[M]. 何道宽,译. 广州:花城出版社,2007:168.

为一种纯粹的竞技活动。但是,骑士比武从一开始就是一项贵族活动。骑士一族虽然是贵族中的下层,但他们仍有财力购置作战用的马匹和武器。后来采邑制实施之后,他们不仅拥有了土地,而且连同土地上的农民和奴隶都归他们所有。这种泾渭分明的等级制度,决定了即使在游戏和竞技活动中也不能越雷池一步。

但是,运动与体育运动产生后,在参与权利方面消除了等级观念,成为社会中任何人都可以参与的活动,并可以一同进行比赛。1919 年 4 月,顾拜旦在奥林匹克运动 25 周年纪念会上说:"今天,我觉得又一次目睹她(指恢复奥林匹克的理想)含苞怒放,因为从现在起,如果只有少数人关心她的话,我们的事业将一事无成。在那时(指 1914 年),有少数人的关心也许就够了,但今天则不然,需要触动怀有共同兴趣的普通大众。事实是凭什么要把大众排除在奥林匹克运动之外呢? 凭什么样的贵族法令将一个青年男子的形体美和强健的肌肉、坚持锻炼的毅力和获胜的意志同他祖先的名册或者他的钱包联系起来呢? 这样的矛盾显然没有法律依据。"[1]在这次会议上,第一次有人提出了"体育为人民大众服务"的观点。

1923 年,顾拜旦再次就殖民地国家参与奥林匹克运动会发表讲话指出:"无论底子多么薄弱,基础条件多么差,生活多么困难,在殖民地国家人民中间推广体育运动都是不能再忽略、拖延的大事。"[2]在顾拜旦和国际奥委会成员的努力下,世界各国参与体育运动的人数不断增加,奥运会的规模不断扩大。

(3)共同的运动理想

运动与体育运动同游戏活动和竞技活动的不同之处还在于身体活动的观念不同,虽然三者在不同程度上都具有游戏性、娱乐性、竞技性和休闲性,但参与的观念和境界则大不相同。游戏活动作为一种娱乐方式,具有很大的随意性,可以随时随地进行,旨在追求一种个人的愉快。竞技活动(包括游戏活动的竞技)的最高形式莫过于战争,虽然在战争竞技中能够淋漓尽致地体现出人类

---

① 皮埃尔·德·顾拜旦. 奥林匹克宣言[M]. 北京:人民出版社,2008:106.
② 皮埃尔·德·顾拜旦. 奥林匹克宣言[M]. 北京:人民出版社,2008:106.

的勇敢和牺牲精神,但所付出的代价令人惋惜和遗憾。战争从来就是你死我活的竞技活动,人死不再复生。人类厌恶战争而又不能消除战争。而运动和体育运动的产生,使人类将游戏活动和竞技活动的目的性和功利性集于一身,不仅满足了人类游戏性、娱乐性、竞技性和休闲性的需要,又实现了强身健体、塑造精神的目标追求。使人性的本质在运动中得以完美的展示,为人类文明的进步提供了良好方式。国际奥林匹克运动委员会自成立之日起,就极力倡导奥林匹克精神,通过奥林匹克精神推动运动与体育运动发展和促进人类文明发展。

《奥林匹克宪章》指出:奥林匹克精神就是相互了解、友谊、团结和公平竞争的精神。

奥林匹克精神对奥林匹克运动具有特别重要的指导作用,没有奥林匹克精神,奥林匹克主义就不可能得到贯彻,奥林匹克运动也无法实现其促进世界和平和建立美好世界的目标。

奥林匹克运动是国际性的运动,奥林匹克运动是世界各国运动员的大聚会,因此,必须有一种文化氛围和精神境界,使人们可以比较容易地跨越文化心理上的障碍,学会容忍、欣赏和借鉴别的文化,进而促进文化的世界性交流与融合,奥林匹克精神为奥林匹克运动提供了这样一种氛围和境界。在它强调的友谊、团结和互相了解下,人们才有可能摆脱各自的文化带来的种种偏见,在不同文化的展现中看到的不再是各种文化间的差异、矛盾和冲突,而是人类文化千姿百态的壮丽图景。同时,奥林匹克运动以体育,特别是以竞技体育作为它的主要活动内容。竞技体育具有多种教育功能和文化娱乐功能,它的一个突出特点就是具有鲜明的比赛性和对抗性。在剧烈的身体对抗和比赛中,运动员的身体、心理和社会公德可以得到良好的锻炼,观众也可以得到健康的娱乐和享受。但是发挥竞技体育的这些功能需要一个不可缺少的条件,就是公平竞争。

在发展体育运动的方式方面顾拜旦又提出了具体的可操作方法,他说:"有一项争议仍持续存在,争议随时随地都会发生,这是关于体育和运动两者之间的争议。下面的设想很有魅力:人们完全有理由获得体育锻炼的好处,不需要运动竞赛的刺激。但有一条基本的规律,'为了吸引 100 个人参加体育锻炼,必须有 50 个人从事运动;为了吸引 50 个人从事运动必须有 20 个人接受专门训练;为了吸引 20 个人接受专门训练,必须有 5 个人具备创造非凡成绩的能力。'"①这种方法旨在鼓励社会大众根据自身的需求选择不同的参与方式,既可以将运动和体育运动作为一种游戏活动进行,又可以作为一种竞赛方式进行,同时,竞技体育运动也是一部分人挑战人类极限,展示人性的特殊运动方式。这是各种游戏活动和竞技活动所不具有的文明特征,体现出人类的共同理想和追求。

---

① 皮埃尔·德·顾拜旦. 奥林匹克宣言[M]. 北京:人民出版社,2008:173.

第五章

竞技体育文明的历程（上）

　　运动与体育运动的诞生是建立在体育教育文明和社会文明基础上的一种特殊文明形式，它不仅为体育教育提供了内容和方式，也为社会大众建立了一种可借鉴的生活方式，从一个侧面体现社会文明。但是，在运动与体育运动诞生之初，它作为一种强身健体、培养意志品质的身心活动并不普及。除学校、军营之外，参与者也只有社会中富裕阶层的少数人。以奥运会为标志的竞技体育赛事更是简陋不堪、经营惨淡。但是，这并不影响竞技体育运动的性质和意义。19世纪末，竞技体育文明的种子已经破土而出，虽然弱不禁风，却昭示着一种新的文明形式的到来。

　　国际奥委会成立后，即着手筹备举办奥运会，旨在通过发展竞技体育运动扩大运动与体育运动的社会影响，推动和促进大众体育运动发展，使运动与体育运动成为一项全人类的共同事业，以实现团结、友谊、公平和相互了解的奥林匹克运动宗旨。体现运动与体育运动文明，并推动人类社会文明的发展。探寻奥运会的发展轨迹，梳理竞技体育的发展过程能够为认识竞技体育文明提供事实和依据。

一、初创阶段奥运会的文明特征（1896—1912）

　　运动与体育运动出现是资本主义社会文明的标志之一，18世纪40年代，以英国为代表的欧洲资本主义革命已经完成，社会民众的生活方式和生活水平有了极大的改善。以运动休闲为目的的生活方式开始在城市市民和工人阶级中出现。虽然并不普及，但显露了一种未来的发展趋势。正如顾拜旦所说："19世纪体育爱好者在各处觉醒，初期在德国和瑞典，中期在英国，晚期在法国和美国。"[①]这里所说的初期在德国和瑞典，主要是指德国和瑞典的体操运动，包括学校体操和兵式体操。中期在英国是指英国户外运动的广泛兴起，而晚期在法国和美国，是指英国的体育教育模式、户外运动及球类运动传播到法国和美国后，推动了法、美两国的运动与体育运动发展。

除此之外，希腊人又模仿古希腊奥运会复兴和发展竞技运动，为运动与体育运动诞生创造了条件。1859年，希腊人举行了第1届泛希腊奥运会，1870年和1875年又先后举行了第2届和第3届泛希腊奥运会。1887年和1889年又举行了第4届和第5届的泛希腊奥运会。与此同时，1858年在澳大利亚举行了国际游泳锦标赛，1889年在荷兰的阿姆斯特丹举办了世界速滑冠军赛等。各种运动与体育运动竞赛为以竞技体育为内容的现代奥林匹克运动会的举办提供了模式和动力。

1. 初创阶段的奥运会：文明观念的多样性

所谓初创阶段的奥运会是指第一次世界大战前举行的5届奥运会，即1896年的希腊雅典奥运会；1900年的法国巴黎奥运会；1904年的美国圣路易斯奥运会；1908年的英国伦敦奥运会和1912年的瑞典斯德哥尔摩奥运会。这5届奥运会从简陋、混乱的状态开始，逐步走向秩序井然的正途，犹如荆棘丛中的一棵幼苗突破重围，拔地而起，显示出奥运会茁壮的生命力以及人类对奥运会理想的不懈努力和追求精神，其进步速度之快，令人赞叹。

但是，从文化和文明的层面认识，初创阶段的奥运会发展状况极不平衡。19世纪末至20世纪初，欧洲社会虽然经历了资本主义工业革命的洗礼，但各国的经济发展并不同步。即使在一国之内，虽然工业革命成果在社会生活方面已经得到广泛应用，体现出一定程度的社会物质文明特征。但在奥运会上，这种物质文明的技术成果尚未应用，所以，初期的奥运会处于极其简陋状态。而这种物质

---

① 皮埃尔·德. 顾拜旦. 奥林匹克宣言[M]. 北京：人民出版社，2008：117.

条件的简陋使奥运会竞赛效果不可避免地受到影响,文明的特征也不可能与当今时代的奥运会效果相媲美。但从精神文明的层面来说,则体现出一种对精神和文明的追求。不过,这种追求由于各国、各民族的文化差异,表现出一种文明的多样性特点。

(1)希腊雅典奥运会(1896年第1届):一种文明的复兴

1894年,国际奥委会选举希腊人维凯拉斯为第1届奥委会主席,并决定两年后在雅典举办第1届奥运会。这一消息使雅典人为之振奋。正如后来维凯拉斯给顾拜旦的信中所说:"当时,从布林迪西到雅典,我的同胞都在兴高采烈地谈论着奥运会……城市已经活跃起来了,到处都是忙碌的人们,充满欢声笑语,有人在工作,有人在闲聊。在熙熙攘攘的街道上,空气中弥漫着水果和盐渍橄榄的味道。妇女与那些将商品直接摆放在马路上或小货摊上的商人讨价还价,人们议论各种琐事。大学的教学楼前,大学生们谈论着推翻政府和改造世界。人群的喧闹中不时传来喇叭声:马车要求让路。城市洒满了阳光,阳光反射在窗户的玻璃上,不安分的光点在楼房的白色大理石镶面上跳跃,将古体育场遗址上的圆柱照得通亮。"① 雅典人何以对举办奥运会如此热情?这与希腊文化传承有着密不可分的联系。众所周知,古希腊灿烂的文化不仅在世界文化史上占有重要的历史地位,也是近代欧洲文明发展的基础。在欧洲中世纪中叶的文艺复兴运动中,先进的知识分子发起了复兴古希腊、古罗马文化,以反抗封建教会的黑暗统治。这不仅推动了近代欧洲资本主义经济发展,也促进了欧洲社会文明进步。

而古希腊文化对于近代希腊人来说,不仅是民族的骄傲,也是发展的动力。尤其是19世纪中叶,希腊的社会变革进一步促进了社会发展。1863年3月,乔治一世就任希腊国王。1864年,希腊颁布了新宪法,对人民的权利和自由进一步加大了保障力度,并严格约束立宪君主的权力。这促进了社会的和谐发展,使经济发展水平有了很大提高,为社会文化发展提供了条件。因此,1859—1889年,希

---

① 瓦·利·施泰因巴赫.奥运会通史:上[M].纪联华,等,译.济南:山东画报出版社,2007:22-23.

腊人尝试恢复和发展古老的奥林匹克竞技运动，模拟古希腊奥运会模式相继举办了5届国内奥林匹克运动会，既弘扬了古希腊文化，又为推动复兴和建立现代奥运会制度做出了贡献。但是，在19世纪下半叶，由于希腊经济发展失调，在铁路建设和开掘科林斯地峡运河中大量负债，外债达7亿多德拉克马，政府无力偿还，被迫宣布国家破产。1898年，英、法、奥、德、俄等国组成国际金融委员会，对希腊财政收支实行监督。不过，这并没有影响希腊人对举办奥运会、弘扬希腊文化的热情。在筹备举办奥运会期间，尽管希腊国家财力薄弱，但希腊人慷慨捐资，政府又专门拨款资助发行邮票筹资，但仍不能满足举办奥运会所需要的资金。最后，希腊富翁格奥尔吉奥斯·阿韦洛弗捐助了100万德拉克马（约为当时的17万美元），终于使首届奥运会如期举行。

1896年4月6日下午，希腊国王乔治一世宣布第1届奥林匹克运动会开幕。应邀参赛的有澳大利亚、奥地利、保加利亚、英国、匈牙利、德国、丹麦、美国、法国、智利、瑞士、瑞典和东道主希腊13个国家的311名运动员，希腊阵容最大，共230人。出席开幕式的观众达8万人，这对当时的希腊来说可是一个惊人的数字，足以显示出希腊人对这次具有历史意义和现实意义的新的奥林匹克运动会的极大关注和热情。

但是，尽管希腊人为准备奥运会付出了艰苦的努力，但由于物质条件的制约结果不尽如人意。田径比赛的场地不平整，甚至出现坡形。110米跨栏比赛又因场地原因，临时改为100米，只有8个栏架。而跨栏技术更是五花八门，有跳栏，还有双脚起跳过栏。游泳比赛的情形更是令人难以想象，第1届奥运会游泳冠军匈牙利人阿尔弗雷德·哈约什回忆说："共有15人参加了1 200米的游泳比赛，我们乘三条不结实的小船到达波涛汹涌的大海。我们的身上涂满了一层有手指那么厚的油脂：我们想保护自己免受海水的冰冷之苦。发令枪响后我们跳入水中，之后，小船离开我们急促地驶向终点，以便报告裁判员起跑顺利。我得承认有一个想法使我不由自主地感到不安：如果有哪个运动员因为水太凉发生抽筋怎么办？自我保护的本能战胜了取胜的愿望，我绝望地用双臂划水，直到小船又返回来并开始将尚未游完全程但已拒绝再继续参加竞争的人捞上船去,我才平静下来。这时我已离海湾不远。人群的叫喊声越来越大,我以很大的优势战胜了所有的对手。但是,我所付出的巨大努力并不是与对手们的竞争,而是与4米高的海浪和相当冰冷的海水搏斗……"①由此可见,第1届希腊雅典奥运会由于现实条件的限制,不仅比赛条件简陋,而且运动成绩水平也极其有限。

但是,这并不影响希腊雅典奥运会的意义。作为竞技体育运动的现代奥运会不仅是对人类竞技精神的发扬,也是对古希腊奥林匹克竞技运动和竞技文化的传承。尽管古希腊奥林匹克竞技运动与现代体育运动的性质不同,但是在竞技精神方面具有完全的一致性。所以,复兴古希腊奥林匹克运动既是人类文化的延续,也是人类文明的体现。

(2)法国巴黎奥运会(1900年第2届):两种文明的选择

1900年举办的第2届法国巴黎奥运会,同首届希腊雅典奥运会不同。当时,法国的经济状况远远好于雅典。1889年,在法国贸易部部长的支持下,阿·格·埃菲尔工程师带领他的团队建造了埃菲尔铁塔,成为第一届世界博览会的"最精彩部分"。而1900年的法国奥运会又恰逢第3届世界博览会在巴黎举行。但是,法国人对奥运会的兴趣远没有对世界博览会的兴致高。"在法国社会的上层,奥运会仅被看作是博览会娱乐活动计划中的一部分。"当博览会体育活动和消遣项目负责人阅读了顾拜旦提交的奥运计划后激动地说:"您的方案简直不值一提,再说所有的人看到您这种按严格规则进行的纯粹的比赛都会觉得它无聊透顶。我们需要的是某些奇特的游戏。你们这些业余体育爱好者引不起我们的兴趣,我们需要的是真正的职业运动员。"②因此,巴黎奥运会由于法国当局负责人对奥运会的错误认识,筹备和举办过程备受冷落,同

① 瓦·利·施泰因巴赫.奥运会通史:上[M].纪联华,等,译.济南:山东画报出版社,2007:32-33.
② 瓦·利·施泰因巴赫.奥运会通史:上[M].纪联华,等,译.济南:山东画报出版社,2007:40.

第3届世界博览会的受重视程度大相径庭。举办过程耗时5个月，从1900年5月20日开幕，到10月28日闭幕，成了世界博览会的陪衬。

其实，将世界博览会和奥运会一起举办并不是问题，早在1894年的巴黎国际体育会议上，顾拜旦曾提出将首届奥运会安排于1900年在法国巴黎与第3届世界博览会一起举办，以扩大奥运会影响，但该提议没有获得通过。而会议决定第2届奥运会在法国举行。然而，巴黎当局只注重世博会，而对举办奥运会并不感兴趣。认识观念的不同使世博会和奥运会冰火两重天。客观地说，无论是世博会还是奥运会都是现代社会文明的体现，世博会展示了世界各国经济发展水平和物质文明的创造能力，奥运会则是人类文化和精神文明的体现，二者具有同等的重要意义。因为主办者的认识观念问题，导致了巴黎奥运会的遗憾。

在奥运会举办前，法国奥组委曾说服了一个庄园城堡的主人库伯瓦，在他的庄园内租用一块约十亩的土地，修建奥运会比赛场地。而到奥运会举办前的两个月，库伯瓦担心运动员破坏自己美丽的庄园，突然提出拒绝出租土地。所以，奥运会不得不在巴黎市内分散进行。其中，"田径赛场被安排在巴黎市区一个法国赛马俱乐部的跑马场进行，那里场地面积狭小，林木横生，土质松软，跑道不平，场内设施几乎一无所有。跳跃比赛需要选手自己动手挖掘沙坑；跨栏比赛的个别栏架临时用树枝架起来凑合；参加投掷比赛的选手更是苦不堪言，器械经常碰撞树木的树枝，有时掷出的链球缠绕其上，还得从树枝上取下后再进行比赛"[1]。而游泳比赛"是在浑浊的塞纳河里进行的，塞纳河的水流将游泳运动员们冲得七零八散"。巴黎奥运组委会如此对待奥运会比赛，使顾拜旦极为生气，他说："如果世界上有什么地方对奥林匹克运动会不感兴趣，这个地方就是巴黎。"[2]由此可见，顾拜旦对巴黎奥运会失望至极。

---

① 皮埃尔·德．顾拜旦.奥林匹克宣言[M].北京:人民出版社,2008:208.
② 瓦·利·施泰因巴赫.奥运会通史:上[M].纪联华,等,译.济南:山东画报出版社,2007:40.

但是,巴黎奥运会也有令人兴奋的亮点,如美国运动员克伦茨莱因在110米跨栏比赛中,其跨栏技术已经达到很高的水准,令人称羡不已。他不仅获得了110米栏和200米栏的冠军,而且在60米比赛中也同样夺冠。值得注意的是他在60米比赛中,改进了上届奥运会美国男子100米选手托马斯·伯克的蹲距式起跑技术,并且这种起跑技术一直沿用到现在。此外,田径比赛中的男子100米跑出了10秒8的成绩,400米跑出了49秒4的成绩,跳远跳出了7.18米,这在当时的年代是非常出色的。第2届巴黎奥运会共有19个国家的1 078名运动员参加,相比首届希腊雅典奥运会有了很大进步。

(3)美国圣路易斯奥运会(1904年第3届):文明与野蛮同在

1904年在美国圣路易斯举办的第3届奥运会,几乎重蹈巴黎奥运会的覆辙,同为一场旷日持久的奥运会,同为与世界博览会一起举办。圣路易斯奥运会自1904年7月1日开始至11月23日结束,期间,既展示出美国竞技体育文明的普及程度,又发生了令人匪夷所思的"原始民族"运动会丑闻,使奥林匹克运动文明蒙受侮辱。

美国运动员在前两届奥运会比赛中成绩突出,所以,国际奥委会决定本届奥运会在美国举办。但是,因为美国距离欧洲遥远以及当时日俄战争的影响,参加奥运会的运动员人数显著减少。共有689名选手参加,其中美国选手多达533人。英国、德国、希腊、挪威、奥地利、匈牙利和瑞士等7个国家共派出41名(另有数据是39名)选手参加,所以,本届奥运会又被称为是"美国体育运动锦标赛"。在本届奥运会田径比赛的25个项目中美国获得了23个冠军,其中,美国田径运动员阿尔奇·哈恩在200米跑中创造了21秒6的世界纪录,这一成绩一直保持了28年之久,直到1932年第10届洛杉矶奥运会才被打破。

值得一提的是,本届奥运会实际比赛项目有85项,但却有390人宣称他们获得了奥运会金牌。原因何在? 其实是世博会组委会为造声势、烘托世博会气氛而出现的错误所致。圣路易斯奥运会于1904年7月1日开幕,而世博会在当年春天就开始进行各种具有地方色彩的比赛活动。为了吸引更多的人参加比赛,世博会组委会就将这些比赛冠以奥林匹克运动会名称。在所授予的奖牌正面刻上

"世界博览会圣路易斯1904"字样,而另一面刻上运动项目名称及序号,同时又刻上"奥林匹克运动会"字样。所以,才出现了所谓的390个金牌获得者。不过,此事虽然滑稽,但从另一个侧面反映出运动与体育运动在20世纪初的美国已经有了相当的普及程度。这与美国当时的社会经济发展水平相适应,既体现出美国社会的生活方式文明,又体现出运动与竞技体育运动文明在美国人生活中占有了一席之地。

但是,令人遗憾的是,本届奥运会期间发生了"原始民族"运动会丑闻。所谓"原始民族"运动会,即组织者搞了一个"人类学日"活动,组织少数印第安人、非洲矮人、菲律宾人、巴塔哥尼亚人等,穿着民族服饰举行比赛和表演活动,像展示稀有动物一样供人们观赏。并在展览会指南手册上写着"野蛮民族及不开化部落的代表以他们软弱的竞技展示了自己。实践证明,他们的能力经常地被夸大了"①。组织者的这种为吸引观众眼球的离奇行为不仅侮辱了少数民族的人格,也成为奥运会的一个污点。对此,顾拜旦严厉地谴责道:"纵使他们贵族、仇视人类者、种植场主瞧不起我们,干吗要做出这种事情,还在奥运会组织所谓的'人类学日'! 伟大的思想遭到侮辱,宪章遭到侮辱。全世界都感到满意和高兴了吧,连美国总统的女儿都亲手给胜利者授锦旗。真是一首田园诗啊。要恢复奥林匹克主义的庄严! 可实际上呢,不过是贵族主义罢了。奥运会是为白人举办的,还有'人类学日'! 我们怎么能不感到羞耻? 我真是羞耻得无地自容,先生们!"②圣路易斯奥运会组织者利用奥运会制造哗众取宠的闹剧吸引观众,违背了奥运会宗旨,即通过竞技体育比赛实现世界各国、各民族团结、友谊、沟通,达到相互了解的目的,而且,侮辱了人类的尊严。这与奥运精神和社会文明准则背道而驰,因此,遭到了顾拜旦和国际奥委会的严厉谴责。以后,这类事件在奥运会上再也没有出现。

① 瓦·利·施泰因巴赫.奥运会通史:上[M].纪联华,等,译.济南:山东画报出版社,2007:59.

② 瓦·利·施泰因巴赫.奥运会通史:上[M].纪联华,等,译.济南:山东画报出版社,2007:59.

2. 初创阶段的奥运会:文明水平的升华

在奥运会初创阶段,如果说前三届由于种种原因包括认识水平、思想观念和社会经济发展状况等因素的制约,而有诸多不尽人意之处的话,那么第4届英国伦敦奥运会和第5届瑞典斯德哥尔摩奥运会则令人耳目一新,不仅社会物质文明在奥运会上得以显示,而且竞技体育文明水平得以升华。虽然其中仍有不足,但是竞技体育比赛趋于规范化、文明化的态势逐渐形成,使奥运会发展和竞技体育文明上升到一个新阶段。

(1)英国伦敦奥运会(1908年第4届):竞技体育文明的多维展示

英国伦敦奥运会举办之际,又一个大型的博览会——英、法国际博览会同时举行。国际奥委会对此十分担心,会不会像第2届、第3届奥运会一样,受到博览会的影响?所以,国际奥委会提出:"不能将体育运动降格到只是一般的娱乐项目,它应该拥有受人尊重的地位。"[1]其实,这种担心对于英国来说实为多余。

英国为申办本届奥运会早有准备,"伦敦用一年的时间建成了能容纳10万观众的'白城'体育馆。这个体育馆的优点是各种设施都很方便,它专门建造了长100米、宽15米的游泳池和一个用于拳击比赛的竞技场。在体育场还可以进行自行车赛,为此组委会专门在536.45米煤渣跑道的外侧建了一条长603.50米的水泥自行车赛道"[2]。这种为举办奥运会而进行的大型场馆建设开历届奥运会之先河,体现出英国奥组委及政府对举办奥运会的重视。

虽然本届奥运会为了适应英、法国际博览会的需要,赛程持续时间长达6个月,即从1908年4月27日至10月31日,但包括比赛过程在内的奥运会丝毫不逊于前三届,已经与我们今天看到的奥运会大同小异。本届奥运会首次规定,"开幕式上各代表团要统一着

---

① 瓦·利·施泰因巴赫.奥运会通史:上[M].纪联华,等,译.济南:山东画报出版社,2007:63.

② 瓦·利·施泰因巴赫.奥运会通史:上[M].纪联华,等,译.济南:山东画报出版社,2007:63.

装,在本国国旗引导下列队入场"。第一次将马拉松比赛距离确定在 42.195 千米,其原因是英国王室成员要观看比赛,组委会便将马拉松比赛路线安排在温莎尔宫到奥林匹克运动场之间。之后,无论是奥运会还是各国进行的马拉松比赛,均以此为标准。第一次"正式向获得冠军的选手颁发金质奖牌。金牌的标准样式是 1907 年 5 月在国际奥委会全会上制定的,直径 60 毫米,正面使用国际奥委会制定的统一图案,反面由主办国设计,以突出国际奥委会的地位和作用"①。第一次在冬季奥运会设立之前,将花样滑冰运动纳入了夏季奥运会比赛中,俄罗斯运动员获得金牌。这也是俄罗斯第一次参加奥运会获得的第一枚奖牌。

本届奥运会共有 22 个国家的 2 035 名运动员（其中有 36 名女运动员）参加了 25 个大项 107 个小项的比赛,25 个大项包括:赛艇、自由式摔跤和古典式摔跤、拳击、自行车、水球、体操、田径、帆船、游泳和跳水、橄榄球、射箭、射击、草地网球和室内网球、击剑以及足球等。其中,足球比赛虽然是第三次作为奥运会比赛项目,但相比 1900 年只有 3 支球队、1904 年只有 2 支球队参赛,这次增加到 5 个国家的 6 支球队参加,使足球比赛第一次具有正式比赛的意义。

在游泳比赛中,"伦敦奥运会首次修建了游泳池,使奥运会游泳比赛结束了在海湾、河流和人造水池中比赛的历史。游泳距离的计算方法又从码制恢复到米制。6 项比赛中有 5 项超过世界最好成绩"②。在田径比赛中,共创造了 13 项奥运会纪录,其中,美国运动员弗连西斯·艾恩斯在跳远比赛中跳出了 7.48 米,他的队友拉尔夫·罗斯的铅球比赛成绩是 14.21 米。英国选手蒂莫季·艾亨的三级跳远成绩是 14.92 米。此外,值得一提的是在本届奥运会的马拉松比赛中,意大利选手多兰多·皮耶特里（又译多兰多·彼德里）在距离终点只有 70 米处因过度疲劳而倒地,两名医生冲上去对他进行救护,皮耶里特又顽强站立来向前跑了 20 多米又一次摔倒,并又一次站起来继续跑。在距离终点只有 15 米处,第二名运动员美国选手约

---

① 皮埃尔·德.顾拜旦.奥林匹克宣言[M].北京:人民出版社,2008:214.

② 皮埃尔·德.顾拜旦.奥林匹克宣言[M].北京:人民出版社,2008:214.

翰尼·海斯跑进了体育场,这时全场观众鼓掌并为皮耶特里加油,然而,皮耶特里又一次摔倒在地,再也爬不起来。一名裁判和一名记者架起皮耶特里第一个到达终点。但是,裁判委员会仍然取消了皮耶特里的获胜资格,宣布约翰尼·海斯获得冠军。而授奖之后,英国王后亚历山德拉邀请皮耶特里到主席台,亲手授予他一个与冠军一样的金杯,以表彰他的勇敢、坚定和顽强的精神。

第4届奥运会英国以总分305.5分和47枚奖牌的成绩获得第一名,美国以103.3分和47枚奖牌的成绩获得第二名,瑞典46.3分和25枚奖牌的成绩获得第三名。

由此可以看出,英国作为运动与体育运动的发源地实至名归。本届奥运会在运动场地、设施建设方面一改往日奥运会的简陋状态,不仅建设了世界第一座现代体育场馆、第一座游泳池和拳击馆,还建设了第一座室内冰场。这使英国资本主义经济文明首次在竞技体育中得以体现。同时,场地设施的物质文明不仅使竞技体育比赛制度化、规范化和仪式化不断提升,也使竞技体育文明得以彰显,强化了竞技体育的影响力。英国伦敦奥运会在奥运会的初创发展阶段具有承前启后的里程碑意义。

瑞典斯德哥尔摩奥运会同样如此,不仅为奥运会发展锦上添花,也使瑞典人的荣誉感、自豪感发扬光大。瑞典体操与德国体操并驾齐驱在近代社会发展中为学校体育教育和军事训练做出了重要贡献,并成为运动与体育运动诞生的重要基石。早在国际奥委会成立之时,瑞典人就渴望举办奥运,所以,1904年柏林国际奥委会代表大会上决定由瑞典举办1912年奥运会时,瑞典人喜出望外,期待这一时刻的到来。

(2)瑞典斯德哥尔摩奥运会(1912年第5届):竞技体育文明锦上添花

1912年举办的第5届瑞典斯德哥尔摩奥运会,无论在场地设施建设还是技术设备的运用无不体现出与时俱进的特点,虽然比赛项目设置少于英国伦敦奥运会,但新增比赛项目则扩大了竞技体育内容范围,体现了奥运会发展的特征。参加本届奥运会比赛共有28个国家的2 547名运动员,其中,女运动员57人。共进行了15个大项和 102 个小项的比赛。

瑞典不仅对运动与体育运动的诞生做出了极大贡献,而且对举办奥运会向往已久。早在 1894 年,国际奥委会成立之时,瑞典就表示希望在自己的国家举办奥运会。但因为希腊是奥运文化发源地;法国的顾拜旦是奥运会的发起者和主要成员之一;美国既是国际奥委会的发起国之一,又是第 1 届和第 2 届奥运会的成绩优异者;而英国是运动与体育运动的发源地,也是运动与体育运动发展的比较普及的国家。所以,直至第 5 届奥运会,本来原定由德国举办,但因为德国奥委会主席突然病逝而放弃了主办权。而瑞典终于获得了主办奥运会的机会。因此,瑞典为举办本届奥运会专门兴建了能够容纳 3.7 万名观众的柯罗列夫运动场。

在体育场的修建中,"全部采用了红砖,有两座高大的塔楼作为装饰,有几个半圆形的看台。看台下面专门为运动员修建了淋浴室、更衣室、工作人员办公室等。这里还有组织完备的奖品展示,体育器材展示和文化展览"①。这次奥运会还首次将跑道弯度加以改进,将跑道周长设计为 380.33 米,已接近现在的周长 400 米跑道。然后根据不同距离的比赛要求,以标线形式延长距离。同时,比赛场地安装了用于田径比赛需要的电子计时器和终点摄像设备,不仅使成绩计时精确到十分之一秒,而且首次将田径比赛的前六名成绩进行记录。虽然电子计时器和摄像设备只是作为实验性的辅助设备,但将这种仅仅诞生十余年的先进设备用于奥运会比赛确实是一件很了不起的事情。

在田径比赛中,首次增设了 5 000 米、10 000 米跑和 4×100 米、4×400 米接力跑。芬兰选手汉涅斯·科勒赫迈宁以 14 分 36 秒 6 的成绩获得 5 000 米第一名,并在 10 000 米和 12 000 米越野赛中又夺得两项第一名,成为一届奥运会上获得 3 枚金牌和一枚银牌(男子越野 12 000 米团体亚军)的优秀选手。德国队在 4×100 米接力中跑出了 42 秒 3 的好成绩,但由于交接棒跑出接力区犯规,被取消

---

① 瓦·利·施泰因巴赫.奥运会通史:上[M].纪联华,等,译.济南:山东画报出版社,2007:74.

成绩,英国队获得了第一名。

　　本届奥运会新增设了女子游泳和跳水两项比赛,澳大利亚的法杜拉克获得100米自由泳冠军;瑞典的格·约翰松获得跳台跳水冠军。值得一提的是本届奥运会根据顾拜旦提议,将军事训练的现代五项运动(射击、游泳、击剑、马术和越野跑)列入了奥运会比赛项目。"参赛的32名选手中瑞典占了12人,瑞典人囊括前六名中除第五名外的其余名次。古·利勒赫克上尉获得了冠军。获得第五名的是美国的小乔治·史密斯·巴顿上尉。在奥运会上他虽与金牌无缘,但在第二次世界大战中却成了叱咤风云的将领——巴顿将军"①。总之,瑞典的斯德哥尔摩奥运会与上届的英国伦敦奥运会由于政府的支持和全力投入,使初创阶段的奥运会有了极其显著的进步,从简陋、混乱逐步走向正规。

　　纵观英国伦敦奥运会和瑞典斯德哥尔摩奥运会可以发现,以竞技体育为内容的奥运会经历了起步的蹒跚、探索的曲折过程,完成了初创阶段的现代奥运会模式的创建。既为奥运会发展奠定了坚实基础,又为竞技体育文明进步铺平了道路。

　　3. 初创阶段的奥运会:发展进步的因素解析

　　从国际奥委会1894年决定举办奥运会到1912年第5届瑞典奥运会结束,历时18年,这在历史的长河中不过是一瞬间。然而,我们从第1届奥运会到第5届的发展过程中可以看出,运动与体育运动的发展进步之快,令人惊叹。虽然直到1912年,奥运会仍存在各种的缺陷,不可与当下的奥运会相媲美。但以历史的眼光回顾初创阶段奥运会发展,其成就不容否定。那么,为什么在短短的十几年时间里奥运会能够有如此的发展? 究其原因主要包括三个方面的重要因素:一是社会的物质发展水平;二是人们的思想认识水平;三是国家权力的介入。

　　首先,社会物质发展水平以社会生产力发展水平为标志,它决定社会发展程度以及包括运动与体育运动在内的社会各个领域的事业发展状况。从文化的层面认识,社会物质文化发展水平决定了

---

　　① 皮埃尔·德. 顾拜旦. 奥林匹克宣言[M]. 北京:人民出版社,2008:217.

社会精神文化发展水平,体现出一种精神文明状态与物质文明状态的协调一致。

在 19 世纪末的欧洲,虽然资本主义工业革命已经完成,资本主义制度文明和社会民众的生活方式文明已经初步显现出来。但相对来说,各国的工业文明进程并不同步,呈现出一种不平衡的社会发展状态。这种不平衡状态在奥运会中也充分体现出来。首届奥运会为什么在希腊举行? 其主要原因就在于希腊是奥林匹克运动的发源地,并且,在复兴现代奥林匹克运动的过程中希腊人率先垂范,已经尝试性地按照古希腊奥运会模式举办了 5 届奥运会。同时,在复兴现代奥林匹克运动中,希腊代表季梅特里乌斯·维凯拉斯积极活动,参加巴黎代表大会,"其目的就是为了说服其他代表:第 1 届现代奥林匹克运动会一定要在雅典举行。当这个目的达到后,维凯拉斯自然而然又提出:谁来监督这次比赛的准备情况。结果维凯拉斯不仅被选入国际奥林匹克委员会,而且还担任了它的第一届主席"①。

第 1 届奥运会确定在希腊雅典举办后,整个雅典处于一片欢呼声中,人们奔走相告,难抑喜悦之情。但是,反对在雅典举办奥运会的声音同样不绝于耳。"希腊首相力图阻挠运动会的筹备,在他的授意下,政府议员、组织委员会成员斯库卢季斯抨击顾拜旦制定的预算方案,他声称,他已经把预算降低了很多。他使自己的同行相信,筹备本届奥运会的事情缺乏理智,并与他们一起发表声明,强调由于筹措不到足够的资金从而拒绝承办奥运会"②。但是,希腊王储康斯坦丁公爵在乔治一世国王的支持下,改组了奥运组委会任命雅典市长季莫列昂·菲力蒙为组委会秘书长并主持委员会所有会议,希腊首相被迫辞职。

在资金筹措过程中,希腊拒绝接受国外援助。而希腊全国各地的人慷慨捐资,汇款到雅典,但最后也只筹到了 33.275 6 万德拉克

---

① 瓦·利·施泰因巴赫. 奥运会通史:上[M]. 纪联华,等,译. 济南:山东画报出版社,2007:20.

② 瓦·利·施泰因巴赫. 奥运会通史:上[M]. 纪联华,等,译. 济南:山东画报出版社,2007:25－26.

马,距离预算经费仍有缺口。于是,希腊邮票收藏者协会的奠基人梅特里斯·萨卡拉福斯建议在世界范围内发行奥运会纪念邮票,并将发行邮票的收入作为举办奥运会的基金。希腊政府拨出了40万德拉克马用于邮票发行。后来,希腊富翁格奥尔吉奥斯·阿韦洛弗又捐赠了100万德拉克马,用于修建运动场。经过多方努力终于使第1届奥运会如期举行。尽管如此,首届奥运会比赛的场地设施及其他环境条件仍不尽人意。所以,游泳比赛不得不在冰冷刺骨的海水中进行,而且,比赛距离无法丈量,只是大致估算确定。

当然,对于第1届希腊雅典奥运会的举办过程及比赛条件,我们应当辩证地认识。在当时,举办奥运会的象征意义远远大于现实意义。正如顾拜旦在1896年第1届奥运会报告《重建奥林匹克运动会的必然趋势》一文中所说:"铁路和电报等伟大的现代发明,沟通了世界各国人民之间的交往。说各种语言的人们更加方便地交往,这自然开辟了谋求共同利益的更广阔的领域。人们已经开始不再过离群的生活,不同种族学会了相互更好地了解和理解。人们对比他们在艺术、工业和科学领域中的才能和成就,产生了一种崇高的竞赛,鞭策着他们再接再厉地取得更大的成就。万国博览会(即世界博览会)会把世界最远角落的产品集中到地球的一个点上。在科学、文化领域,形形色色的集会和会议把所有国家最优秀的脑力劳动者联合在一起。那么运动呢?难道各国运动员不应该开始在共同立场上彼此相会吗?难道竞赛不是所有努力包括智力和体力的主要动力吗?瑞士率先邀请国外神枪手参加他们自己的联邦射击比赛;自行车赛曾经在欧洲每一条跑道上进行过;英国和美国曾在海陆两路彼此挑战;罗马和巴黎最有才能的击剑家相互交剑。体育运动逐渐变得更具国际性,激发人们兴趣,拓宽着人们的活动范围。在这种情况下,奥林匹克运动会的复兴成为可能,甚至可以说变成了必然。"①举办奥运会的真正意义在于通过运动方式使各国、各民族的运动员汇聚在一起,起到相互交流、相互沟通的作用。

而对于比赛中的运动项目设置、运动器材使用,奥林匹克运动

---

① 皮埃尔·德.顾拜旦.奥林匹克宣言[M].北京:人民出版社,2008:117.

先驱们并没有成熟的想法和深刻的认识，所以，本届奥运会除了一块计时的秒表之外，其他专用的运动器材几乎没有。当然，还有一个原因是运动与体育运动的正式比赛刚刚起步，人们对这项运动尚了解不多，因此，工业生产没能够关注奥运会的比赛器械的生产，使得奥运会比赛条件十分简陋。缺乏物质条件的奥运会虽然在物质文明状态存在缺憾，但在文化方面却表现出一种先进的时代文明。

从体育先驱的思想认识水平方面考察初创阶段的奥运会发展过程可以发现，尽管19世纪末种种原因造成了奥运会比赛的简陋，但就奥运会发展的思想理念来说，具有极大的超前性，思想意识在一定条件下能够超越物质因素的制约，体现出它的能动性。既推动运动与体育运动的发展，又预见它的未来发展走向。在奥运会发展的初创阶段，正是由于各国体育运动先驱对运动与体育运动具有远见卓识，才使奥运会顺利按照他们的预想如期进行。但这种预期的构想并非空穴来风或一时冲动，完全是近代体育教育思想指导教育实践的结果。也就是说，在近代教育中，通过游戏活动和竞技活动对学生进行体育教育，促进了学生的身体发育，使之健康成长。而且，在这一过程中，磨炼了学生的意志品质，塑造了学生的精神面貌。顾拜旦等体育先驱将学校体育教育思想延伸发展到整个社会，产生了以运动与体育运动方式培养和塑造广大社会民众尤其是青年人的宏伟设想。通过举办奥运会形式传播运动与体育运动，为广大青年树立榜样，使运动与体育运动最终成为一项人类共同的运动。

1908年，顾拜旦在法国《双周评论》杂志发表的题为《我为什么要复兴奥林匹克运动会》一文中说："一般来说，人们对竞技体育的看法有两种，第一种，个人的分散的体育锻炼。简单地说，这是一个最好的、最合适的观点，即当一个国家存在时，生活在其中的每一个年轻人，个人或者他的同伴们，可以充分享受经常进行体育锻炼的权利。他们在健康的体育锻炼中，寻找一种非常好的方式来增进健康、增长力量。到那时，整个人类，或一部分，就可以达到尽善尽美。但是，这是一种理想的状态，我们还做不到这些，因此，我们必须考虑第二个观点，即有组织地竞赛，为赢得什么而进行的竞技……我不得不承认,依靠单个的体育项目和竞赛来坚持不懈地进行对健康、美、和谐的追求,是一种幻想。也许有的人能做到,但一般人永远做不到。因此,我们必须求助于有组织的竞赛制度,并让它在竞技体育中占主导地位"①所以,顾拜旦等体育运动先驱为发展和普及运动与体育运动发起成立了国际奥林匹克运动委员会,并定期举行奥运会比赛。

在当时的社会条件下,并不是所有人都具有这种观念。1900年的法国第2届奥运会,并没有引起法国人的兴趣,这与法国当时的国家形象极其不符。早在1882年,法国受到英国学校体育教育的良好影响,积极倡导发展体育教育,政府颁布了《体育教育法》。1881年,英国网球协会成立后,受到顾拜旦的青睐,他请人在"米尔维勒城堡内建造了草地网球场。网球场修好后,顾拜旦邀请朋友来做客,教他们打网球。这是法国引进的第一个草地网球场。在顾拜旦的热情推介下,草地网球运动在法国逐步兴起"②。1889年,顾拜旦又出版了《在法国推行英国教育》一书,受到教育部长的好评。"到19世纪90年代初,法国的体育教育改革已经吸引了不少国家的有识之士。这使顾拜旦非常欣喜,也使他的关注重心逐渐转移到国际体育界的交流与合作上来"③。可见,当时法国的学校体育教育发展虽不及英国等国,但也没有落后太多。

第2届奥运会安排在法国举行,本是推动法国的运动与体育运动发展的契机,却不曾想在法国遇到冷落。"如果浏览一下当时的报纸就会发现,当时的报界对奥运会的反应是非常冷淡的,以至于至今都很难写出获胜者的姓名,更不用说谈及争论至今的一个话题:到底哪种比赛属于奥运会的正式项目。"④法国奥组委负责人更是如此,没有接受顾拜旦提出的借世界博览会筹措经费,办好奥运会的建议,而是专注于筹办世界博览会,将奥运会作为博览会的陪

---

① 皮埃尔·德.顾拜旦.奥林匹克宣言[M].北京:人民出版社,2008:124.
② 皮埃尔·德.顾拜旦.奥林匹克宣言[M].北京:人民出版社,2008:89.
③ 皮埃尔·德.顾拜旦.奥林匹克宣言[M].北京:人民出版社,2008:91.
④ 皮埃尔·德·瓦·利·施泰因巴赫.奥运会通史:上[M].纪联华,等,译.济南:山东画报出版社,2007:47-48.

衬，烘托气氛的工具。这使得巴黎奥运会不仅连开幕式都没有，而且，比赛地点分散、秩序混乱。同样的情况又出现在 1904 年的美国圣路易斯奥运会，从道理上说，美国人不仅是奥林匹克运动的发起者之一，又在前两届奥运会上取得了不错的成绩，所以才赢得了第 3 届奥运会的举办权。但实际情况却是圣路易斯奥运会与巴黎奥运会效果大同小异，比赛时间拖沓、冗长，组织管理混乱不堪。本届奥运会共进行了 85 个项目的比赛，最后却有 390 人炫耀自己获得了奥运会金牌。因为奥运会开幕前，圣路易斯世界博览会已经进行，为了活跃气氛进行了一些具有地方色彩的比赛，为了吸引人们的参与兴趣，这些比赛全都被冠以奥运会的名称。这造成了本届奥运会的混乱。

那么，在初创阶段的奥运会上为什么会出现这些现象？究其原因主要有两方面的因素，一是经济原因，经费短缺，"巧妇难为无米之炊"。二是思想观念原因，对奥运会即运动与体育运动没有更高的认识水平，而思想观念说到底就是一个文化与文明问题。在首届希腊雅典奥运会时，经费短缺，比赛过程粗糙简陋，这完全情有可原。但雅典人对于奥运文化的认识和理解却与众不同，根源在于古希腊文化是他们的生命之源。虽然从中世纪一直到近代，希腊的社会发展在欧洲没有占据重要地位，也没有更多亮点，但希腊人对于自己的古典文明难以忘怀，所以，他们对奥运会的热情无与伦比。在 1896 年的时候，雅典的总人口只有 13 万多，而出现在奥运赛场的人数最多时竟达到 10 万多人，这无不体现出雅典人对奥林匹克运动很高的认识水平以及对奥运会理想充满了期望。由此可见，运动与体育运动的发展和普及既需要以经济发展为基础，同时，又需要文化的支撑。意识观念的推动作用是运动与体育运动发展不可或缺的因素之一。

国家的介入是奥运会发展的重要动力。国家的产生是社会文明的体现，国家的发展是社会文明进步的标志。所以，无论是社会经济还是其他各项社会事业的发展都不可能脱离国家的制约，国家通过一定的制度促进和规范社会发展。在这个意义上说，国家对于任何社会事物的发展进步具有举足轻重的作用。

奥运会在不同国家举办,其效果迥然不同的现象在一定程度上印证了这一点。第1届奥运会决定在希腊雅典举行后,即遭到了希腊首相等人的反对,但希腊王储和国王乔治一世力排干扰,终于使奥运会顺利举办。1908年,当奥运会走进了运动与体育运动的故乡——英国时,所受到的礼遇及所处的地位发生了颠覆性变化。第4届伦敦奥运会期间,英国同样面临国际博览会的举行,而且,为配合这次博览会,伦敦奥运会在比赛时间上长达六个月之久,但这并没有影响奥运会的效果。相反,无论在比赛条件还是比赛过程方面都远远好于前几届奥运会。这不仅体现出英国工业革命的物质进步,也体现出英国对奥运会认识的文明观念。工业革命的物质文明意义表现在英国为举办本次奥运会修建了巨大的"白城"体育场、游泳池、自行车赛场和煤渣铺成的田径跑道,而且修建了人造冰场(冬季奥运会于1924年开始举办,本届奥运会尝试性设立了冬季项目),使奥运会第一次具备了较为先进的比赛条件。所谓对奥运会认识的文明观念,即英国人认为推动奥运会发展不只是国际奥委会和各国奥委会的责任,也是各国政府的责任。奥运会不只是一种运动与体育运动的比赛,也是展示国家形象和社会文明的机会。所以,英国将举办奥运会与国家的荣辱联系在一起。英国为准备本届奥运会投入了巨大资金进行场馆建设,不仅显示出当时处于世界资本主义头号强国地位的大不列颠帝国的宏大气魄,又在另一种意义上表明英国人对运动与体育运动的认识和态度。在20世纪初,英国的"白城"体育场在世界上绝无仅有,而英国之所以能够耗巨资建设这样的体育场,本身就是对运动与体育运动发展前景的一种理解和肯定。

　　1905年,美国圣路易斯奥运会后,顾拜旦"对现代奥林匹克运动的短暂历史进行了深入的回顾和严肃的反思。他清醒地认识到,如果下一届奥运会再出现不可接受的局面,这个伟大的事业就会被完全葬送,自己多年的心血将付诸东流。在目前的情况下,是否还应当坚持促进奥林匹克运动所要求的广泛的体育发展和社会进步?"[1]

---

① 皮埃尔·德.顾拜旦.奥林匹克宣言[M].北京:人民出版社,2008:100.

在顾拜旦对自己坚信的奥林匹克事业产生怀疑之时,英国人对奥运会的态度和行为使他又一次鼓足了勇气,树立了信心。而且,伦敦奥运会首次实现了世界五大洲的运动员齐聚一堂,这对奥林匹克运动的日益国际化具有历史意义。无巧不成书,在这次奥运会的马拉松比赛中,皮耶里特的精神感动了每一个人,所以,宾夕法尼亚大主教在去教堂参加基督教礼拜活动时说了一句话:在奥运会上,参加比取胜更重要。这句话使顾拜旦深受启发,他进一步发挥说:"对奥林匹克运动来说,参与比取胜更重要,先生们,让我们牢记这铿锵有力的话语吧。它将扩展到每个领域,形成一种清澈健康的人生哲学基础。生活中最重要的不是成功而是斗争,不是征服而是努力奋斗,其精髓不是获胜,而是使人类变得更勇敢、更健壮、更谨慎和更落落大方。这是我们国际奥委会的指导思想之一。从此'参与比取胜更重要'成为奥林匹克运动的经典名言。"①伦敦奥运会全新的精神面貌不仅为顾拜旦增添了信心,也为各国发展奥运会树立了榜样。同样,1912 年在瑞典斯德哥尔摩举行的第 5 届奥运会上,瑞典政府倾情投入,不仅仿效伦敦修建了"柯罗列夫"体育场,并配备了问世不久的电子计时器和终点摄像设备,并首次为奥运会准备了精确的比赛程序册,使整个比赛过程合理有序,从而结束了最初几届奥运会的混乱局面。

英国奥运会和瑞典奥运会由于国家的大力介入,使奥运会比赛条件大为改观,不仅为推动奥运会发展做出了贡献,也为其他各国筹备奥运会和发展体育运动树立了榜样。正如顾拜旦所说:"1908年在伦敦召开的第 4 届奥运会,增强了我们对所有国家和所有运动项目的信心。所有比赛,所有国家,最初的确是这样规划的,但只能一步一步地实现这一目标,伦敦奥运会已经使我们初见端倪。斯德哥尔摩召开的第 5 届奥运会成了名副其实的国家大聚会。政府和公共当局的首脑都在为瑞典的荣誉全力以赴。"②瑞典奥运会后,1914年,英国再接再厉,建立了旨在为奥运会筹集资金的专门委员会。

---

① 皮埃尔·德.顾拜旦.奥林匹克宣言[M].北京:人民出版社,2008:103.
② 皮埃尔·德.顾拜旦.奥林匹克宣言[M].北京:人民出版社,2008:152.

"法国国家体育委员会决定申请50万法郎的补贴金用于备战奥运会和派出运动员。挪威自从得到政府允许便设立了体育彩票,所有收入都用于筹备和参加柏林奥运会比赛等事宜。瑞典体育协会国家联盟与体育奖励协会共同决定,提请要求批准从国家预算中拨出10万克朗补贴金,用于发展瑞典体育和在1914—1915年期间培训运动员。德国政府为奥林匹克运动会准备工作拨出了20万马克,计划耗资30万马克,其中10万用于德国运动员参加国外各种大赛。"①然而,正当各国以前所未有的热情投身于发展奥运会事业之际,第一次世界大战爆发,致使原定于1916年在德国柏林举办的第6届奥运会被迫中断。国际奥委会总部也由巴黎迁到了瑞士洛桑。世界陷入了战争的苦难之中。

二、第一次世界大战后奥运会的发展历程(1920—1936)

1918年,战争的硝烟刚刚散去,人们心灵的创伤尚未抚平。但是和平的阳光却照耀着欧洲大地,温暖着重建家园的各国人民。此时,国际奥委会成员又紧张地忙碌起来,为举办奥运会废寝忘食。虽然欧洲人饱尝战争之苦,但从未放弃对理想的追求,擦干眼泪、挺起胸膛,在奥运赛场上继续追梦。

自第一次世界大战(以下简称"一战")后,一直到1936年,国际奥委会又在欧洲和美国分别举行了5届奥运会,即1920年的第7届比利时安特卫普奥运会;1924年的第8届巴黎奥运会;1928年的第9届荷兰阿姆斯特丹奥运会;1932年的第10届美国洛杉矶奥运会和1936年的第11届德国柏林奥运会。这一阶段的奥运会发展,运动与体育运动在经历了初创阶段的发展之后,又经历了20多年的风雨洗礼,运动成绩和文明水平有了迅猛提高,进入了快速的发展阶段。同时,政治介入奥运会又或多或少为运动与体育运动蒙上了一层阴

---

① 瓦·利·施泰因巴赫.奥运会通史:上[M].纪联华,等,译.济南:山东画报出版社,2007:95.

影。但是，前途光明，道路曲折。这不仅是其他各种社会事物的发展规律，也是竞技体育运动和体育文明发展的必然。

1. 竞技体育文明的多维展现

运动与体育运动作为社会文化的一部分，它的发展进步不可能脱离社会发展而发展，必然受到各种社会因素的制约和影响。就体育场馆等各种运动设施的发展状况而言，一战后发生了极大变化。自 1908 年英国政府率先为举办奥运会而进行体育场馆建设后，一战前又有瑞典政府紧步后尘，不仅修建了供比赛使用的场馆，而且，在场内实验性地安装了电动计时器和终点摄影设备，使计时精确到十分之一秒。而在一战后，举办奥运会修建大型体育场馆已逐渐形成了惯例。

1920 年的第 7 届奥运会，尽管比利时的港口城市安特卫普在战争中受到严重破坏，但为举办奥运会比利时人兴建了一个能容纳 3 万余人的体育场。

1924 年的第 8 届奥运会又在法国巴黎举行，这次法国政府一改往日的做法，计划修建一座能容纳 10 万观众的体育建筑和一个能安排 2 000 人住宿的奥运村，但无奈法国在战后恢复重建中耗资巨大，又因塞纳河决口发生水灾，财政资金捉襟见肘。即使如此，法国仍筹资修建了能容纳 6 万多人的"科隆布"运动场。

1928 年的第 9 届奥运会，荷兰政府在阿姆斯特丹新建了一个能容纳 4 万人的运动场。

1932 年的第 10 届奥运会，美国政府在洛杉矶修建了能容纳10.5 万人的外形如古罗马斗技场的运动场，并建造了一座有 12 000个座位的综合体育馆。1936 年的第 11 届奥运会，德国纳粹政府新建了一座巨大的日耳曼式的帝国体育场，并在体育场建筑上浇铸了一个巨大的奥林匹克钟。

运动场馆建筑本属于建筑领域的文化，建筑文化在欧洲有悠久的历史。从古希腊的神庙建筑到古罗马的哥罗赛姆竞技场（即大斗技场）、神庙、宫殿以及君士坦丁大会堂等，以至于中世纪意大利的佛罗伦萨大教堂、法国的罗浮宫等无不体现出欧洲的建筑文化与文明。但是，在 19 世纪末和 20 世纪初，运动与体育运动诞生后，欧洲各国并没有专门的、用于发展运动的建筑设施。这一点不难理解，因为运动与体育运动刚刚产生，如何发展及其未来走向尚不能确定。所以，不可能得到各国政府的重视，也就不可能有专门的资金用于运动场馆建设。自1908年的第4届伦敦奥运会开始，英国首先投资建设大型体育场馆，瑞典政府又随后效仿。到了一战前后，运动场馆建设在欧美各国普遍兴起，这种现象说明什么？从一个侧面说明了运动与体育运动的意义和社会作用逐渐为各国政府和社会组织以及社会民众所领悟，人们相信运动与体育运动的发展必定有一个美好的未来，所以，尽管当时欧洲各国在经济上并不宽裕，但仍克服困难致力于发展竞技体育事业。这种理念既是运动与体育运动的魅力所致，也是一种文化与文明的展现。

运动与体育运动的文明不只是体现在运动的过程中，更体现在它对社会、对人类所产生的作用和意义方面。而运动场馆的出现不仅是建筑文化的反映，更是城市文化的缩影和标志，为运动与体育运动增添了文化色彩。宏大的运动建筑所展示的庄严感、艺术性为运动与体育运动的仪式化增添了文化魅力，使人肃然起敬。同时，又使建筑文化与运动文化相互交融、遥相辉映，体现出一种社会发展进步的文明状态。正如顾拜旦在1910年巴黎国际建筑艺术竞赛期间发表的题为《现代奥林匹克运动》一文中所说："对建筑师来说，现在是去实现伟大的梦想，让自己的智慧创造辉煌灿烂的奥林匹亚。这里既有现代主义的创新又有传统主义的庄严，但首先是完全适合它的功能。但谁知道？也许这个梦想成为现实的时刻就要到来。谁能告诉大家，未来将给奥运会这样高尚、这样动人、这样有用的机构什么？大概将来某一天艺术资助者为了奥运会的重要和美丽将要给它一个永久的地点。"[①]而仅仅10年之后，顾拜旦的这一梦想就在欧洲各国遍地开花。象征着运动与体育运动文明的运动场馆在各个国家相继落成，从而折射出以奥运会为形式的竞技体育文明。

体育场馆建设只是为了凸显竞技体育运动的庄严感和仪式感

---

① 皮埃尔·德．顾拜旦.奥林匹克宣言[M].北京:人民出版社,2008;134.

吗？其实不然，对于竞技体育运动来说，重要的是竞技运动水平即比赛成绩。运动场馆建设只是为竞技体育运动创造和建立良好的比赛条件，如果运动成绩不能提高，那么，不仅竞技体育运动本身会黯然失色，竞技体育文化的魅力也会逊色许多。而事实是，一战后的竞技体育运动水平虽然不能和当代比拟，但也如芝麻开花节节高。尤其是在 1936 年的第 11 届德国柏林奥运会上，美国短跑选手杰西·欧文斯在 100 米、200 米、跳远和 4×100 米接力中共夺得 4 枚金牌，其中，100 米比赛中他以 10 秒 3 的成绩平奥运会纪录，200 米比赛以 20 秒 7 的成绩打破奥运会纪录。而在奥运会前夕的美国夏季田径赛上，欧文斯的 100 米成绩跑出了 10 秒 2，打破了世界纪录。欧文斯的比赛成绩在当时的训练手段和场地（煤渣跑道）条件下，简直就是"登峰造极"。他被誉为本届奥运会的"黑色闪电"。

除此之外，在一战后的奥运会比赛中还出现了很多优异成绩。如 1924 年的第 8 届法国巴黎奥运会上，美国选手约尼·魏斯穆勒获得了男子自由泳 100 米、400 米和 4×200 米接力三项冠军，并在 100 米自由泳比赛中以 59 秒的成绩打破了世界纪录，成为第一个破 60 秒大关的运动员，这一纪录保持了 10 年之久。1928 年的第 9 届荷兰阿姆斯特丹奥运会上，日本选手织田干雄在男子三级跳远比赛中以 15.21 米获得冠军，成为奥运史上第一位获得金牌的亚洲运动员。1932 年的第 10 届美国洛杉矶奥运会上，日本选手在男子游泳比赛中共获得 100 米自由泳、100 米仰泳、200 米蛙泳、1 500 米自由泳和 4×200 米接力 5 项冠军。其中，14 岁的中学生北村以 19 分 12 秒 4 的成绩打破 1 500 米自由泳奥运纪录，这一成绩保持了 20 年之久。

竞技运动水平的不断提高，不仅促进了运动与体育运动的发展，丰富了竞技体育文化的内容，同时，又展现出竞技体育的文明。竞技体育运动水平的提高不只是一个生理意义上的身体能力问题，更是一个文化作用于人并通过人的运动方式体现运动文化和运动文明的过程。那么，文化作用又是如何体现出来的呢？其一，是通过对竞技运动的追求理念体现的，竞技运动展示人性，彰显人性的美和力量，使人感受一种精神愉悦。激起了很多人的向往，并为之奋斗。其二,在奥运会诞生之初,人们对各种比赛项目并不熟悉,运动技术水平极其有限。但是,人们凭借智慧和经验不断完善诸多欠缺,从而使运动技术和运动水平不断提高。

在1896年第1届希腊奥运会的田径比赛中,美国人托马斯·伯克获得了100米和400米两项冠军,"并且是以不太理想的成绩取得了胜利。因为大理石体育场的跑道质量非常差,而且不平整,靠近终点时,跑道地面已经变成上坡了。另有一件事值得一提,美国人在第1届奥运会100米比赛中,使用了蹲踞式起跑。这种蹲踞式起跑在今天当然没有什么奇怪的,而在当时的欧洲这种情况第一次被人们看到。'您在干什么?'人们朝美国人喊道,'等您从地上站起来时,别人都已经到终点了!'"①而在1900年的第2届法国奥运会的网球比赛中,"来自芝加哥的22岁女孩玛加列特·艾博特,是时正在巴黎研究法国艺术史,她与她的母亲玛丽·伊芙·艾博特一同参加了高尔夫球比赛。玛加列特取得了胜利,随后她简要解释说胜利的原因是她的法国对手们'简直不明白比赛的要领,她们穿着紧身的裙子和高跟鞋参加比赛。'艾博特作为第一个奥林匹克运动会的女冠军被载入史册"②。由此可见,早期的奥运会上人们对比赛项目的技术及其运用知之甚少。

但是,这种状况很快就被改变,1900年的第2届法国巴黎奥运会前,美国宾夕法尼亚大学医学系学生阿维尔·克伦茨莱因由于身体素质尤其是爆发力、弹跳力很好,开始进行跨栏训练。"克伦茨莱因不仅在灰渣铺成的跑道上跑,还试图完善跑的技术,寻找跨栏跑的新的更为合理的方式。阿维尔·克伦茨莱因是世界上第一个'跨过'栏架的人,正如当时其他跨栏选手都试图跳过去一样。由克伦茨莱因所展示的跨栏技术,随着岁月的推移而发生了变化,尽管某

---

① 瓦·利·施泰因巴赫.奥运会通史:上[M].纪联华,等,译.济南:山东画报出版社,2007:31.

② 瓦·利·施泰因巴赫.奥运会通史:上[M].纪联华,等,译.济南:山东画报出版社,2007:41、42.

些部分发生了变化，但外表看起来与现今的跨栏并无太大差别"①。克伦茨莱因在法国巴黎奥运会的 110 栏比赛中以 15 秒 4 创造了新的世界纪录，将原纪录提高了近 2 秒。

由此可见，运动技术的发展和提高的过程实际上就是一种文化的化生、化育过程，也就是将经验或理论应用于训练之中，从而改变运动技术的方式、方法。而在奥运会早期，由于各种科学技术和方法尚未运用到竞技体育训练中，所以，训练的根据不过就是人们的生活经验而已。经验是什么？经验就是来自于实践的文化理念和实施方法。因此，竞技体育训练和比赛从一开始就具有文化与文明的特征。这既表现在社会经济发展为竞技体育运动提供了良好的场地设施方面，又表现在运动训练中的文化理念的驱动作用方面，还在竞技体育精神、竞技体育仪式等方面同样具有不断完善的文明体现。

2. 竞技体育文明的广泛传播

传播是一种信息交流方式，社会生活中任何事物的发展过程都与传播联系在一起，没有传播，信息的功能和作用就不能得以发挥，也就不可能影响于人、作用于人，推动事物的发展。体育与运动的发展同样如此，奥运会的影响由小到大，由弱到强，这一过程既是运动与体育运动先驱们努力的必然，也是传播尤其是大众传播推动的结果。

在奥运会的初创阶段，由于运动与体育运动刚刚诞生不久，且各国社会经济发展水平极不平衡，所以，参加运动的人数并不很多，体育运动的影响力极其有限。尽管如此，在各国体育运动先驱的努力和少数国家大众媒体的推动下，奥运会的影响不断扩大。这一点从首届奥运会的只有 13 个国家、311 名运动员参加到 1912 年的第 5 届瑞典奥运会共有 28 个国家、2 547 名运动员参加就是有力的说明。

一战后，奥运会的影响力不断扩大，尤其是欧美各国社会各阶层对运动与体育运动的认识水平不断提升，所以，尽管战争使欧洲

---

① 瓦·利·施泰因巴赫.奥运会通史:上[M].纪联华,等,译.济南:山东画报出版社,2007:44.

遭受了巨大创伤,但在恢复家园的建设中各国对奥运会的热情不减。1924年,共有6个城市申办奥运会,包括荷兰的阿姆斯特丹、西班牙的巴塞罗那、美国洛杉矶、捷克斯洛伐克的布拉格、法国巴黎和意大利罗马。由于1924年是国际奥委会成立30周年,国际奥委会为纪念复兴奥林匹克运动创始人顾拜旦的功绩,决定由巴黎举办第8届奥运会。法国政府虽然财力紧张,但全力以赴准备奥运会,并将第一次举行的冬季奥运会和夏季奥运会一并承办,并大获成功。第8届"巴黎运动会是迄今(指1924年)观众最多的一届,观看比赛的人数达到625 821人(平均每天6.4万人到场)。门票收入超过550万法郎,其中188万是足球比赛的票房,150万来自田径比赛,还有758法郎(93个观众)是现代五项的门票收入"①。参加第8届奥运会的国家从往届最多的28个国家跃增至44个国家,参赛的运动员达到3 092人,其中女选手136人。这一数字上的变化说明了体育在世界范围内的影响不断扩大。同第1届奥运会相比,参赛国数目增加了三倍多,参赛运动员则增加了近10倍。在不到30年的时间里,发生了如此变化,足以表明奥运会以及体育运动在世界的传播效果是值得肯定的。

从另一个侧面也可以说明这一点。参加本次奥运会新闻报道的记者人数也创历届之最,超过了1 000人。奥运会记者队伍的扩大有两个原因:其一,在20世纪初,广播的诞生为信息传播开辟了新的渠道,打破了以往由报刊、图书等纸制媒介一统大众传播的局面。广播传播自身独特的优势即时空性弥补了纸质媒介的弱点,为新闻传播和体育新闻传播提供了又一媒介和渠道。其二,因为在世界各地有众多的受众需求包括体育爱好者对奥运会报道的需求,这使得本届奥运会的记者人数大增。

1932年第10届奥运会在美国洛杉矶举行,美国政府为此修建了"科洛希姆"(希腊语音译,即古罗马的科洛希姆斗兽场或圆形马戏场)体育场。"这是一座具有古罗马风格的宏伟建筑。在那个年

---

① 瓦·利·施泰因巴赫. 奥运会通史[M]. 纪联华,张永全,译. 济南:山东画报出版社,2007:127.

代洛杉矶体育场在建筑风格上堪称体育建筑中的杰作。体育场可容纳10.5万人，这也创下了当时的世界纪录"①。不仅如此，美国还修建了具有西班牙建筑风格的奥运村，"这些建筑里有餐厅，供应世界各地不同口味的美食。有游戏室、图书室、邮局、银行、医院、消防队，甚至还有广播电台……这届运动会也采用了另外一些新设备。首次使用了终点电动摄影设备。正常使用的仍是用秒表手工计量时间，而在解决一些有争议的问题时则可使用新的系统。洛杉矶奥运会首次设立颁奖台，还首次将电传打印机用于报刊的新闻报道。每家报道比赛的报社和电讯社在体育场的记者席上都有自己的位置。电传打字机不停地将比赛现场传来的最新比赛结果和其他信息发送出去。停车场的汽车负责为所有记者免费运送线管材料"②。

　　1936年，第11届奥运会在德国柏林举行，新上台的德国纳粹政府为粉饰和平，掩盖其种族歧视的恶劣行径，采用各种方式进行宣传以迷惑世界人民，并耗巨资修建了当时世界上最大的体育场之一，可容纳10万观众。而在开幕式上竟有11万人涌进了现场。不仅如此，德国奥运会在传播方面也有惊人之举，将刚刚问世不久的电视转播技术应用于奥运会，这次奥运会至少有"3.77亿观众观看了电视节目，广播评议员向41个国家转播了现场的比赛实况；第一次使用电视转播奥运会，第一次摄制了有关奥运会比赛的大型纪录片。该片的导演是德国著名的列妮·里费施塔尔。首次因为转播新闻使用电传，每天出一份消息通报，有3 690家报纸和杂志都能收到，其中有3 000多家报纸是德国境外的。最初，快报用5种语言出版，运动会开始后仅几天便改用14种语言。德国飞艇为了将奥运会闭幕的照片送达美国，在闭幕式结束的第二天飞艇就出发了。当时

　　① 瓦·利·施泰因巴赫.奥运会通史：上[M].纪联华，等，译.济南：山东画报出版社，2007：164.
　　② 瓦·利·施泰因巴赫.奥运会通史：上[M].纪联华，等，译.济南：山东画报出版社，2007：175－176.

这已是最方便、最快捷的路线了"①。德国柏林奥运会成为第二次世界大战以前规模最大的一次奥运会,共有49个国家的4 066名(另有数据是3 936名)运动员参加,还成为报刊、广播、电视等媒体全方位传播的一次奥运会。总之,一战后的十几年时间里,一方面社会发展进步为运动与体育运动发展创造了条件,另一方面大众媒介的广泛传播提高了人们对奥运会的认识,这使运动与体育运动发展又迈上了一个新台阶。

3. 体育与政治文化和竞技体育政治化

体育文化包括两个层面的含义,一是指体育教育文化,即作为一种教育思想和手段培养学生,通过游戏活动和体育活动促进学生的身体发育和塑造学生精神,使之成为一个全面发展的人。二是指运动与体育运动文化,通过一定的身体活动方式锻炼身体,满足游戏性、娱乐性、竞技性和休闲性的目的。运动与体育运动文化是人们生活内容的一部分,也是一种生活方式,随着社会发展进步这种生活方式逐渐为更多的人所认同。因此,它具有普遍性和大众性。从社会层面认识,运动与体育运动的产生与发展是以社会生产力发展水平为基础的,它体现出一种社会的发展进步,标志着一种社会文明。而从文化的层面认识,运动与体育运动作为一种生活方式,它是人类的一项共同的运动,具有一种平等参与的特征。从社会意识形态层面来说,运动与体育运动属于精神层面的内容,它与社会政治具有密切关系,很多人在认识运动与体育运动的性质时无不认为它具有政治性,其实,这种观点是不正确的。尽管运动与体育运动或者说体育文化与社会政治有着千丝万缕的联系,不可能摆脱政治的控制与影响,但体育文化本身并不具有政治性。

政治是什么?政治是上层建筑领域中各种权力主体维护自身利益的特定行为以及由此结成的特定关系。具体指和国家根本制度相适应的领导制度、组织制度、工作制度等具体制度,简称政体。政治影响人类生活的各个方面,包括经济、社会生活、文化方面和意

---

① 瓦·利·施泰因巴赫.奥运会通史:上[M].纪联华,等,译.济南:山东画报出版社,2007:198.

识形态方面的利益,权力的追求以及某些心理满足等。各种权力主体为获取和维护自身利益,必然发生各种不同性质和不同程度的冲突,从而决定了政治斗争总是为某种利益而进行的基本属性。政治作为权力主体维护自身利益的方式,主要表现为以国家权力为依托的各种支配行为和以对国家的制约性权力为依托的各种反支配行为。而政治文化是一种主观价值范畴,即人们对于政治生活的政治价值取向模式,包括政治认知、感情、态度、价值观等政治心理层次的诸要素。政治理想、信念、理论、评价标准等政治思想意识是其表现形式。

运动与体育运动作为国家事务中的一部分,不可能摆脱政治的控制,但这并不等于说运动与体育运动就具有政治性,而是说它在一定程度上能够被政治化。何为"化"? 即使某事物转变为某种性质或状态。在这里,运动与体育运动肯定不可能"化"为某种性质,而是"化"为某种状态,即运动与体育运动的"政治化"状态。而作为一种状态的政治化,它具有不稳定性,也就是说,它受到各种社会因素的制约,并随着社会的变化而变化。例如,在奥运会发展过程中,经常出现因国家的政治冲突抵制奥运会的现象,即竞技体育的政治化现象。那么,这种政治化现象能够永远坚持下去吗? 肯定不能。否则,不仅会影响一个国家的形象,也会影响一国民众参与运动与体育运动的权利。

那么,竞技体育运动的政治化始于何时? 它是否意味着运动与体育运动文化和文明因此受到玷污? 对此我们要有一个正确的认识。就一国之内的情况而言,运动与体育运动具有工具性,它应当为社会和国家服务,这一点毫无疑问。当它与国家或民族的利益一致时,这种政治化便具有一定积极意义。回顾首届奥运会的举办过程,希腊首相曾极力阻挠在雅典举办奥运会,但王储和国王全力支持,最后,国王不得不解除首相的职务,并动员全希腊人民捐助奥运会,才使得奥运会顺利举办。而在1908年的第4届奥运会上,英国政府为提高国家形象,斥巨资修建了巨大的体育场馆,改善了奥运会的比赛条件,推动了奥运会发展。这一事实虽然也属于一种政治介入竞技体育,但目的和效果不仅与国家意志相一致,而且与奥运会发展方向相适应,因此,这种竞技体育的政治化并没有任何负面意义。而国与国之间因为政治原因所导致的竞技体育政治化不仅体现出一种政治对立,也体现出一种文明的冲突。孰是孰非? 应该辩证地认识。

1920 年,第 7 届奥运会在比利时的安特卫普举行。战后的安特卫普一片废墟,但安特卫普市民却以极大的热情投入到战后恢复建设和迎接奥运会的建设事业之中,大街小巷一派热闹的景象,人们用鲜花、国旗、标语横幅以及彩灯遮掩废墟,装扮这座城市。夜晚降临,城市公园里有各种活动,"人们唱呀、跳呀,不尽的欢乐在流淌"。但是,本届奥运会是否邀请德国和其他"昔日的敌人",成为困扰比利时奥林匹克委员会的一个难题。比利时唯一的一份体育日报《自行车运动》(当代《体育报》的前身)发表文章说:"从体育的角度看,这件事应该说让人觉得遗憾,但不应该怀疑,致使欧洲到处鲜血横流的灾难给战争之后的人与人之间的关系留下了裂痕。而这一点也使那些纯粹从职业上评价运动员的观点,首先是非常受尊重的运动员的观点黯然失色。"①国际奥委会深深理解比利时人民的感情,主动出面拒绝邀请德国和它的同盟国参加奥运会。那么,国际奥委会的这种行为是否背离了它的初衷? 是否背离了体育文明? 这个问题不应简单认识。

早在 1894 年,国际奥委会成立时就规定,国际奥委会是国际奥林匹克运动的最高权力机构,它的任务是:指导并保证现代奥运会的定期举行,使奥运会保持崇高的目标,引导竞技运动向正确方向发展。顾拜旦为新成立的国际奥委会创立了重要的组织原则——逆向代表制。他认为:"国际奥委会应该是一个非政府的国际性组织,不受任何意识形态、政治和经济力量的干扰,独立自主地实施奥林匹克运动的宗旨。"②虽然顾拜旦及国际奥委会所指的是在"组织机构构成方面不受意识形态、政治和经济力量的干扰",但其实,这

---

① 瓦·利·施泰因巴赫. 奥运会通史:上[M]. 纪联华,等,译. 济南:山东画报出版社,2007:100.

② 皮埃尔·德. 顾拜旦. 奥林匹克宣言[M]. 北京:人民出版社,2008:94 - 95.

不过是一种表面上的态度而已，即使在组织机构构成之外的事情上国际奥委会也永远无法做到这一点。比利时在举办奥运会前夕，虽然人们兴高采烈，期待这一盛会在自己国家举办。但在战争中遭受了家园被毁、生灵涂炭的灾难，心灵的创伤却挥之不去。虽然比利时人也明白战争是一群战争分子所为，而从民族利益和民族感情的层面来说，从民族的人心向背来看，战争和人民不可能截然分开。所以，让比利时人邀请"敌人"同场竞技从感情上来说无法接受。这种朴素的心理与奥林匹克精神和竞技体育文明完全是两回事，不可同日而语。因此，国际奥委会充分体谅比利时人的民族感情，拒绝邀请德国及其战争盟国参加本届奥运会，竞技体育的政治化由此出现。国际奥委会的这种行为毫无疑问地属于政治行为，即竞技体育政治化。但没有受到任何国家的指责，其原因在于奥运会是一项公平正义的人类活动，是一项体现人类文化和人类文明的人类活动，它不容受到干扰和破坏。拒绝战争的发动者参与奥运会不仅是对他们的鞭挞和惩戒，也是对爱好和平的国家和人民的一种褒扬和鼓励。

无独有偶，在本届奥运会除了没有邀请德国及其同盟国之外，苏俄也没有被邀请。如果说不邀请德国及其盟国是由于战争原因的话，那么，为什么又将苏俄排除在奥运会之外呢？其实，这是国际奥委会因意识形态原因将竞技体育政治化的一个败笔。1917 年 3 月，俄罗斯爆发了"二月革命"，人民推翻了沙皇政府，俄罗斯帝国解体，建立了资产阶级临时政府。之后，以列宁为首的社会民主工党左翼即布尔什维克又联合其他左翼政党在圣彼得堡举行起义，推翻了资产阶级临时政府，史称"十月革命"。布尔什维克党于 11 月 7 日从临时政府手中夺取政权，建立了世界上第一个社会主义国家，即俄罗斯苏维埃联邦社会主义共和国，简称苏俄。尽管苏俄在俄罗斯帝国时代曾是国际奥林匹克运动的发起者之一，但由于社会主义国家的建立，使国家的政治制度性质发生了改变，与西方资本主义国家的意识形态形成了政治对立。因此，苏维埃俄国被国际奥委会拒之门外。直到第二次世界大战后的 1948 年第 14 届英国伦敦奥运会，苏联才被邀请。又因为接到邀请后距离奥运会开幕的时间较短,无法准备,所以,苏联没有出席本届奥运会。1952 年第 15 届赫尔辛基奥运会,苏联才重新回到奥运会赛场。那么,对于这种竞技体育的政治化,国际奥委会又如何解释呢? 难道竞技体育真的不受政治影响? 其实,完全不可能。

一战后,最恶劣的竞技体育政治化是 1936 年的第 11 届德国柏林奥运会。1924 年,德国人特奥多尔·莱瓦尔德当选为国际奥委会委员,1927 年,他致电国际奥委会希望在德国举办第 11 届奥运会。1932 年,国际奥委会同意第 11 届奥运会在德国的柏林举办。1933 年,德国纳粹党夺取政权上台,并实行独裁统治,取缔了所有的非纳粹政党,又实行种族歧视,迫害犹太人。这激起了很多国家的反对,纷纷要求抵制柏林奥运会。鉴于此,国际奥委会对柏林进行考察。而希特勒政府用各种手段蒙蔽国际奥委会考察成员,最终国际奥委会维持了原来决定,继续在柏林举办第 11 届奥运会。

其实,希特勒不仅实行独裁和种族歧视,又积极扩军备战。举办奥运会的目的一是为了获得民意支持,二是展示和证明日耳曼人种的优越性。因此,纳粹德国不惜花费巨资修建大型体育场和配备各种先进的技术设备以保证奥运会的进行,同时,又组织人员对各国奥委会进行游说并向部分国家的代表团提供参赛经费,以扩大奥运会的参赛规模。希特勒所做的一切不过是"用来向全世界隐瞒其准备发动战争的企图"。虽然本届奥运会最终取得了成功,并成为此前历届奥运会规模最大、参赛人数最多的一次奥运会。但是,第 11 届柏林奥运会刚一结束,西班牙就爆发了反对共和政府的内战,德国以及意大利、葡萄牙随即向西班牙运送武器和装备,使战火不断向整个世界蔓延。1938 年 3 月,纳粹德国军队进入奥地利,后又占领了捷克的苏台德地区,世界大战一触即发。1939 年 9 月,纳粹德国以闪电战战术吞并了波兰,由此引发了第二次世界大战,致使第 12 届、第 13 届奥运会被迫中断。

由此可见,在现实社会中,尽管运动与体育运动本身不具有政治性,但它任何时候都不能摆脱政治因素的影响。德国举办的第 11 届奥运会,虽然取得了成功,但不过是希特勒的一种手段而已,即借成功举办奥运会欺骗和蒙蔽世界各国人民,以实现其战争目的。当时的美国《基督教时代》撰文说："纳粹分子利用举办奥运会的事实达到宣传的目的,以便使德国人民相信法西斯主义的力量,使外国人相信它的高尚品德。"①因此,竞技体育的政治化现象难以避免,就如同社会各个领域的正义与非正义事件时时都在发生。而竞技体育文明也正是在这种不断的正义与非正义的较量中方显弥足珍贵的。

---

① 瓦·利·施泰因巴赫.奥运会通史:上[M].纪联华,等,译.济南:山东画报出版社,2007:187.

第六章

竞技体育文明的历程（下）

第二次世界大战（以下简称"二战"）结束后，世界政治格局发生了很大变化，欧洲、美洲和亚洲诞生了十几个社会主义国家，与欧美资本主义国家在政治意识形态方面形成了对立，由此产生了资本主义国家和社会主义国家两大阵营，世界陷入了冷战状态。直到20世纪90年代初，以苏联的解体为标志，冷战结束，世界又进入了新的历史发展时期。因此，在梳理竞技体育的发展历程和认识竞技体育文明的表现形态过程中，也按照这一时间顺序划分，将二战后到20世纪90年代初确定为冷战时期发展阶段，20世纪90年代以后确定为新时期发展阶段。

二战后，世界各国为重整家园、改善人民的生活状态，开始恢复经济建设。战争的灾难使各国人民更加渴望和平，热爱生活。虽然不同性质的国家之间由于政治原因陷入冷战状态，但社会发展并没有因此而停滞。二战以后，世界经济发展出现了前所未有的繁荣局面。不仅推动了社会发展，也促进了竞技体育运动的发展，使竞技体育不断走向新的文明状态。

自1948年第14届英国伦敦奥运会开始，直到1992年的第25届西班牙巴塞罗那奥运会（冷战结束后的首届奥运会，现将其列入冷战时期叙述）为止，冷战时期共举办了12届奥运会。与初创阶段和一战后的共十届奥运会相比，这一时期竞技体育发展水平有了飞跃性进步，令人惊叹。究其原因，首先是社会经济的迅猛发展为竞技体育运动创造了条件，尤其是科学技术应用于竞技体育运动，产生了巨大的推动作用；其次是人们对运动与体育运动的认识水平有了极大的提高，观念的驱动力推动了竞技体育运动的发展。

一、冷战时期的竞技体育进步（1945—1991）

按照国际关系的发展过程进行分类，冷战时期大致可以分为三个阶段，即 20 世纪 50 年代初至 60 年代中期为第一阶段；20 世纪 60 年代中期至 70 年代末期为第二阶段；20 世纪 70 年代末期至 90 年代初期为第三阶段。在冷战时期，以苏联为首的社会主义阵营同以美国为首的资本主义阵营在政治上相互对立，经济上相互封锁，而在竞技体育运动方面相互竞争，以体现各自国家制度和意识形态的优越性。正是由于这种通过竞技体育显示政治制度和意识形态优越的缘故，使竞技体育在一定程度上逐渐出现了异化现象，产生了各种不正当的竞技手段。其中，兴奋剂的使用就是典型的事例。这不仅违背了奥林匹克运动的公平原则，也在一定程度上玷污了竞技体育文明。这种现象至今未消除，甚至有愈演愈恶劣之势。同时，竞技体育的商业化现象也成为一把双刃剑，既推动了竞技体育发展，也腐蚀着竞技体育精神。

1. 冷战阶段的竞技体育（奥运会）特点

由于二战的原因，奥运会被迫中断了两届。但是，人们对竞技体育运动的认识和了解并没有因战争而中断。到 20 世纪 40 年代，国际奥林匹克运动已经走过了半个世纪的历程，人们对竞技体育运动已经有了深刻的认识和理解。而且，在二战中，世界上有许多国家从殖民地走向独立，所以，奥运会无论是参赛国数量还是参赛运动员数量都呈现出不断上升的趋势。1948 年的第 14 届英国伦敦奥运会有 59 个国家和地区的 4 099 名运动员参加，其中女运动员 385 人。1992 年的第 25 届西班牙巴塞罗那奥运会有 169 个国家和地区的 9 367 名运动员参加，其中，女运动员 2 708 人，这创造了以往奥运会参加人数之最，显示出竞技体育运动的勃勃生机。

（1）第一阶段（1948—1964）：运动成绩跨越式进步

冷战时期的第一阶段共举办了 5 届奥运会，分别是 1948 年的第 14 届英国伦敦奥运会；1952 年的第 15 届芬兰赫尔辛基奥运会；1956

年的第 16 届澳大利亚墨尔本;1960 年的第 17 届意大利罗马奥运会以及 1964 年的第 18 届日本东京奥运会。这 5 届奥运会精彩纷呈、各有亮点。表现在运动成绩方面是竞技运动水平不断提高,奥运会纪录不断被刷新。

1948 年,第 14 届奥运会时隔 40 年后又在英国伦敦举行,这也是"二战"后的首届奥运会。饱尝和战争之苦的世界各国人民深感和平的来之不易,所以倍加珍惜和平与友谊。国际奥委会感同身受,同样企盼人类共同的奥运事业能够在和平中发展进步。因此,在筹备第 14 届伦敦奥运会时想到了苏联,希望这个社会主义体育强国能够加入到奥运大家庭中来。不过,由于苏联还没有成立国家奥林匹克委员会,所以国际奥委会没有发出正式邀请,而是抛出了友谊的橄榄枝。而苏联也做出了回应,派遣了一个考察团前往伦敦奥运会考察,为参加下一届奥运会做积极的准备。而德国和日本因为发起"二战",被剥夺了奥运会的参赛资格,成为奥运史上继 1920 年第 7 届比利时安特卫普奥运会拒绝德国、奥地利、匈牙利和保加利亚参赛后的又一次对战争发起国的惩罚。

本届奥运会总体来说成绩平平,但也有亮点闪耀。其中,有"荷兰女飞人"之称的凡尼·布兰克尔斯·科恩成为人们关注的焦点。她在 100 米、200 米、80 米栏和 4×100 米接力比赛中独揽 4 枚金牌,令人赞叹。科恩在 100 米比赛中跑出了 11 秒 9 的好成绩;在 200 米半决赛中又刷新了奥运会纪录。"一位伦敦裁判目睹了科恩在 100 米决赛中的英姿后感慨地说:'上帝! 她简直是在飞,而不是跑。'"因此,当科恩回到阿姆斯特丹时受到热烈欢迎,她被视为民族英雄。后来,为了表示对她的尊重人们为她修建了雕像。这位"荷兰女飞人"在 1998 年 79 岁高龄时获得了"杰西·欧文斯奖",被誉为"体育皇后"。此外,美国小将罗伯特·马赛厄斯也是本届奥运会上的一颗耀眼的明星,他在男子十项全能比赛中以 7 139 分获得冠军,而当时他只有 17 岁。另一位美国选手哈里松·迪拉德在男子 100 米比赛中以 10 秒 3 的成绩平了奥运会纪录,而这一纪录正是由美国著名选手杰西·欧文斯在 1936 年的第 11 届德国柏林奥运会上创造的。

1952 年的第 15 届芬兰赫尔辛基奥运会"是大面积丰收的一次

奥运会,以破世界纪录为例,举重有 5 项,射击有 2 项,游泳有 1 项。而田径更是突出:男子全部 24 个项目中有 21 项打破或平奥运会纪录。其中,三级跳远、链球、十项全能和 4×100 米接力均创世界新纪录。女子 9 项中有 8 项奥运会纪录被刷新,其中,200 米跑、80 米栏、铅球和 4×100 米接力创世界纪录。有的项目是一破再破,如女子铅球,破奥运会纪录的次数为 21 人次,男子 3 000 米障碍为 16 人次,链球为 13 人次……这在奥运史上是极为罕见的"①。澳大利亚女运动员玛·杰克逊在 100 米和 200 米比赛中获得冠军,并以 23 秒 6 和 23 秒 4 先后平、破 200 米世界纪录。她的队友舍尔利·斯特里克兰·德拉亨蒂也在 80 米栏比赛中以 10 秒 9 的成绩创造世界纪录并获得冠军。特别值得一提的是,苏联和中华人民共和国首次参加奥运会。我国因为到达赫尔辛基时整个比赛将近结束,所以只参加了 1 项游泳比赛,没有取得成绩。而苏联在本届奥运会上显示出雄厚实力,最后获得金牌总数第二名的成绩。

1964 年的第 18 届日本东京奥运会,创造了冷战时期第一阶段奥运会的辉煌。在本届奥运会上,美国运动员罗伯特·海斯在男子 100 米预赛中跑出了 9 秒 9 的超世界纪录,但因超风速,这一成绩未被承认。而在决赛中,海斯以 10 秒的成绩平世界纪录。此外,在冷战时期的第一阶段,自 1952 年苏联参加奥运会比赛以来,便形成了苏美两国争霸的局面。1956 年和 1960 年苏联两次夺得奥运金牌总数第一,而本届奥运会美国获得金牌 36 枚,苏联获得 30 枚,美国再次领先。总之,这一时期的竞技运动成绩相比二战前水平最高的第 11 届德国柏林奥运会有了跨越式进步。

那么,这一期间奥运会竞技运动成绩迅速提高的原因是什么?概括而言,主要有两个方面,一是大众体育运动兴起,运动与体育运动在社会生活中逐渐普及,其结果是奥运会竞技成绩不断提高。二是竞技体育赛事不断增多,不仅有学校运动会的竞技体育比赛,而且各国国内和国际竞技体育赛事越来越多,这促进了竞技体育训练水平的提高,使奥运会比赛成绩节节攀升。

---

① 皮埃尔·德.顾拜旦.奥林匹克宣言[M].北京:人民出版社,2008:237.

二战中,由于战乱的原因,世界各国人民遭受战争和饥饿困扰,身体素质水平大大降低。在战后经济恢复、重建家园的过程中,各国政府积极倡导发展大众体育运动。在改善生活条件,增加社会福利的同时,修建各种运动设施,为社会民众提供锻炼身体的良好条件。因此,不仅增强了国民体质,也改变了国民生活方式,既推动了运动与体育运动的发展,又为提高运动竞技成绩创造了条件。

在竞技体育训练方面,也逐渐从简单的经验训练基础上逐渐进入科学训练阶段,包括运动器械和运动技术改进以及训练方法的科学化等。例如,20世纪50年代初,美国标枪运动员赫尔德(Franklin held)研究出两端细、中间粗的木制标枪,改变了以往木制标枪前后一样粗的状态,延长了标枪在空中飞行的时间,所以,这种标枪被称为“滑翔标枪”。20世纪60年代,铝合金标枪问世,它比木制标枪硬度大,减少了飞行中的颤动,大大提高了标枪比赛的成绩。在运动训练方面,科学方法指导训练逐渐得到运用。据1956年第16届澳大利亚墨尔本奥运会5 000米和10 000米冠军——苏联运动员弗拉基米尔·库茨回忆说:一开始对训练负荷、详细而具体的训练计划、技巧和战术一窍不通。只要跑得动,他就一直不停地跑。直到有一天,他偶然看到一篇文章介绍长跑中创造国家纪录的H·波波夫是如何进行训练的,才明白“对于我来说是真正的发现,原来还有一种确定跑步方法的训练理论。这篇文章被我读透了。在5 000米和10 000米中我达到(运动员)三级、二级、一级,并在所有的部队比赛中总是夺得第一名——这是两年里研究这篇文章的结果”①。由此可见,自20世纪50年代起,竞技体育训练逐渐开始由经验训练法向科学训练法转向,这使得运动成绩快速提高。

在冷战时期的第一阶段,竞技体育发展另有两个值得关注的现象,一是兴奋剂运用被首次发现,使竞技体育发展面临严峻的考验;二是卫星转播技术首次运用到奥运会中,为竞技体育传播提供了强大工具。

---

① 瓦·利·施泰因巴赫.奥运会通史:上[M].纪联华,等,译.济南:山东画报出版社,2007:264.

1960 年的第 17 届意大利罗马奥运会上,出现了因服用兴奋剂致死的事件,"自行车比赛中丹麦运动员詹森暴死途中,后经尸体解剖证明是服用兴奋药物所致,这是奥运史上第一例服用兴奋剂致死的案例。詹森之死引起了大会的震惊和重视,同时促使国际奥委会开始重视反兴奋剂的问题"①。也许这并不是现实中的第一例服用兴奋剂事件,只是因为运动员死亡,才使这种事件浮出水面。究其原因,无不是名利思想作祟。

1964 年的第 18 届日本东京奥运会,创造了冷战时期第一阶段的奥运会辉煌。早在 1936 年的德国柏林奥运会期间,国际奥委会决定第 12 届奥运会在东京举办,后因二战爆发未能如愿。1960 年,国际奥委会又决定第 18 届奥运会在日本举行。为此,日本政府筹资 30 亿美元扩建城市、改善交通,并修建了可容纳 7.5 万人的东京国立体育场和 14 幢 4 层结构的奥运村。在开幕式上,"美国发射的'辛科姆'卫星,向世界各地转播(开幕式实况),这在奥运会史上还是第一次。由于 1964 年是现代奥林匹克运动复兴 70 周年,开幕式上还播放了创始人顾拜旦在 1936 年奥运会上的法语讲话录音:'奥运会重要的不是胜利,而是参加。生活的本质不是征服(索取),而是奋斗。'"②顾拜旦真切的话语将开幕式的气氛推向高潮。卫星转播技术的应用不仅开辟了奥运会传播的新途径,又使竞技体育的影响力进一步提升。

(2)第二阶段(1968—1980):奥运发展的现代化体现

1968 年至 1980 年又进行了 4 届奥运会比赛,分别是 1968 年的第 19 届墨西哥奥运会;1972 年的第 20 届德国慕尼黑奥运会;1976 年的第 21 届加拿大蒙特尔奥运会和 1980 年的第 22 届苏联莫斯科奥运会。这一阶段的奥运会不仅有更多的科技产品应用于比赛中,提高了奥运会比赛水平,同时,继 1956 年出现的因政治原因抵制奥运会的现象又相继发生,其中,最为严重的一次是 1980 年抵制莫斯科奥运会。这种竞技体育政治化现象并未因为社会发展的现代

① 皮埃尔·德.顾拜旦.奥林匹克宣言[M].北京:人民出版社,2008:244.

② 皮埃尔·德.顾拜旦.奥林匹克宣言[M].北京:人民出版社,2008:246.

化而消失,也不因社会文明的进步而告终。不过,无论如何竞技体育的政治化相对于人类的奥运事业发展来说,永远是一个插曲,不可能改变竞技体育不可阻挡的历史发展进程。

1968年的第19届墨西哥奥运会,墨西哥政府耗资5 360万美元修建运动场馆及其相关设施,并在主会场铺设了塑胶跑道,这使奥运会比赛跑道第一次由煤渣变成了具有科技含量的新材料,对提高运动成绩起到了重要作用。在田径比赛中,美国运动员吉姆·海因斯在男子100米比赛中首次突破10秒大关,成绩为9秒9,而电子计时为9秒95,这一纪录一直保持到1983年。美国运动员托姆·史密斯在200米比赛中,以19秒8的成绩首次突破20秒大关,这一纪录保持了11年之久。美国运动员鲍勃·比蒙在跳远比赛中,以8.90米的成绩震惊世界。而我国台湾选手也在女子80米栏比赛中,以与第二名相同的10秒4的成绩获得铜牌,这也是亚洲女运动员在本届奥运会上获得的唯一奖牌。在本届奥运会上,国际奥委会第一次正式进行了性别和兴奋剂检查。保加利亚一名古典式摔跤运动员因被查出服用兴奋剂一类的药物而被除名,另一名瑞典现代五项运动员因被发现血液中酒精含量超标,所以该项目团体第三的成绩被取消。

1972年第20届德国慕尼黑奥运会,联邦德国政府筹资6亿美元兴建了一个体育场馆建筑群,包括一个可容纳8万观众的体育场、可供1.5万名运动员住宿的奥运村和拥有1万个座位的体育馆。同时,为进行新闻报道"设置了新闻中心、电视大楼、广播大楼。新闻中心有三台电子计算机,能提供5亿条资料,回答记者提出的各种问题。还有63种不同键盘的打字机,供数千名记者使用。另有12台闭路电视机供记者观看各个现场比赛的实况。在太平洋和大西洋上空还设置了4个卫星转播站,几十个国家可收到大会的实况转播"[1]。这在20世纪70年代之前的大型国际比赛中极为罕见。

1976年第21届加拿大蒙特利尔奥运会上,又出现了新的奥运转播技术和运动设施,使奥运会的技术含量又上了一个新台阶。一

---

① 皮埃尔·德.顾拜旦.奥林匹克宣言[M].北京:人民出版社,2008:252.

是在体育场馆的主会场建造了两个巨大的电视屏幕,长20米,宽10米,可以慢速显示比赛实况。这种技术现在来说并不新奇,而在20世纪70年代则是一种新发明的电视转播技术,能够使现场观众在观看场上比赛的同时,又可以通过巨型屏幕欣赏比赛细节。二是在游泳池建造了消浪装置,这种装置"有种特别的结构和泳道不规则的尺寸,运动员在水中前进时造成的湍流被消除了。按蒙特利尔游泳池的总长度,在离水面2.5米处的两侧壁中建有一条不大的流水槽,用以减缓浪速。此外,与通常采用的尺寸相比,蒙特利尔游泳池要宽出4米。这样,运动员要是轮到靠边的泳道,至少是在离侧壁两米远处游泳,这就大大地增加了所有竞赛者的公平竞争的机会"①。三是蒙特利尔的火炬传递别具一格,即"采用新的方法传递圣火,具有那个时代的浪漫色彩,具有科学技术革命的豪情。当圣火在塔中熊熊燃烧起来的那一刻,一种专门仪器开动起来,它把圣火的电离子转化为电子脉冲,电子脉冲借助于宇航卫星1秒内转发到目的地,换句话说,电子脉冲飞越大洋传到加拿大首都渥太华,在那里另一激光装置收到脉冲后将其转为射线,即可立即点燃安装在联邦议会的火焰塔中的火炬"②。随后,由火炬手跨越500公里从渥太华传递到蒙特利尔主体育场。不过,加拿大运用电子技术传递火炬的方式并没有得到广泛认同,许多国家认为这种方式不利于更多人参与,影响奥运精神的传播,此后,这种火炬传递方式没有被采用。总之,在冷战时期的第二阶段中,科学技术的应用使竞技体育运动日渐朝着现代化的方向发展,20世纪70年代又被称为竞技体育发展的科学时代。不仅使运动成绩越来越好,又使奥运会的物质文明程度显著提升,并促进了体育文明的发展与进步。

其实,自一战后,随着社会生产技术的发展,每一届奥运会在技术运用方面都或多或少有所变化。但不同的是20世纪60年代之

---

① 瓦·利·施泰因巴赫.奥运会通史:下[M].张永全,等,译.济南:山东画报出版社,2007:55.

② 瓦·利·施泰因巴赫.奥运会通史:下[M].张永全,等,译.济南:山东画报出版社,2007:56.

前,技术运用不具有专门化的特点,不过是将民用技术或军用技术的兼顾运用而已。例如,1936 年第 11 届德国柏林奥运会的电视技术运用和 1964 年第 18 届日本东京奥运会的卫星转播技术等,实际上只是利用民用技术和军用技术为奥运会服务。

20 世纪 60 年代末,以塑胶跑道为标志的技术运用,逐渐体现出竞技体育技术运用的专门化特点,尤其是进入 20 世纪 70 年代后,各种现代化电子技术在奥运会中的运用越来越广泛,不仅提高了竞技体育的比赛环境,又推动了竞技运动成绩的进步,还为广大受众欣赏竞技体育比赛创造了良好条件,其社会影响和意义不言而喻。

从文化的层面认识竞技体育现代化现象可以发现,技术的发展是竞技体育进步的基础,既体现了一种社会物质文明的发展进步,又为竞技体育文明的提升增加了动力。而竞技体育成绩的不断提高,得益于物质文明发展的推动,同时又为社会文明发展提供了助力。彼此相依、不可分离。但是,任何事物的发展都具有两面性,在竞技体育发展的现代化进程中,各种负面现象也层出不穷。其中,最为恶劣的兴奋剂运用现象在 20 世纪 70 年代开始大面积泛滥,让竞技体育文明面临严峻的挑战。

总之,在冷战时期第二阶段的奥运会发展过程中,技术现代化是竞技体育发展的主要特点和主流方向。但是,在此阶段又不能不提到另一个话题,即竞技体育的政治化。1980 年的第 22 届苏联莫斯科奥运会令人失望,这是奥运史上第一次在社会主义国家举办奥运会。但是,因为苏联在 1979 年出兵入侵阿富汗,遭到了世界各国的反对。所以,60 多个国家和地区的奥委会参与抵制了莫斯科奥运会。这也是继 1956 年部分国家抵制第 16 届澳大利亚墨尔本奥运会和 1976 年抵制第 21 届加拿大蒙特利尔奥运会之后规模最大的一次。

1956 年 10 月,因苏联出兵占领匈牙利,所以,西班牙、荷兰抗议苏联,拒绝参加奥运会。此外,中华人民共和国也抵制了本届奥运会,原因是国际奥委会在承认中华全国体育总会作为中国奥委会的合法地位后,又保留了台湾的“中华民国奥委会”的“合法地位”,故意制造两个“中国”,因此,中华人民共和国拒绝参加本届奥运会,中国台湾则派选手参加了墨尔本奥运会。

1976年6月，南非政府邀请新西兰橄榄球队访问，引起非洲等国不满。非洲最高体育理事会提出警告，如果新西兰球队访问南非，非洲将反对新西兰参加即将举行的奥运会。但新西兰对此置若罔闻。后来，新西兰又派代表团来蒙特利尔参加奥运会，所以，非洲很多国家因此拒绝参加蒙特利尔奥运会。

（3）第三阶段（1984—1992）：竞技体育走向繁荣

20世纪80年代开始，除1984年的第23届美国洛杉矶奥运会又"自然"地受到苏联等少数国家的抵制之外，自1988年的第24届韩国汉城奥运会起，竞技体育又逐渐进入祥和的平稳发展阶段，呈现出一种社会繁荣的景象。也就是说，竞技体育的繁荣发展不只是表现在奥运赛场，而是越来越受到全社会的关注，成为社会民众生活内容的一部分。在奥运会赛场，1992年的第25届西班牙巴塞罗那奥运会实现了国际奥委会所有成员共聚一堂的欢乐场面，显示出竞技体育发展的空前繁荣。在社会中间，竞技体育的繁荣与发展提高了人们对运动与体育运动的认识，参与运动和体育运动逐渐成为很多人的习惯，由此构成了一种现代社会文明生活方式的美丽风景，体现出一种社会文明的进步与发展。

具体来说，在奥运赛场，1984年的第23届美国洛杉矶奥运会由于苏联等国的抵制，一些比赛项目的竞技性稍显逊色，如游泳、体操、田径、举重等。但本届奥运会仍有亮点，美国运动员卡尔·刘易斯表现出色，一举夺得了男子100米、200米、4×100米接力和跳远4个项目的冠军，成功复制了1932年柏林奥运会美国选手欧文斯的辉煌。中国奥委会在恢复了在国际奥委会中的合法席位之后，首次派代表团参加奥运会，并取得了较好成绩。中国射击选手许海峰获得了本届奥运会的第一枚金牌，这也是自1932年中国参加奥运以来获得的第一枚金牌。本届奥运会中国获得了金牌总数第四名的好成绩。值得一提的是，本届奥运会筹委会主席美国人彼得·尤伯罗斯采用民间集资的方式筹办奥运会，既不要政府补贴，又不要纳税人赞助，而是通过出售广播电视转播权、门票以及企业广告赞助等方式自筹资金，使原来预算5亿美元的奥运会不仅没有亏损，还盈余了 2.5 亿美元。由此结束了以往奥运会的亏损局面,获得了经济和运动成绩的双丰收。

1988 年的第 24 届韩国汉城奥运会,抵制风波烟消云散,世界各竞技体育强国齐聚、一比高下,创造了非凡的成绩。美国运动员弗洛伦斯·格里菲斯·乔伊纳获得了女子 100 米、200 米、4×100 米接力和 4×400 米接力 4 枚金牌,并在 200 米比赛中,打破了世界纪录。民主德国的克里斯汀·奥托在女子游泳比赛中,获得 50 米和 100 米自由泳、100 米仰泳和蝶泳、4×100 米混合泳以及 4×100 米自由泳等 6 枚金牌,成为奥运史上一届获得金牌最多的女选手。而加拿大选手本·约翰逊在男子 100 米比赛中,跑出了 9 秒 79 的好成绩,令人震惊。后因约翰逊服用兴奋剂被检出,成绩被取消。这次奥运会"共打破 64 项奥运会纪录,其中有 22 项世界纪录:田径破奥运会纪录 30 项,其中,世界纪录 5 项。游泳破奥运会纪录 23 项,其中世界纪录 11 项。举重总成绩破奥运会纪录 3 项,其中世界纪录 3 项。射击和射箭破奥运会纪录与世界纪录各 2 项和 1 项"[1]。最后,苏联以 55 枚金牌、31 枚银牌和 46 枚铜牌获得第一名。民主德国获得 37 枚金牌、35 枚银牌和 30 枚铜牌,居第二名。美国获得 36 枚金牌、31 枚银牌和 27 枚铜牌获得第三名。而韩国获得 12 枚金牌、10 枚银牌和 11 枚铜牌获得第四名。

1992 年的第 25 届西班牙巴塞罗那奥运会气氛热烈、盛况空前。世界政治格局的变化为本届奥运会创造了祥和的条件,南非废除了种族隔离制度,又被国际奥委会批准重新回到奥运赛场。柏林墙被推倒,东、西德统一,握手言和。苏联解体后也以"独联体"身份出现在奥运会。因此,所有的 169 个国际奥委会成员国和地区组织全部参加了本届奥运会。参赛运动员有 9 367 人,其中,女运动员 2 708 人,创造了以往奥运会参加人数之最。巴塞罗那奥运会是冷战结束后的一次竞技体育运动盛会,至此,暂时告别了自二战以来因政治原因以抵制奥运会表达政治意志的国际关系处理方式。并为新时

---

① 皮埃尔·德. 顾拜旦. 奥林匹克宣言[M]. 北京:人民出版社,2008:262.

代的竞技体育运动发展铺垫了基础。

在社会中，竞技体育的迅猛发展以及社会生活水平的不断提高，激起了人们对运动与体育运动的热情，人们不仅对精彩的竞技体育比赛饶有兴趣，且身体力行参与其中。在我国，回顾20世纪80年代人们的体育热情，很多人记忆犹新。观看一场精彩的电视转播体育比赛，万人空巷。中国女排首次夺得世界杯比赛冠军，京城各大高校学生在校园里点燃篝火，彻夜狂欢。一部分学生涌上街头，游行到天安门广场，欢呼、呐喊，振奋人心。各大媒体更是推波助澜，制造舆论引导民众将满腔热情化为实际行动，为"振兴中华"和改革开放而奋斗。在那个年代，竞技体育比赛的胜利为什么能够产生如此强烈的社会效应？仅仅是因为竞技体育比赛的精彩过程？或是中国队取得了胜利？其实，更重要的原因在于，改革开放伊始，人们对社会发展和国家未来充满了希望，竞技体育比赛的胜利为人们提供了一个表达和宣泄热情的渠道，奔放的情绪由此释放。这既体现了竞技体育自身的魅力，又反映了一种积极的社会心态。而这种心态不仅是由社会经济发展和繁荣所致，也是社会文化生活包括竞技体育的发展和繁荣的结果。竞技体育不只是一种单纯的运动与体育运动，作为一种社会事物或社会活动又能够影响和促进社会的发展和繁荣。

而在美国，竞技体育已成为人们生活中不可或缺的一项内容。据美国国家橄榄球联盟对2000—2001赛季统计资料显示，"每个周末有1亿名左右的观众收看国家橄榄球联盟比赛。橄榄球联盟的锦标赛不仅是电视体育节目中的头牌，还是所有电视节目中的头牌。而电视历史上最重要的25件大事中，超级杯排名第18位。这项运动吸引的观众最多，并以压倒性优势超出奥斯卡颁奖仪式（排名第38位）和棒球比赛（排名第56位）。橄榄球也不是一种只属于异想天开的男人的运动，在每周平均多达1亿人的橄榄球观众中，有3 000万名是妇女。有22.1%的妇女首选橄榄球为其最喜欢的运动，与之相比，只有13.6%的妇女首选棒球、12.6%的妇女首选篮球和6.5%的妇女首选花样滑冰"①。可见,在经济发达的美国,不仅男人对竞技体育比赛兴致勃勃,家庭主妇也对此情有独钟。这说明竞技体育在社会生活中的影响作用日益增大,既为人们的生活增添乐趣,又成为一种生活方式,同时,竞技体育精神也潜移默化地影响着每一个人,对体育文明传播和社会文明发展起到了重要作用。

2. 二战后的竞技体育繁荣发展的动力

竞技体育运动发展水平受到各种因素的影响和制约,其中包括社会物质发展水平、社会制度文明程度、人们的思想观念和体育组织规范以及个人的身体能力因素等。换句话说,所谓的物质发展水平就是物质文明程度,没有物质文明保障,发展体育运动就是一句空话。当然这里并不排除个别现象,如某些国家和地区尽管物质文明程度较低,但由于地域环境和个人能力等因素决定也可以在某些项目中取得优异成绩,如非洲一些国家中长跑选手人才辈出与物质文明水平不成正比等。同样,社会制度、民族精神等因素也是竞技体育运动发展的重要因素和动力。

考察美国的体育运动发展尤其是竞技体育运动发展过程可以看出,自1896年的希腊雅典奥运会开始到二战前,国际奥委会共举办了10届奥运会,其中,美国获得了7次金牌总数第一,3次金牌总数第二。其原因何在?不外乎两点,一是社会物质发展水平较高;二是美国人的精神(即拓荒者精神)以及体育管理制度较好。这从一个侧面反映出竞技体育水平与社会文明程度相关联。体育运动发展需要以物质文明为基础、精神文明条件和制度文明为保障,从而塑造出新的文明形态——体育文明。

美国独立后,19世纪70年代才开始进行工业革命。在学习和引进欧洲最新科技成果的同时,大力发展农业,开展应用研究。到19世纪末美国已成为农业大国,农业的发展为工业的发展提供了原料,促进了工业的发展。其间,又开始了以电力革命和内燃机革命为标志的科学技术革命。将科学研究与生产密切结合,重视实验和

---

① 威廉·迪安.美国的精神文化——爵士乐、橄榄球和电影的发明[M].袁新,译.北京:商务印书馆,2013:236 - 237.

应用技术。19世纪末20世纪初，为适应社会化大生产的需要，美国在全国各地建立了各种研究所和工业实验室。在学习和引进的基础上，在一些尖端领域大胆地应用和创新。如新兴的电学理论和电机制造技术起源于英国和德国，但电机的完善和电力的大规模应用却是由美国发明家完成的。因此，到了20世纪初，美国在科技发展方面的很多成果超过了英国和法国。甚至在一些尖端领域有所突破，使美国的应用科学和工艺技术达到世界先进水平。社会生产力发展使民众的生活方式不断发生变化。

1910—1920年的十多年间，美国出现了大量中产阶级家庭，为竞技体育的发展提供了良好基础。虽然20世纪20年代末美国出现了经济危机，但罗斯福总统上台后，实施新政措施，即"三R"政策——复兴（Recovery）、救济（Relief）和改革（Reform），加强国家对经济的干预，包括金融改革、工业调整—农业政策调整、实行"以工代赈"，兴建公共设施、建立社会保障体系和救济金制度等，克服了经济危机。从1935年开始，美国几乎所有的经济指标都稳步回升，国民对国家制度的信心恢复，避免了社会动荡，为后来美国参加二战创造了有利的环境和条件，并在很大程度上决定了二战以后美国社会经济的发展方向。

由此可见，发展经济不仅推动了社会的发展进步，也为竞技体育发展提供了基础和条件。但是，需要说明的是，从二战以前的奥运会发展可以看出，社会物质条件随着科学技术进步不断改善，但技术应用只偏重于生产和生活领域，用于发展竞技体育运动的技术还比较鲜见。除了第4届英国伦敦奥运会将建筑技术用于体育场馆建设和第5届瑞典奥运会试验性地安装了电动计时器和终点摄影设备外，其他技术应用还比较少。而1936年的第11届德国柏林奥运会首次将刚刚诞生不久的电视技术用于转播奥运会比赛，这具有十分重要的意义，不仅使竞技体育传播影响扩大，又为竞技体育发展提供了可借鉴模式。

二战后，世界各国在重整家园、恢复经济建设的过程中，对发展运动与体育运动包括大众体育、学校体育和竞技体育予以高度重视，使运动与体育运动的发展水平又跃上了一个新台阶，这一点在战后的奥运会比赛中得以体现。那么,运动与体育运动尤其是竞技体育运动为什么在战后出现了飞跃性发展? 这既有社会经济因素,又有社会政治因素,而科学技术应用于竞技体育发展中也是一个重要的动力因素。

在经济方面,美国战后凭借其经济、政治和军事上的绝对优势地位,掌握了世界经济的领导权。美国的垄断企业因此可以自由地向海外扩张,充分地利用全球资源和世界市场,通过直接投资,以投资代替出口,扩大并保持在世界市场上的绝对份额,不仅从中赢得了高额利润,又对盟国的经济发展起了很大的推动作用。日本在美国的扶持下,致力于新产业的培育与开发、指导、调节,先后颁布了一系列经济法规。如通过了《关于合成树脂工业的育成》《电子工业振兴临时措置法》《合成橡胶制造事业特别措置法》等一系列法规,通过这些规划的实施,调整了产业结构,确立了外向型经济发展方向。日本政府认为科技是国力的核心要素,提出"技术立国"的战略思想。日本政府还重视技术对国家发展的多方面作用,采取了从模仿到创新的经济技术发展模式,使日本经济从战后恢复状态迅速发展为崛起状态。

德国在战后因美苏冷战格局的形成而分裂为两个国家,即德意志民主共和国和德意志联邦共和国,简称东德和西德。联邦德国依托其雄厚的科技基础,鼓励科研部门与经济部门的合作,促进技术创新,加强国家对经济的干预,发展国家垄断资本主义。联邦德国政府通过建立国有经济,制订法令政策调节国民经济等方面对经济进行有效的宏观管理,并强调经济按市场规律运转,有力地推动了经济的发展。因此,联邦德国经济高速发展,并在 20 世纪 60 年代初,经济发展再次超过英、法。英国在战后大力进行社会政治改革,不仅注重经济建设,同时加强了社会福利制度的改革和完善。国家通过立法和制度创新,建立起比较完善的社会福利制度,给公民提供完善的社会福利成为政府的重要职责,社会福利已经从单纯的救济发展为公民的一项重要的政治权利。社会福利种类繁多,覆盖面广,低收入阶层受惠多。西方国家通过一系列经济政策和政治改革措施使国家经济迅速恢复和发展,在此基础上,各种社会事务包括文化、教育以及体育事业也得到了迅速发展。

　　在政治方面,二战结束后,为了封锁苏联和防御共产主义势力,以美国为首包括加拿大、比利时、法国、荷兰、英国、丹麦、挪威、冰岛、葡萄牙和意大利等国于 1949 年在华盛顿签署了北大西洋公约,成立了北大西洋公约组织,简称"北约"。1955 年,为对抗"北约",以苏联为首的包括匈牙利、捷克斯洛伐克、波兰、保加利亚、罗马尼亚、阿尔巴尼亚以及民主德国等国在波兰华沙签署了华沙条约,简称"华约"。由此,世界进入了冷战时期。实际上,"北约"与"华约"的建立就是资本主义和社会主义两大阵营形成,从战略目标上说,"北约"组织主要是防范"华约"组织的大规模军事入侵。从意识形态上说,"华约"组织主要是对抗"北约"国家的政治制度。冷战持续了 35 年,直到 1990 年,民主德国脱离"华约"组织,正式以德国之名义加入北大西洋公约组织。随后,"华约"组织解散,东欧发生剧变,苏联解体。1990 年 7 月,"北约"第 11 届首脑会议在伦敦宣布冷战结束。"北约"组织的战略目标从过去的防御军事威胁扩大到反对全球恐怖主义、维护能源安全、防范网络攻击以及大规模杀伤性武器扩散等方面。冷战结束,意味着国际关系在一定程度上有所缓和,世界局势趋于和平。这不仅有利于各国的经济发展,同样有利于竞技体育运动的发展。所以,1992 年的第 25 届西班牙巴塞罗那奥运会,全部 169 个国际奥委会成员国和地区组织欢聚一堂,其乐融融。

　　在技术发展方面,由于经济建设和政治军事的需要,促进了二战以后的科学技术发展与应用。1955 年,苏联修建了拜科努尔发射场,1957 年 10 月发射了第一颗人造卫星。1962 年,又一次性发射了两艘载人宇宙飞船,并成功实施了对月球的探测。美国于 1963 年又发射了一颗功能强大的 KH－7 侦察卫星,对苏联的太空计划保持严密监视。冷战时期苏美两国的军事对抗导致了军备竞赛,由此推动了军事技术发展。而在生产和民用领域,技术发展与应用不仅提高了社会民众的生活水平,改变了人们的生活方式,也对运动与体育运动发展起了重要作用。众所周知,19 世纪末摄影机的发明本是为了拍摄电影,为人们提供文化娱乐内容。而随着竞技体育发展,这种技术在 20 世纪 50 年代又成为一些技术性较强的运动项目如标枪、跨栏等的一种辅助训练手段,即通过拍摄运动员的技术动作过程,对其进行生物力学分析,提高运动成绩。

除此以外,很多运动项目的发展更与技术发展有着密不可分的关系。以撑竿跳高使用的撑竿来说,早期的撑竿不过是因地制宜,使用木杆或竹竿。但木杆较重,而同样粗细的竹竿又受到长度的限制,所以,制约了运动成绩的提高。"二战后诞生了两项材料技术的革新。在 20 世纪 50 年代,人们用铝制造撑杆,但在随后的 60 年代,铝制撑杆很快被玻璃纤维复合材料撑杆所代替。玻璃纤维撑竿的诞生导致了前面提到的世界纪录的上升"①。20 世纪 60 年代发明的塑胶跑道,提升了以往煤渣跑道的质量,不仅成为一种全天候的跑道,而且塑胶跑道的弹性对运动员成绩的提高极其有利。1968 年 10 月,在墨西哥城举行的第 19 届奥运会上,首次使用了塑胶跑道。美国的吉姆·海因斯在决赛中首次突破 10 秒大关,以 9 秒 9 获胜。这项成绩电计时为 9 秒 95,直到 1983 年才被美国另一名运动员卡尔文·史密斯以 9 秒 93 刷新。

二战以后,科学技术的进步为竞技体育的发展提供了良好的技术基础。科学技术对竞技体育的贡献表现在两个方面,一是改进了运动场地、器械、计时装置等,提高了各种运动设施的技术含量,为提高运动成绩和促进竞技体育发展提供了条件。二是传播媒介的制造和应用,如摄像机、录像机、广播电视传输技术、接收设备、卫星通信技术等,为竞技体育传播提供了工具,使体育传播的范围不断扩大、效果不断加强。

3. 竞技体育商业化现象:腐蚀或文明?

竞技体育与商业之间的关系千丝万缕,只是在不同的历史时期表现方式和表现程度及其意义有所不同。早在 1900 年的第 2 届法国巴黎奥运会前,由于资金短缺,顾拜旦计划将奥运会纳入博览会的范畴,利用举办博览会的资金弥补奥运会的资金不足。但是,这

---

① 迈克·詹金斯. 运动器械用材料[M]. 郭卫红,等,译. 北京:化学工业出版社,2005:2.

一计划遭到博览会组织者的反对。当时法国上层社会认为,奥运会只是博览会娱乐活动计划中的一部分。所以,才出现了奥运会比赛秩序混乱的局面。而在1904年的美国圣路易斯奥运会上,这一幕又重新上演,甚至比第2届法国奥运会有过之而无不及。原因在于当时人们对奥运会意义的认识程度有限,所以,更钟情于具有经济价值的世界博览会。这种情形令顾拜旦十分失望。

1908年,顾拜旦在《我为什么要复兴奥林匹克运动会》一文中说:"我已经清楚地看到今天的体育正处在危险境地,充斥着广告和欺骗。在我们的社会,一切努力都被视为是为了获得物质利益,竞技体育也被举办公共展览的组织者们看作是一种商业性的获利手段。而我认为,复兴奥运会的必要性,在于要用它来宣传人们对真正的体育锻炼的尊崇,即在真正的、纯洁的体育精神指导下进行的体育锻炼,它是骄傲的,令人愉快的,也是忠实的。要实现这一理想,有许多工作要做,而这需要时间。"①顾拜旦的这种观点主要是针对将奥运会作为世界博览会的一种陪衬感到不满,认为将竞技体育运动作为一种纯粹的娱乐项目就失去了复兴奥林匹克运动的初衷。但是,这种将奥运会作为世博会的陪衬的现象虽有一定的商业目的,其实也并不为过。只是法国和美国的主办者没有处理好二者的关系,才使奥运会受到影响而没有实现预期目的。这种现象从本质上说还算不上一种商业化,只能说是一种商业关联。

竞技体育的商业化是指将竞技体育作为一种谋利手段的社会现象。早在奥运会诞生之前,一些单项体育组织如网球、游泳、体操等协会就已经成立。这些单项组织定期或不定期地举办各种国际性的锦标赛,并且有各种物质包括金钱等奖励,不同于奥运会只是获得奖牌和荣誉。顾拜旦对此不以为然,认为这将导致运动员的逐利思想,从而失去对竞技体育的精神追求。他在1920年国际奥委会第18次会议上做了题为《至高无上的运动》的报告,指出:"最近发生的一些事件带来的商业精神威胁了运动,早在此之前商业精神已经对运动构成了威胁。两种具有划时代意义的运动——古希腊的

---

① 皮埃尔·德·顾拜旦.奥林匹克宣言[M].北京:人民出版社,2008:125.

竞技运动和中世纪的骑士运动,都曾遭受过商业精神的进攻。如果要使商业精神在较量中最终失败,必须经历长期的英勇斗争。至于现代运动,几乎在它出现前就渗透着腐朽的商业精神。腐朽的商业精神采用各种巧妙方法直接或间接地诱使运动员冲击冠军,这不仅意味着获得利润和金钱,而且意味着在不久的将来骑士精神的崩溃和湮灭。"[①]但是,这种竞技体育的商业化现象在当时的年代虽然存在,但也没有导致严重的不良后果。从另一方面来说,这种物质、金钱的奖励在一定意义上说能够鼓励运动员刻苦训练,提高运动水平。所以,各种锦标赛的物质刺激模式一直延续至今。如温布尔登网球赛,世界杯足球赛等各种单项竞技体育赛事无不以金钱奖励方式进行,以至于现今的各种邀请赛如马拉松比赛,邀请著名选手参赛都有可观的出场费。

而奥运会中出现的竞技体育运动商业化现象是一个逐步产生的过程,这既与商业发展和广告发展有关,又与奥运会本身的发展状况有关。世界著名的体育用品公司阿迪达斯(Adidas)的发展过程就印证了这一点。阿迪达斯原为20世纪20年代在德国成立的一家制鞋企业,1928年,第9届奥运会在荷兰的阿姆斯特丹举行,阿迪达斯获悉后,便带上自己生产的运动鞋样品前去展示、推销,获得了组委会和运动员的好评。所以,阿迪达斯的运动鞋成为本届奥运会的推荐用鞋。阿迪达斯初次在奥运会上的广告推销获得成功,为日后发展打下了良好基础。1936年,第11届德国柏林奥运会对阿迪达斯来说是一个近水楼台、得天独厚的契机。他们瞄准了美国著名运动员杰西·欧文斯,为他提供了阿迪达斯研制的带钉跑鞋,结果本来就成绩优秀的欧文斯一举夺得了100米、200米、4×100米接力和跳远4项冠军,使阿迪达斯运动鞋也跟着欧文斯风光了一回,阿迪达斯公司又一次品尝了奥运会广告胜利的滋味,并与竞技体育运动结下了不解之缘。1954年,阿迪达斯又为德国国家足球队提供了足球运动鞋,而德国足球队在当年的世界杯上获得冠军。1970年,阿迪达斯又开始赞助世界杯足球赛,国际足联将阿迪达斯生产的足球确

---

① 皮埃尔·德.顾拜旦.奥林匹克宣言[M].北京:人民出版社,2008:150.

定为世界杯指定用球。从阿迪达斯的发展历程可以看出,竞技体育运动为商家及其产品提供了扬名的机会,促进了生产发展。同时,商家的广告行为又为运动员获得经济收益提供了机会。1972 年第 20 届德国慕尼黑奥运会上,美国游泳选手马克·施皮茨在游泳比赛中获得 7 枚金牌,创下了历届奥运会个人夺得金牌数最多的纪录,一时成为慕尼黑家喻户晓的人物。"他 7 次登上光荣台(即颁奖台)顶层,7 次都穿着不同的运动鞋,这一情景很引人注目,因为游泳运动员通常都是赤脚上台领奖的。第三次领奖时,施皮茨左脚穿着'美洲狮'公司的运动鞋,右脚穿着'阿迪达斯'运动鞋。当第四枚金牌挂到这位冠军强健的胸前时,他脱下两只鞋子高高地举在头上,亲切地向聚集的人群和电视观众致意,并且还努力让大家看清制鞋厂家的标志……这位游泳运动员就是这样改变了奥林匹克主义原则,投入了商业的'游泳'事业中。这样的开场使施皮茨弄清楚了他的奥林匹克金牌的价值。原来,他在两年内的固定酬额是 500 万美元,而且条件很简单,只要这位昔日的体育偶像按老板的要求去做就可以了"①。但是,国际奥委会却抵制这种商业行为对奥运会的侵蚀。尽管举办奥运会的资金时常捉襟见肘,甚至屡屡亏损。但直至 20 世纪 70 年代之前,这种与商家合作的发展模式始终没有被国际奥委会采用。

　　1972 年的第 20 届德国慕尼黑奥运会,正处于两大阵营冷战的极点状态,所以,为了办好这届奥运会,西德政府"巨额资金投入了市政建设。在这里第一次修建了地铁,大规模改造市中心,宾馆床位由 1.6 万个上升到 15 万个,并重新建造了交通设施"。修建了可容纳 8 万人的体育场和其他设施。因此,欠下了巨额债务。《体育画报》以讽刺的口吻报道说:"这座城市、这片土地、整个国家将在很长时间内要为人们殷勤接待来自全世界的客人而买单。债务的数额暂时还无法确定,但毫无疑问的是:它有着如同奥林匹克运动会

---

① 瓦·利·施泰因巴赫.奥运会通史:下[M].张永全,等,译.济南:山东画报出版社,2007:38.

一样恢宏的规模。"①而 1976 年的第 21 届加拿大蒙特利尔奥运会,加拿大政府接受了西德奥运会的教训,原打算办一次"简朴"的奥运会,计划耗资 3.1 亿美元,但由于在场馆建设中出现了很多意外事件,结果最终花费了近 20 亿(又有数据约 24 亿)美元。虽然本届奥运会加拿大奥组委尝试性地出售电视转播权,在一定程度上弥补了经费亏损,但仍没有避免陷入债务危机的境地。不过,加拿大奥组委出售电视转播权这一做法打破了以往奥运会只靠政府与个人资助的经费运作方式,开创了竞技体育商业化的一次实践。到了 1984 年的第 23 届美国洛杉矶奥运会,美国人尤伯罗斯又进一步完善了这种方法,使奥运会走上了商业化运作模式。

美国洛杉矶奥运会前,尤伯罗斯在一家体育竞技公司任职,并参与了洛杉矶奥运会组委会主席一职的竞选,获得成功。竞选中尤伯罗斯提出,组织本届奥运会将不要政府资助,而依靠商业运作的方法筹集资金,具体操作包括出售奥运会电视转播权、企业独家赞助权以及出售奥运会专利产品的特许经销权等。这一具有竞争机制的方案出台后,引起了众多商家的关注和响应,其中,仅出售电视转播权一项就获得 3.6 亿美元。又将企业独家赞助商的总数严格限制为 30 家,规定每个行业通过竞标的方式只接受一家赞助商,使商家通过竞争获得赞助资格,由此大大提高了资金收入。这使得本届奥运会不仅没有亏损,反而盈利 2.25 亿美元。尤伯罗斯通过商业运作的方法使奥运会成功举办,开创了竞技体育商业化模式的良好开端,并获得了举世好评,这为以后举办奥运会提供了可操作模式。1984 年,国际奥委会授予他杰出奥运组织奖。

20 世纪 70 年代之前,竞技体育的商业化现象虽已出现,但只是表现为运动员个人与商家之间的一种个别行为,并不普遍。因为当时的商业竞争与当今时代不可同日而语。而国际奥委会与各国奥委会虽然举办奥运会经费不足,但为了维护奥林匹克运动的纯洁性和尊严,并没有引入商业化。这既有认识问题,又有时代的局限性。

---

① 瓦·利·施泰因巴赫.奥运会通史:下[M].张永全,等,译.济南:山东画报出版社,2007:39-40.

1976 年的加拿大蒙特尔奥运会进行了出售电视转播权的尝试,虽然方法不成熟,收获也有限,但意义不可否认。这一探索,既为洛杉矶奥运会提供了一种思路和方法,又为竞技体育商业化开辟了实践通道。直至 20 世纪 80 年代的美国洛杉矶奥运会,一种成熟的竞技体育商业模式终于形成。

那么,如何认识竞技体育商业化? 是不是说竞技体育商业化的出现意味着竞技体育文明的衰退? 其实,这个问题我们应当辩证地认识。

从社会发展层面来说,经济是社会发展的基础,一切社会活动都离不开经济基础的支撑。竞技体育运动亦然,需要依托经济基础才能求得发展,所以,竞技体育运动作为社会生活中的一项内容,不可能脱离与经济的关系。而从商业发展的层面来说,商业发展有各种各样的模式,其中之一就是通过商业广告实现商业目的。借助于广告的传播力来扩大商家或产品的知名度,促进产品销售是商家的营销手段,无可非议。因此,竞技体育和优秀运动员成为商业化的对象在所难免。而从运动员个人来说,能够帮助商家实现了营销目的本身也是一种个人价值的体现,获得一定的利益也就理所当然。这不仅能够鼓励运动员再接再厉取得更好的运动成绩,又使运动员获得了自信和荣誉感。从这个意义上说,竞技体育商业化与竞技体育文明具有一致性,能够促进竞技体育的发展。

同时,也并不排除一些运动员由此产生了一味地追求商业利益的行为,从而造成了一些负面社会影响。这其中就包括为追求商业利益不择手段地使用兴奋剂以提高运动成绩,这玷污了竞技体育运动的宗旨和理想。但这只是个别人或少部分人的行为,我们不能因噎废食而否定竞技体育的商业化。商业化本身不是罪恶,关键是人的道德水平和思想意识决定了竞技体育商业化的方向。

4. 兴奋剂现象:玷污了竞技体育文明

在 2016 年的第 31 届巴西里约奥运会前,一个爆炸性的新闻震惊了世界。世界反兴奋剂机构发布报告称,俄罗斯存在系统性操纵运动员服用兴奋剂的问题,并建议国际奥委会全面禁止俄罗斯运动员参加里约奥运会及残奥会。

事情的起因是 2014 年 12 月,德国电视台 ARD 播放了由记者泽贝里特制作的一个长达 60 分钟的纪录片,俄罗斯前反兴奋剂官员维塔利·斯捷潘诺夫和他的妻子、800 米运动员尤利娅·斯捷潘诺娃在片中揭露俄田径运动员"系统性"使用兴奋剂的问题。这引起了西方媒体关注,俄罗斯的"兴奋剂丑闻"由此浮出水面。丑闻曝光后,国际田联和世界反兴奋剂机构(WADA)开始进行调查并于 2015 年 11 月公布了调查报告,证实了俄罗斯田径界存在大规模系统性服用兴奋剂的现象。国际田联新任主席、英国人塞巴斯蒂安·科宣布,取消俄罗斯田径协会在国际田径联合会中的会员资格,禁止俄罗斯田径运动员参加国际田联举办的一切赛事活动。2016 年初,俄罗斯自行车队运动员沃尔加诺夫、女子花样滑冰选手叶博布罗娃及网球运动员莎拉波娃等又被查出服用兴奋剂米屈肼(Meldonium,一种心脏保护药物),受到为期 4 个月至 4 年不等的禁赛处罚。

更令俄罗斯雪上加霜的是,2016 年 1 月,俄罗斯反兴奋剂中心前主任罗德琴科夫逃到美国后披露,他曾研制了含有三种兴奋剂类固醇的鸡尾酒。而参加 2012 年伦敦奥运会和 2014 年索契冬奥会的很多俄罗斯运动员,包括索契冬奥会的 15 名金牌得主,都喝了这种酒。于是,世界反兴奋剂机构(WADA)又启动了新一轮调查。两个月之后,调查组成员加拿大律师麦克拉伦完成了长达 97 页的调查报告。在公布调查结果的新闻发布会上,麦克拉伦指出,索契冬奥会尿样作弊事件是俄罗斯政府的行为——整个计划由俄体育部长穆特科直接负责,参与实施的还有俄联邦安全局。报告公布后,一些主要国家的反兴奋剂官员全面要求取消俄罗斯代表团的里约奥运会参赛资格。国际奥委会主席托马斯·巴赫也表示:"这份报告列出的行为是对奥运和体育诚信的一次骇人的、空前的打击,国际奥委会将毫不犹豫地对相关个人或组织进行最严厉的制裁。"

面对事实,时任俄罗斯总理普京不得不发表声明,免去世界反兴奋剂机构(WADA)报告中提到的相关人员的职务,并敦促世界反兴奋剂机构委员会进行更全面、客观、基于事实的调查,并表示保证俄罗斯执法和调查机构会积极予以配合。

最后,国际奥委会拒绝了世界反兴奋剂机构提出的全面禁止俄罗斯运动员参加里约奥运会及残奥会的建议，决定由国际单项体育联合会对每个俄罗斯运动员的兴奋剂记录进行个案分析，自行决定是否对各自项目的俄罗斯选手禁赛。直到里约奥运会开幕前的最后一刻，国际奥委会最终确认有271名俄罗斯运动员获得参赛资格（占报名参赛人数的70%）。不过，就在奥运会开幕后的第二天，国际残疾人奥林匹克委员会宣布，全面禁止俄罗斯参加里约残奥会。对此，俄罗斯体育官员表示不服，并向位于瑞士洛桑的国际体育仲裁法庭提起诉讼。

里约奥运会的俄罗斯兴奋剂事件是奥运史上轰动最大、处罚最严的一次兴奋剂事件，我们不否定其中包含有像时任俄罗斯总理普京所说的"政治操作"因素，但是，俄罗斯运动员大规模地集体服用兴奋剂现象也是不容辩驳的事实。其实，在奥运会历史上服用兴奋剂的现象由来已久。早在1960年的第17届意大利罗马奥运会上，发生丹麦自行车运动员詹森因服用兴奋剂致死的事件，引起了国际奥委会的重视。在1968年的第19届墨西哥奥运会上，第一次正式进行了性别和兴奋剂检查。但尽管如此，服用兴奋剂的现象并没有因为检查而消除。20世纪70年代以后，又有愈演愈烈之势。

1976年的第21届加拿大蒙特利尔奥运会上，苏联水球队具有很强的实力，他们在1975年曾夺得世界水球锦标赛冠军。但本次奥运会却爆出了丑闻。苏联水球队队员维塔利·罗曼丘克说："大约在奥运会前一个月，所有队员都被打了一针。当时，他们告诉我们，说没有什么可怕的，只是振奋一下精神，增加力气。没有人自愿接受这一针，我们一致抵制，认为不打针也一样也可以拿到奖牌。可他们向我们提出，谁不注射，谁就不能去参加奥运会……奥运会前两周，我们水球队来到渥太华一所大学的游泳池进行训练。在那些日子里我们确实体验到一种非同寻常的力量，自我感觉良好……很显然，这是打的那一针所起的作用。可是当我们移师到蒙特利尔参加奥运会比赛时，情况发生了一百八十度的变化。我们所有人都感觉意志消沉、精神萎靡不振，我们艰难地爬上了奥运村的两层楼梯。而到比赛时，全队的人简直就是硬撑着参赛。游泳丧失了速度，正面交锋时害怕、退缩，即使在简单的场合下也会出现失误。我们输给了荷兰队,与罗马尼亚队比分持平,最终没有进入前六名。现在我们清楚了,那一针是真正的兴奋剂。实验的设计者反复考虑过,他们想一箭双雕,一方面给我们增加力量,一方面想在奥运会前在我们的身体内不会留下兴奋剂的痕迹。第二个目的他们达到了,我们的兴奋剂检测呈阴性,可是力量却消失了。直到现在一想起那次奥运会我们就很痛苦。"①1972 年第 20 届德国慕尼黑奥运会次重量拳击冠军、东德运动员约亨·巴赫菲尔德对《法兰克福汇报》的记者说:"民主德国队的所有拳击运动员都可能服用过兴奋剂……那时,运动员并未想到这种行为是不道德的。"②正如巴赫菲尔德所说:"药片在增加我的体重时起了一定作用,但这只是辅助性的。我每天依然坚持繁重的训练,否则不管什么药片也没有作用。"从 20 世纪 80 年代开始直到今天,尽管兴奋剂检测的技术水平越来越高,又采取了保留运动员尿样 10 年的严格措施,以备使用新技术进行检测,但服用兴奋剂的现象依然屡禁不止。

在竞技体育比赛中使用兴奋剂始于何时? 这恐怕是一个永远解不开的谜。虽然 1960 年奥运会首次发现了因兴奋剂致死事件,1968 年正式开始进行兴奋剂检测,但谁又能肯定在此之前没有人使用过兴奋剂呢? 那么,为什么要使用兴奋剂? 从表面上看不过是为了提高运动成绩。而实质上的深层原因在于两个方面,一是竞技体育的商业化使运动员为追逐利益而不择手段。二是竞技体育的政治化使运动员或体育组织为获取政治荣誉或显示其国家政治制度的优越性。

竞技体育的政治化早在 20 世纪 20 年代就已经出现。1920 年的第 7 届比利时安特卫普奥运会举行前,由于苏联建立了社会主义政权,其被国际奥委会拒之门外。从此一直到 1948 年的第 14 届英国伦敦奥运会,苏联都没有被邀请参赛。但是,二战以后苏联的竞

① 瓦·利·施泰因巴赫.奥运会通史:下[M].张永全,等,译.济南:山东画报出版社,2007:73.

② 瓦·利·施泰因巴赫.奥运会通史:下[M].张永全,等,译.济南:山东画报出版社,2007:73.

技体育发展很快,加入了多个国际单项体育组织,取得了很好成绩。1946 年苏联首次派选手参加了在法国巴黎举行的世界举重锦标赛,获得了中量级比赛冠军。1946 年,又参加了在奥斯陆举行的欧洲田径锦标赛,苏联运动员获得了 6 枚金牌。因此在 1950 年,国际奥委会经过慎重考虑,认为不能将这一体育强国长期拒之门外,便向苏联发出邀请,希望苏联参加 1952 年的第 15 届赫尔辛基奥运会。而苏联不负众望,在本届奥运会上,苏联获得金牌总数第二。如按前 6 名成绩计分,则美、苏同为 490 分(另有数据是 494 分),这不仅显示出苏联竞技体育运动的实力,也使社会主义强国的政治优越性得以充分展示。

早在 1948 年的第 14 届英国伦敦奥运会期间,苏联就派代表团前往考察,为赫尔辛基奥运会做准备。考察团回国后,苏联制定了"举国体制"的训练模式,即实行国家、州及行业体协、市与学校三级训练体制。从各阶层运动队选拔优秀运动员集中进行训练,以求在国际比赛中取得优异成绩。"斯大林要求运动员在所有水平的国际大赛中只许获胜,仅派出体育界领导和教练确认能拿到奖牌的代表队参加比赛"[①]。苏联不仅在赫尔辛基奥运会上取得了很好成绩,又在 1956 年和 1960 年的两届奥运会上连续获得金牌总数第一名,超过了美国。在筹备参加 1964 年的第 18 届日本东京奥运会前,美国《体育》杂志发表了《美国奥林匹克队的威胁》一文,其中指出:"1960 年以前,我们夺得了很多的奖牌,似乎是国际奥委会'特意'在奥林匹克奖章上模压美国的国徽。但在 1960 年,美国的金牌计划被打乱了,我们在罗马的成绩很差,这是从未有过的……大约在东京奥运会之前一年,美国奥委会成员、前国防部长助理奥尔特发表了《全面振兴美国在奥林匹克体育中优势》的规划草案……奥尔特说,'我们认为由于各级地方政府和联邦政府根据严格拟定的规则的共同努力,体育的一切需要是有保证的。我们向所有帮助或赞同我们建立一支体育强队的美国人表示感谢……担负主要人物的不是政府,是

---

① 瓦·利·施泰因巴赫. 奥运会通史:上[M]. 纪联华,等,译. 济南:山东画报出版社,2007:223.

奥委会,这需要成千上万人的努力,需要数百万美元的资金,同样也需要组织上和管理上的最新方法。'"①所以,美国奥林匹克委员会在很短时间内就获得了140万美元,而且,还会有机会获得更多,就是为了"不让俄国人超过我们"。对此,比利时《体育报》评论说,"这样的口号也许会让顾拜旦感到震惊。"

冷战时期以苏美为首的两大阵营的竞争不仅限于政治、经济和军事方面,在竞技体育方面也是如此,由此导致了为争取竞技体育的胜利而不择手段,兴奋剂的使用自然就出现了。

二、新时代的竞技体育发展(1992—2008)

冷战结束以后,世界政治局势由紧张、对抗转为逐渐趋缓。虽然以美国为首的西方国家在反对恐怖主义的名义下,继续在欧洲和西亚等地制造战端,但相对于冷战时期的两大阵营对抗状态,其对抗程度明显缓和。在这样的政治背景下,竞技体育运动发展有了良好的契机与环境,所以,在奥运会比赛中,显现出一派生机勃勃的景象。截止到2008年,又举办了4届奥运会,包括1996年的第26届美国亚特兰大奥运会,2000年的第27届澳大利亚悉尼奥运会,2004年的第28届希腊雅典奥运会以及2008年的第29届中国北京奥运会。新时代的奥运会在发展的基础上又不断跃向新的高度,使奥运会理想的光芒更加闪耀。团结、文明、传播、发展是新时代竞技体育发展的概括和写照。

1. 团结:奥运会的宗旨与追求目标

1996年,距第1届希腊雅典奥运会整整100周年,100年来,奥运会发展经历了艰难曲折的坎坷之路。从经济上的窘迫到战争中的痛苦,从商业化侵蚀到政治化干扰,反反复复,一波未平一波又起。尤其是因政治原因而形成的世界冷战格局持续了近半个世纪,对奥运会发展产生了很大的负面影响。不过,这也是国际奥委会无

---

① 瓦·利·施泰因巴赫.奥运会通史:上[M].纪联华,等,译.济南:山东画报出版社,2007:329-330.

可奈何的事情。因为在现实社会中,竞技体育永远不能超越社会政治、经济、军事、外交等事物的地位,它只能从属于社会政治和经济,并与社会政治、经济相协调,起到促进社会发展的作用。所以,1996年,第26届美国亚特兰大奥运会开幕前,国际奥委会根据这一原则,修订和完善了《奥林匹克宪章》,并举行了第105次会议正式批准《奥林匹克宪章》生效。

《奥林匹克宪章》是以1908年顾拜旦起草的《国际奥委会的地位》为蓝本,该文件对奥运会的任务、组织管理、委员产生方式等诸多问题作了规定。但是,这份早期的文件并不完备。在其后的发展过程中,又不断修正。1978年,这份文件名称被更正为《奥林匹克宪章》。而1996年的修订是一个进一步完善的过程,不仅是为了适应国际形势发展的需要,又为新时代的奥运会发展提供了理论根据。其中,对奥林匹克运动宗旨规定为:通过没有任何歧视,具有奥林匹克精神,以友谊、团结和公平精神相互了解的体育活动来教育青年,从而为建立一个和平美好的世界做出贡献。具体来说,就是通过发展体育运动为人类的和谐发展服务,提高人类的尊严。以友谊、团结和公平竞争的精神,促进青少年之间的相互理解,从而有助于建立一个更加美好、更加和平的世界。这使世界运动员在每4年一次的盛大体育节日——奥林匹克运动会中聚集在一起。20世纪90年代初,随着冷战结束,竞技体育发展又迎来了一个明媚的春天。这一点在1992年的第25届西班牙巴塞罗那奥运会上就体现出来。

1992年的巴塞罗那奥运会是冷战结束后的第一次奥运盛会,"有169个国家和地区的9 367名运动员来到了巴塞罗那,超过过去其他任何一届奥运会。巴塞罗那奥运会作为大团圆的奥运会被载入奥运史册,因为奥林匹克大家庭的所有成员都参加了这一届奥运会。从1972年以来第一次没有一个国家和地区宣布抵制奥运会"[1]。在奥运会开幕式上,西班牙人在现代科技的声光电艺术组合配合下,表演了精彩的舞蹈,为现场和电视机前的观众留下了梦幻

---

① 瓦·利·施泰因巴赫.奥运会通史:下[M].张永全,等,译.济南:山东画报出版社,2007:274.

般的记忆。同时,在本届奥运会上获得优异成绩的国家和地区的数量有所扩大,共有 37 个国家和地区获得了金牌,64 个国家和地区的运动员获得了奖牌。最后,俄罗斯以 45 枚金牌夺得了金牌总数第一名,美国获得 37 枚金牌名列第二,德国获得 33 枚金牌获第三名,中国获得 16 枚金牌、22 枚银牌和 16 枚铜牌名列第四,取得了历史上最好成绩。因此,奥运会结束后,时任国际奥委会主席萨马兰奇在《奥林匹克全景》杂志上发文说:"这是一次壮丽辉煌的奥运会……所有这一切让我有权将巴塞罗那奥运会称为世界上迄今为止举办过的最好的奥运会。"①

1996 年,"美国人决定举办一场豪华的奥运会,把它变成华丽而盈利的表演"。所以,第 26 届亚特兰大奥运会开幕式上,表演了色彩缤纷、生动美妙的舞蹈。"800 名小男孩和小女孩,头戴着蝴蝶结,背后立着两只细小的翅膀,他们既代表着童年的魅力,又代表着科技进步的高峰。他们的服装和道具轻盈而透亮,荧光闪闪,栩栩如生地描绘出日出和日落,雷雨和暴风雪的场景"②。随后,表演者们又通过投影造型,在幕布上展现了各种风格独特、色彩艳丽的光影场景,包括古希腊竞技运动造型、明亮的火焰等,使观众赞叹不绝。

在 2000 年的第 27 届澳大利亚悉尼奥运会上,全世界的优秀运动员来到这个绿色陆地上最美的城市,参加 20 世纪里最后一次体育盛会。悉尼人兴高采烈,在开幕式上为全场观众以及世界各地的电视和网络媒体观众奉上了一场将现代文明和本土文化相融合的大型精彩表演,获得了令人称奇的效果。在本届奥运会上,继 1992 年巴塞罗那奥运会上东德和西德、南、北也门统一后一起参加奥运会,又有韩国和朝鲜联合参加奥运会。为了象征联合,代表团的旗帜上绘有朝鲜半岛的图案。虽然因政治原因韩国和朝鲜至今没有实现统一,但联合参加悉尼奥运会却又一次展示了奥运大团结的局面。

---

① 瓦·利·施泰因巴赫.奥运会通史:下[M].张永全,等,译.济南:山东画报出版社,2007:276.

② 瓦·利·施泰因巴赫.奥运会通史:下[M].张永全,等,译.济南:山东画报出版社,2007:314.

所以，"这届奥运会确实组织得极好，是气氛温馨、待人友善、极为成功的世界性盛会"。

2004 年的第 28 届希腊雅典奥运会赛前举行了别具特色的火炬传递，"欧盟中心城市布鲁塞尔、国际奥委会总部洛桑以及下届奥运会主办地北京等都进行了圣火传递，最后圣火还传遍了希腊所有行政大区和所有州。整个火炬传递过程共用 78 天，在全世界传递了 7.8 万公里，全世界 2.6 亿人有幸目睹了奥运圣火"①。开幕式上，"希腊演员以如诗如梦般的表演展示了爱琴海的浪漫和古代希腊的文明。而独树一帜的圣火点燃模式更是将开幕式的热烈气氛推向了高潮"②。在本届奥运会上，中国运动员刘翔在男子 110 米跨栏比赛中平了 12 秒 91 的世界纪录，并打破了 12 秒 95 的奥运会纪录。这是中国第一个田径男子项目的奥运会冠军，他也是第一个获得奥运会田径男子短跑项目冠军的亚洲人。

团结、友谊、祥和是新时代奥运会发展的主旋律，虽然在这个主旋律下仍然存在一些不和谐因素。如 1996 年亚特兰大奥运会前，联合国人权联合会在法国巴黎发表了一封公开信，指责伊朗、科威特、卡塔尔、巴基斯坦等国以文化、宗教和政治借口拒绝女性参加奥运会。亚特兰大红十字会也认为，那些拒绝女子在体育方面同男子享有平等权利的国家，应当拒绝他们参加奥运会。面对这种涉及国家内政和主权的政治问题，国际奥委会以增加女子比赛项目来表明自己没有歧视妇女的行为。总体上说，冷战结束之后，奥运会团结、友谊、祥和的发展目的和追求目标得到了世界各国的认同。因此，在奥运会上不断出现团结、友好的祥和气氛。

2. 文明：奥运会精神与理想的融合

奥运会与竞技体育发展历程的每一阶段都是一种文化与文明的体现，其中，物质条件的进步和技术水平的变化反映出一种物质文明和技术文明。物质文明是竞技体育文明的基础和条件，技术文明既是物质条件文明发展的结果，又是人的文化作用的必然。没有

---

① 皮埃尔·德．顾拜旦.奥林匹克宣言[M].北京:人民出版社,2008:276.
② 皮埃尔·德．顾拜旦.奥林匹克宣言[M].北京:人民出版社,2008:276.

物质条件的改善,就谈不上物质文明的变化。而物质文明演变为技术文明则是通过人的认识和努力即通过文化的作用实现的。但是,竞技体育运动中的物质文明和技术文明说到底只是一种体现竞技体育文明的条件,而不是目的。竞技体育文明的核心内容是一种精神和理想,即在竞技比赛过程中所体现一种人的精神及其追求。

那么,竞技体育运动精神是什么?《奥林匹克宪章》指出:奥林匹克精神就是相互了解、友善、团结和公平竞争的精神。奥林匹克精神对奥林匹克运动具有特别重要的指导作用,没有奥林匹克精神,奥林匹克主义就不可能得到贯彻,奥林匹克运动也就无法实现其促进世界和平和建立美好世界的目标。

首先,奥林匹克精神强调对文化差异的容忍和理解。奥林匹克运动是国际性的运动,奥林匹克运动是世界各国运动员的大聚会,这种空前规模的大聚会首先遇到的一个不可避免的问题就是各种文化之间的差异。这种差异常常会因为各个国家之间在政治体制、经济体制和意识形态等方面的冲突而强化。如果处理不妥,奥林匹克运动不仅不能实现其促进世界和平的神圣目的,反而会妨碍世界上各个国家之间的沟通,加深民族之间的隔阂。必须有一种文化氛围和精神境界,使人们可以比较容易地跨越文化心理上的障碍,学会容忍、欣赏和借鉴别的文化,进而促进文化的世界性交流与融合。奥林匹克精神为奥林匹克运动提供了这样一种氛围和境界。

在它强调的友谊、团结和互相了解下,人们才有可能摆脱各自的文化带来的种种偏见,在不同文化的展现中看到的不再是各种文化间的差异、矛盾和冲突,而是人类文化千姿百态的壮丽图景。有了这种精神境界,人们才能跳出各自狭隘的民族局限,以世界公民的博大胸怀,去认识和理解自己民族以外的事物,领悟到各个民族都有着的神奇的想象力和巨大的创造力。学会尊重其他民族,学会以比较客观和公正的态度去看待别人和自己。只有这样,奥林匹克运动所提倡的国际交流才能真正得以实现。

其次,奥林匹克精神强调竞技运动的公平与公正。奥林匹克运动以竞技体育运动作为它的主要活动内容。竞技体育运动具有多种教育功能和文化娱乐功能,它的一个突出特点就是具有鲜明的比赛性和对抗性。在剧烈的身体对抗和比赛中,运动员的身体、心理和社会公德可以得到良好的锻炼,观众也可以得到健康的娱乐和享受。但是发挥竞技体育运动的这些功能需要一个不可缺少的条件,就是公平竞争制度和精神。只有在公平的基础上竞争才有意义,各国运动员才能保持和加强团结,增进友谊,奥林匹克运动才能实现它的神圣目标。这也是《奥林匹克宪章》将公平竞争列为奥林匹克精神的一个重要因素。

正如顾拜旦所说:"奥林匹克运动的全部哲学思想存在于运动的基础是平等与不平等的奇妙结合。一项运动纪录是一个人的力量和性格相互影响所达到的极限。他的社会地位,他从父母那里继承的门第或财产不起任何作用。不管他是王子还是贫民,都不会使他的跳跃增加一米,也不会使他在规定的时间内的跑步、游泳、划船的距离增加半码。但在人类之间自然以非常不公正的形式分配这些力量,生存的可能性进一步加剧了分配的不公正。于是,人类旅程建立的社会差别的无效性与贵族政治断言的自然界无定性地结合了。在运动实践中,合理的民主基础和起点的那些原则开始萌发。"①在社会生活中,永远存在着各种不平等因素,但体育运动能够以平等的原则将社会中各种不平等的因素结合在一起,即无论社会中的穷人或富人都可以参与体育运动竞赛,并且按照比赛规则进行。所以,体育运动竞赛产生的规则才是真正合理的民主基础和起点。

最后,奥林匹克运动是在相互了解、友谊、团结和公平竞争基础上的一种人性的展示。竞争是人类的本性,又是人类社会发展最原始和最根本的动力。人类同自然竞争是为了改善和适应环境,获得生存和生活的权利。人类自身的竞争是为了获得荣誉、尊严和利益。在人类历史上,除了家人之间和伙伴之间在游戏活动中表现出友谊、团结和公平的竞争之外,没有任何一种竞争能够体现出这一点。战争中的竞争是一种你死我活的竞争,欧洲中世纪的骑士竞技

---

① 皮埃尔·德.顾拜旦.奥林匹克宣言[M].北京:人民出版社,2008:151.

是一种充满了血腥的竞争。尽管如此,人类所有的竞争和竞技无不是一种人性的体现。顾拜旦等体育运动先驱为什么要复兴奥林匹克运动会?就是为了继承和发扬古希腊人的勇敢和理性精神。为什么要培养青年人发扬骑士精神?因为骑士精神虽然不乏野蛮和残忍,但这只是为了适应战争需要。战争就要流血牺牲,就需要有勇敢精神。所以,骑士训练中的野蛮行为就不难理解。但是,除了野蛮和残忍之外,骑士们所表现出的公平、正义、忠诚、博爱精神却受到广泛赞颂,成为流传了千年之久的欧洲精神。

因此,在近代教育中,为了培养青少年成为具有骑士精神的绅士,各种运动和竞技活动被引入到学校体育教育中。而奥林匹克运动的产生也正是基于这一点。奥林匹克运动诞生后,国际奥委会通过规则和管理制度对各种由游戏活动和竞技活动演变而来的运动与新发明的体育运动项目进行规范,使之最大限度地消除各种野蛮行为,而成为一种具有现代意义的竞技或竞争方式。这即体现出一种人类的文明进步,也展示出竞技体育运动独有的文明状态。

3. 传播:提升竞技体育影响的手段

传播是一种社会现象,人类的各种活动从广义上说都是一种传播行为和传播方式。没有传播,就没有社会发展。具体来说,人类的传播包括人际传播、群体传播、组织传播和大众传播。不同的传播方式各有特点,其意义和效果也不相同。以竞技体育为内容的奥运会自诞生之日起就成为大众传播的内容,只是在不同的历史时期,由于大众传播技术的发展程度不同,传播方式和传播手段有所不同。在19世纪末和20世纪初,竞技体育的传播方式是通过纸媒传播。虽然纸媒传播的影响范围在一定程度上说胜于人际传播和组织传播,但是,对一般社会民众来说,由于购买力有限制约了纸媒信息传播的效果。20世纪初,广播诞生,为信息传播又开辟了一条渠道。早期的收音机由于价格比较昂贵,不可能全面普及到家庭。但可以通过外接有线广播扩大收听范围,因此,广播媒介的传播方式扩大了信息的影响范围和影响力度。例如,我国在20世纪40年代末50年代初,经济发展水平限制了信息的广泛传播,因此,国家因地制宜地发展有线广播,这一策略和方法对于扩大信息传播范围起到了积极作用,在我国通过有线广播传播信息一直持续到 20 世纪 80 年代。而在欧洲,自二战以后,随着战后的经济发展,收音机逐渐在欧美社会生活中得到普及。

电视媒介诞生于 20 世纪 30 年代,电视技术问世不久就被德国纳粹政府用于第 11 届柏林奥运会,这在当时来说具有非常重要的意义。虽然纳粹政府利用柏林奥运会粉饰和掩盖其发动战争的目的,但在客观上成就了第 11 届柏林奥运会,使之成为二战前的规模最大、效果最好的奥运会。其中,柏林奥运会将刚刚诞生不久的电视传播技术应用于奥运会,不仅扩大了竞技体育的传播范围,也使人们通过电视媒介领略了比赛场面,由此产生了强烈的心理影响,这对于提升人们对竞技体育的认识和理解程度效果非同一般。当然,当时的转播技术与当今不可同日而语,但电视传播的应用为奥运会发展和竞技体育发展起到了极大的影响和推动作用。1964 年的第 18 届日本东京奥运会,美国发射了"辛科姆"卫星,首次通过卫星进行了电视转播,使电视传播技术又上升到一个新水平。1964 年恰好是现代奥林匹克运动复兴 70 周年,为了纪念顾拜旦这位创始人,本届奥运会通过卫星广播播放了他在 1936 年柏林奥运会上的法语讲话录音:"奥运会重要的不是胜利,而是参加;生活的本质不是征服,而是奋斗。"在本届奥运会上,第一次运用彩色电视技术,向全世界转播。

但是,尽管二战以后电视传播技术已经有了很大发展,电视机在欧美国家已经开始进入了家庭,但对于发展中国家来说,电视技术发展才刚刚起步。所以,通过电视进行的竞技体育传播所产生的影响极其有限。以我国为例,1958 年,北京电视台(中央电视台的前身)刚刚成立,直到 20 世纪 70 年代之前,拥有电视机的家庭极少,所以,尽管 1961 年的第 26 届世界乒乓球锦标赛在北京举行,电台、电视台都进行了转播。但对于广大受众来说,更多的人还是通过中央新闻电影纪录片厂的电影《新闻简报》看到了实况转播片段。同样,1974 年的第 7 届亚运会,很多人也是通过电影《新闻简报》看到了实况画面。直到 1977 年的北京十国足球邀请赛,更多观众才看到了电视实况转播。

20 世纪 80 年代,随着社会经济发展电视机在很多发展中国家开始逐步进入家庭,不仅改变了获取信息和娱乐方式,也为竞技体育传播造就了广泛的受众基础。这使竞技体育传播的影响大大提升。这种现象在 20 世纪 90 年代之后显得尤为突出。1992 年,第 25 届西班牙巴塞罗那奥运会有 13 082 名记者来到奥运赛场,"大西洋上空的通信卫星同时用 32 条线路向五大洲约 35 亿观众进行实况广播。"1996 年,第 26 届美国亚特兰大奥运会有 15 108 名记者进行采访报道:"NBC(美国广播公司)对 200 多个国家和地区进行总计约 3 000 小时的电视转播……电视观众数量占地球上人口的三分之二还多,相当于每天约有一千万人'来到'第 26 届奥运会的赛场。"① 2000 年的澳大利亚悉尼奥运会有 16 033 名记者参加,"全球大约有 37 亿观众通过卫星转播观看了开幕式的实况"。全世界共有 220 个国家和地区进行了电视转播,而且,本届奥运会还通过互联网免费向世界各地传播信息,使数以百万计的网民可以通过互联网观看比赛。到比赛结束时,悉尼奥运会的官方网站点击次数达到了 100 亿次。由此可见,竞技体育传播之所以能够无处不至,如果没有电视媒介的传播是无法想象的。

　　电视传播成就了竞技体育,提升和扩大了竞技体育的影响,并使优秀运动员一夜成名、家喻户晓。1992 年,巴塞罗那奥运会首次允许职业篮球运动员参赛,美国篮球运动员,有"飞人"之称的乔丹和"魔术师"之称的约翰逊组成的"梦之队"在本届奥运会大出风头,不仅以全胜的成绩获得冠军,而且通过电视传播使全世界的观众领略了他们精湛的球艺和风采,他们也因此成为很多青少年心目中的偶像。这种明星效应的产生既为爱好竞技体育的青少年树立了榜样,又推动了篮球运动的普及和发展。从奥运会发展历程可以看出,竞技体育在二战前的近半个世纪中之所以发展缓慢,一方面是由于社会经济发展制约,缺少基本的发展基础,另一方面是由于传播媒介的局限,影响了社会民众对竞技体育的认识程度,制约了经

---

　　① 瓦·利·施泰因巴赫. 奥运会通史:下[M]. 张永全,等,译. 济南:山东画报出版社,2007:312.

济体育运动的发展进步。而二战之后，随着经济发展这种状况逐渐改变，尤其是冷战结束后新时代的到来，为竞技体育传播创造了良好的条件，使竞技体育发展呈现出一派生机勃勃的景象。及至20世纪90年代以后，电视传播已成为社会生活中的一种常态，就传播技术而言也越来越精湛。这使竞技体育的美与艺术得以充分体现，提升了比赛过程的观赏性。因此，人们对竞技体育愈加关注，愈加喜欢。同时，在潜移默化中对竞技体育运动的认识水平不断提高，为竞技体育发展建立了良好的社会基础。

4. 发展：竞技体育永无止境的追求

新时代的奥运会自冷战结束后就显示出一种热烈、祥和的气氛，反映出世界各国运动员以及爱好和平的人们对竞技体育运动的向往，对奥林匹克运动精神的尊崇。竞技体育运动的百年发展历程告诉世人，它既可以是一项的游戏活动，也可以是一项人类共同的事业与追求。竞技体育运动是一种人类共同的语言，不分国家、民族，不分男女老幼，人人可以参与，体现出竞技体育运动的世俗性和普世性。世界上除了运动与体育运动又有哪一项社会活动能够使不同国家和民族、不同语言和肤色的人在同一个场合出现，为同一个目标奋斗？所以，竞技体育运动既是人类共同的追求，又是人类永无止境的追求。

一百多年前，在希腊雅典的山脚下，三百多人聚集在那片古老的废墟上，开启了现代奥林匹克运动的历史征程。说当时的竞技体育运动不过是一群有闲、有钱人的游戏一点都不为过。将大海当作游泳池，用缆绳作为标志线，只有一块秒表计时，用目测判断谁跑了第二和第三，人们就这开始了田径比赛。这样的竞技体育运动能够延续多久？顾拜旦都曾怀疑过。然而，竞技体育运动就是这么神奇，经历了万般的艰难曲折，却依然生生不息、薪火相传。从古希腊的那片废墟上一路走来，走进了今天灯火辉煌、万众瞩目的宏伟的体育场。这是什么力量的驱动？这是什么精神的鼓舞？这就是奥林匹克运动的理想与信念的力量，人类的竞技本性使然。所以，竞技体育的产生与发展既是人类的光荣，又是每一个人的自豪。因此，它能够成为人类共同的运动。

竞技体育运动具有多重的意义和作用,作为一项社会活动,竞技体育具有正如《奥林匹克宪章》中所说的相互了解、彼此沟通的意义和作用。人类是一个共同体,不可能相互隔绝、彼此分离。人类社会的发展虽然由于各种原因极不平衡,有先有后,有快有慢,但发展和交流是共同的理念。当人类遭受自然灾害或意外事件的重大灾难之时,各国、各民族会伸出援助之手或表示同情和慰问,体现人性的善良和情怀,由此增加了彼此的感情。而竞技体育运动是一种没有任何条件的国与国、民族与民族、人与人之间的沟通和交流,无论穷富,彼此平等。同场竞技和谐了彼此关系,促进了人类社会的发展。而竞技体育运动作为一项人类自身的活动具有展示挑战自我、挑战人类自身能力的意义和作用。或许有人以为这种挑战又有何实际意义呢? 其实,很有意义。这种意义和作用不在于它的功利性方面,而在于它的精神方面。为了 100 米跑成绩缩短 0.01 秒、为了跳高成绩增加 1 厘米,人类可以奋斗几十年,孜孜以求。从实用主义的观点来看,快一秒慢一秒、高一厘米低一厘米的确不会使世界改变什么。从个人来说,提高运动成绩能够获得荣誉、自尊,甚至还有物质利益。而除个人之外的大多数人又获得了什么? 人们为什么为创造纪录的人欢呼致意? 因为他创造的不仅仅是运动成绩,更是人类的精神,即人类百折不挠,勇于追求的精神。

　　人类从茹毛饮血、刀耕火种的年代开始奋斗,一步步进入了农耕时代、机器时代,直到今天的信息科技时代。靠的是什么? 是精神的力量。这并不是否定社会发展的物质基础论,而是说在发展物质基础的过程中,精神的力量能够推动人的创造力发展。在 20 世纪 50 年代,体育界曾有人预言,男子 100 米跑很难突破 10 秒大关,而仅仅过了十年有余,美国运动员吉姆·海因斯就在 1968 年的第 19 届墨西哥奥运会上以 9 秒 9(电子计时 9 秒 95)的成绩闯过了 10 秒大关。虽然人们也知道运动成绩总有一个极限无法突破,但这并不影响每个运动员的追求。所以,竞技体育所展现的正是人类的追求精神。

　　不可否认,在竞技体育运动发展过程中,也出现了影响竞技体育精神的政治化现象和玷污竞技体育精神的兴奋剂事件。而且,这种恶劣的现象在今后的竞技体育运动发展中可能仍然会长期存在。但是，瑕不掩瑜。任何事物的发展都具有两面性，竞技体育运动中的丑恶现象永远遮不住竞技体育灿烂文明的辉煌。竞技体育精神将鼓舞人类向着新的时代迈进，竞技体育运动将在今后的岁月里成为人类永无止境的追求。

第七章

中国体育文明（上）

　　1894 年,中国在中日甲午战争中失败,北洋水师全军覆没。次年,清政府被迫签订了丧权辱国的《马关条约》,将辽东半岛、台湾岛(包括钓鱼岛)和澎湖列岛割让给日本,赔偿日本军费白银两亿两并开放沙市、重庆、苏州和杭州为通商口岸等。这是继 1840 年和 1862 中英两次"鸦片战争"失败后的又一次重大失败。

　　之后在 1900 年,英、法、德、俄、美、日、意、奥等组成"八国联军"又以平息义和团暴乱为名攻占北京。逼迫清政签订了不平等的《辛丑条约》,其中规定清政府赔款白银 4.5 亿两,分 39 年付清,史称"庚子赔款"。而此时,欧美各国分别在希腊雅典和法国巴黎举办了两届奥运会。1900 年的法国,虽然奥运会举办得很糟糕,但巴黎人民却沉浸在世界博览会的欢乐中。和我国当时的社会处境相比可谓是冰火两重天。

　　20 世纪伊始,风雨飘摇中的清政府已无力改变中国半殖民地的灾难状态,在国内先进知识分子的呼吁和推动下,清政府不得不进行各种社会改革。在教育改革方面,1901 年,颁布实施"新政"。设立学部(即教育部)管理教育,由此结束了中国沿袭几千年的私塾教育制度,现代学校教育诞生。1902 年,清政府又颁布了《钦定学堂章程》。规定了体育课是学校教育内容的一部分,使体育与运动开始在我国传播。严格地说,早在 19 世纪末,体育与运动就已经在我国出现,"1890 年,上海圣约翰书院举行了第一次运动会,以后每年春秋举行二次,中国学校有运动会是以此为始。同年,在学生中组织棒球班。1897 年,上海圣约翰学校青年会正式成立,除了开展各种运动外,还教学生体操。1898 年,圣约翰学校成立了学生体育会,开展网球、足球和田径运动"①。这些由外国教会组织倡导的体育运动开启了体育与运动在中国传播的启蒙之路,为我国发展体育与运动提供了范例。然而,这种发展体育与运动的指导思想和方式在清末民初并没有被中国效仿。又因为当时的国内国际环境,使我国从体育与运动传入之日起就陷入了发展误区。

一、清末及"北洋政府"时期
体育文明认识的偏离与回归（1890—1926）

体育与运动传入中国初期,对于体育是什么,运动与体育运动是什么,国人并没有一个清晰的认识。在国难当头的形势下,我国对体育教育的目的、任务陷入了认识误区。其中,具有代表性的观点即资产阶级改良派提出的"强种保国"思想,误导了人们对体育教育的认识以及对学校体育教育发展目标的定位。其实,改良派提出的"强种保国"思想本身没有错误,因为在当时的社会背景下,列强欺凌,国弱民轻。欲自立于世界民族之林,非强种不能保国,非保国不能独立。所以,提出这样的观点理所当然。然而,正是在这种思想指导下,使学校体育教育从一开始就成为一种"准备战争"的训练方式。

当然,教育的目的是为了培养德智体全面发展的人,以适应未来的社会需要,而适应战争同样是一种社会需要。但是,这里有一个逻辑问题,即通过体育教育发展身体有益于适应战争,不过,体育教育的目的并不是为了战争。而在中国发展体育与运动之初,正是由于没有认清这一点,所以产生了对体育与运动的认识误区,由此出现了各种与体育文明对立的现象。

1. 军训与体育教育的内容错位

体育教育是一种思想和方法,用何种方式和内容进行体育教育,在运动与体育运动产生之前并没有严格的规定,所以,欧洲早期

---

① 郎净.近代体育在上海[M].上海:上海社会科学出版社,2006:57.

学校体育教育的内容包括各种游戏活动和竞技活动以及战争方式等。但是,体育教育的目的清晰,内容分明,没有相互取代。即使在体育运动诞生后,体育教育中除了运动与体育项目之外,仍有很多游戏活动。这无可非议,只要能够实现体育教育的目的,即促进学生身体发育,使之健康成长就完成了体育教育的任务。

而体育与运动传入中国之后,却被片面地理解成为一种"强种保国"的手段,在教育内容上,重视"兵操";在教育目的上,为战争做准备。这造成了认识上的误区,使体育与运动从一开始就与教育目的相偏离,同时,又导致了对体育与运动概念的认识进入了误区。

1902年,清政府颁布了《钦定学堂章程》,章程规定:"中学堂,为高等小学卒业之升途,即为入高等学校之预备。课目有修身,读经,算学,词章,中外史,中外舆地,外国文,图画,博物,物理,化学,体操(即体育)。四年卒业。而寻常(即一般)小学课目有修身、读经、作文、习字、史学、舆地、算术、体操(即体育)等。"《钦定学堂章程》是中国近现代由国家颁布的第一个规定学制系统的文本,标志着中国教育从此进入了系统化、制度化和科学化的轨道,具有现代意义的学校教育由此开始。这一时期学校体育课程虽然在小学低年级也有一些游戏活动,但高年级主要是"兵式体操"内容。"兵式体操"可不可以作为体育教育的内容? 当然可以,它同样能够起到强身健体的作用。但问题是将"兵式体操"作为体育教育内容的指导思想是什么? 仅仅是作为一种健身方法吗? 其实不然,清政府在学校教育中采用"兵式体操"的目的是为了与军事"新政"中的训练新兵相结合,作为培养未来士兵的一种手段。

而与此相反,19世纪末的教会学校,在教学中一般没有体育课程,而是利用课外活动时间进行田径、球类等活动。1890年前后,上海圣约翰书院就开展田径运动,并举办田径运动会,这是中国最早举办的运动会。1905年前后,校际间的运动会也开始举办。例如,东吴大学、圣约翰书院参加的苏州"联合运动会"。1895年前后,北京的汇文书院、通州协和书院也开始开展棒球、网球、足球等运动。这些学校先后举办了田径、网球、棒球、足球等单项运动会。由此可见,体育与运动在19世纪末就已经传入中国,但是,如何开展体育运动，如何将体育运动作为体育教育的内容在教育实践中却大相径庭。原因何在？其中既有对体育与运动认识的差异，又有实用主义的"强种保国"需要，更重要的是教育思想的误区造成的。

19世纪末，德智体全面发展的教育思想已经形成，并在欧美各国广泛传播。而我国的教育思想和目的任务又是什么？1903年，清政府颁布的《奏定学堂章程》中规定各级各类学堂须设体育科（即体育课）。1906年，学部提出了教育的宗旨，即忠君、尊孔、尚公、尚武和尚实五项内容，其中，体育课被置于"尚武"范畴。由此可见，时代发展已经进入了20世纪，而德智体教育思想在欧洲经历了400年的发展过程，到19世纪60年代已经成了一种成熟的教育思想开始在世界范围内广泛传播。而我国的教育思想和宗旨却以忠君、尊孔、尚公、尚武和尚实为内容。如果说忠君、尊孔、尚公、尚实的思想是由于我国传统文化所致，其中也含有德育和智育的因素，那么，将体育教育作为一种尚武内容则有失偏颇，这导致了我国对体育与运动的认识和理解从一开始就进入了误区。

那么，体育课为什么被置于尚武的内容中？这与当时我国所处的社会背景有关，外国列强的侵略使资产阶级改良派认识到，没有强健的体魄和勇敢精神就不能应对战争，所以，军国主义的教育思想产生。资产阶级改良派希望通过学校教育中之"武事"锻炼体魄，鼓起民气，抵御外国列强的侵略。资产阶级改良派中的许多人曾留学日本，受日本军国主义思想影响很大，试图通过强民体魄拯救国家。这种思想在"戊戌变法"时期已经很盛行，对清政府的影响很大。

清政府在实施"新政"伊始，就把这一思想贯彻到学校体育教育中，将原本不属于体育内容的"兵式体操""嫁接"到体育教育上，实际上清末体育运动在很大程度上是一种强兵习武训练方式的延续。这也是当时学习日本教育的结果。清政府实施"新政"后，一些留日学生和国内知识界对日本教育发展作了很多考察和报告，其中，1903年出版的《东方杂志》对日本的体育课进行了介绍。"所谓尚武者，何也？东西各国全皆兵，谓兵为民之血税，而天子乃与庶人同之。真可谓上下同心也。观其师团以练兵，海陆军校以练将，无论在校在营在操场,时时如临大敌,号令一出,虽崎岖险阻、冰雪严寒不敢息也;虽饥冻漂溺、颠坠以死,不敢避也。实由全国学校隐寓军律,童稚之时已养成刚健耐苦之质地,由其风气鼓荡,不能自已耳。今朝廷锐意武备,以练兵为第一要条,然欲薄海之民咸知捐一生以赴万死,则尤恐有不能深恃者,何也? 享糈之心厚而忠义之气薄,性命之虑重而国家之年轻也。欲以救其弊,必以教育为挽回风气之具。凡中小学堂各种教科书,必寓军国民主义……体操一科,幼稚者以游戏体操,发育其身体。稍长者以兵式体操,严整其纪律,而尤时时勖以守秩序、养威重,已造成完全之人格……臣等尝询日本小学校矣,休息之时任意嬉戏,所以养其活泼之性也。口号一呼,行列立定。出入教室,素若军容,所以养其守法之性也。又尝查询日本师范学校矣,师范为规制最肃约束最严之地,而掷球、角力习以为常课,运动竞走特设大会,其国家且宣法令以鼓励之,其明义可知矣……"①因此可知,日本学校将"兵式体操"作为体育课内容的教学模式严重误导了清政府对体育教育的认识,由此产生了军训与体育教育的错位现象。

而清末的教会学校又是如何认识和理解体育呢? 中国体育教育的先驱马约翰回忆说:"体育运动引入中国,可以简单地用几句话说完。在天主教和基督教输入中国之前,中国实际上并不存在什么学校,中国青少年根本不知道西方式的体育游戏和体操……教会学校进入中国以后,教士们发现儿童们的健康和体格都离最低标准还相差很远。他们还发现孩子们所担负的劳动绝对地繁重,于是就想起引进一些体育比赛和游戏,以用于休息和娱乐。这种学校为数很少,而且只是在少数著名的沿海城市,如上海、香港、厦门、天津、汉口、威海卫,以及少数大城市,如北京、苏州、杭州、福州、宁波、广州等地才能见到……总之,体育和体操开始在一些教会学校里单纯地用于文娱的目的了。为了适应孩子们退化的身体条件,许多运动项目都被降低到最低的水准,而且唯有学校才有。由于缺乏任何形式

---

① 转引自郎净.近代体育在上海[M].上海:上海社会科学出版社,2006:223.

的比赛,它们的发展也非常之缓慢。"①由此可见,不同的教育思想和观念导致了人们对体育与运动的不同认识,同时,也反映出一种文化和文明的差异。

2."土体育"与"洋体育"的伪命题之争

在教会学校教育思想的影响下,我国的教育指导思想逐渐发生了变化。1913 年,北洋政府颁布《壬子癸丑学制》,将学堂改称学校,并取消了教育宗旨中的"忠君、尊孔"内容,学校课程中的"诵经"内容也被取消。这种教育思想变化在一定程度上促进了学校教育内容的变化,同时,又使学校体育课的内容结构和指导思想有所变革,对于促进体育与运动在我国的发展起了积极作用。

《壬子癸丑学制》规定:小学体操课程要"以留意儿童身心之发育,培养国民道德之基础,并授以生活必需之技能为宗旨"。同时,对体操课的内容规定:"初等小学应授以适宜之游戏,渐及普通体操。高等小学宜授普通体操,加时令游戏,男生加授兵式体操。视地方情形,得在体操时间或时间以外,授适宜之户外运动或游戏。"1915 年,教育部又明文规定:"在学校课外设立体育活动和组织运动竞赛,田径、球类、游泳等运动在课内外有了合法的地位,在学校中迅速发展起来,开运动会成为更为普遍的活动。"②学校体育教育内容的这种变化说明民国初期政府对体育与运动的认识有所进步,值得肯定。但在此期间,军国民主义教育思想仍然大行其道,对学校体育与运动的发展不可避免地产生极大的负面作用。

1914 年,时任济南卫戍司令官马良邀请各派武术专家对其所编的《中华新武术》进行修订,书中包括 4 科内容即"拳脚""率角(摔跤)""棍术""剑术"。当时黎元洪、冯国璋分别为该书题字。黎元洪题"技击余风",冯国璋题"制挺可鞑",段祺瑞作《棍术图说序》。马良也在序言中说:"考世界各国,武术体育之运用,未有愈于我中华之武术者。前庚子变时,民气激烈,尚有不受人奴隶之主动力;惜

---

① 黄延复.马约翰体育言论集[M].北京:清华大学出版社,1986:9 - 10.转引自郎净.近代体育在上海[M].上海:上海社会科学出版社,2006:55.

② 崔乐泉.中国近代体育史话[M].北京:中华书局出版社,1998:43.

无自卫制人之术,反致自相残害,浸以酿成杀身之祸。良蒿目时艰,抚膺太息。"意思是说,武术体育的运用,在世界上没有超过我国的。义和团运动中百姓不愿受人奴役激烈反抗,但没有自卫制人的方法,反倒招致了各国列强的杀身之祸。我对现在社会局势感到很忧虑,叹息不已。所以,应当学习《中华新武术》。1917年,"中华新武术"被定为"军警必学之术",并被列为中学校、专门学校、国民学校的正式体操。1918年,经国会同意,"中华新武术"被定为全国正式体操。但几年之后,终因其内容单调,习者日少。因此,原本打算分上、下两册出版的《中华新武术》,因"习者日少",下册出版也不了了之。

马良在《中华新武术》序言中,首次使用了"武术体育"一词,并认为世界各国的"武术体育"没有超越中国的,是"自卫制人"的好方法。马良的观点不仅反映出他战争思想的落后,也反映出他对体育与运动的认识和理解谬误。到20世纪初,枪炮已经成为战争中的常规武器。1889年,张之洞就在武汉筹建了汉阳钢铁厂和枪炮厂,1894年,任两广总督时,又开始编练江南自强军,由德国人担任教官,采用西式操练。而马良对此不以为意,认为中华武术胜于"兵式体操"。另一方面,他错误地认为武术既然能够强身健体,所以自然就是体育或体育运动,并美其名曰:"武术体育"。其实,这是一种概念混淆。武术的确可以作为体育的内容和方式,但并不等于说武术是体育或体育运动。所以,"武术体育"一词出现后,误导了人们对于体育与运动的认识,以至于体育界因此而出现了"土体育"和"洋体育"之争。所谓的"古代体育说""国粹体育"观点也由此产生,并一直延续至今。

对此,陈独秀在1918年《新青年》第5卷第5号发表的《克林德碑》一文中予以了猛烈抨击,陈独秀指出:"济南镇守使马良所提倡的中华新武术,现在居然风行全国。我看他所印教科书(曾经教育部审定)中的图像,简直和义和拳一模一样。湖南督军张敬尧带兵到四川到湖南打仗,到处都建造九天玄女庙,出战时招呼兵士左手心写一'得'字,右手心写一'胜'字,向西对九天玄女磕几个头,保管得胜。诸君看看这是什么玩意儿?"

同年,鲁迅也在《新青年》上发表了《随感录第三十七》,对"中华新武术""中国式体操"进行了批判和嘲讽。文章说:"近来很有许多人,在那里竭力提倡打拳。记得先前也曾有过一回,但那时提倡的,是清朝王公大臣,现在却是民国的教育家,位分略有不同。至于他们的宗旨,是一是二,局外人便不得而知。现在那班教育家,把'九天玄女传与轩辕黄帝,轩辕黄帝传与尼姑'的老方法,改称'新武术',又是'中国式体操',叫青年去练习。听说其中好处甚多,重要的举出两种来,是:一、用在体育上。据说中国人学了外国体操,不见效验;所以须改习本国式体操(即打拳)才行。依我想来:两手拿着外国铜锤或木棍,把手脚左伸右伸的,大约于筋肉发达上,也该有点'效验'。无如竟不见效验! 那自然只好改途去练'武松脱铐'那些把戏了。这或者因为中国人生理上与外国人不同的缘故。二、用在军事上。中国人会打拳,外国人不会打拳。有一天见面对打,中国人得胜,是不消说的了。即使不把外国人'板油扯下',只消一阵'乌龙扫地',也便一齐扫倒,从此不能爬起。无如现在打仗,总用枪炮。枪炮这件东西,中国虽然'古时也已有过',可是此刻没有了。藤牌操法,又不练习,怎能御得枪炮? 我想(他们不曾说明,这是我的'管窥蠡测'),打拳打下去,总可达到'枪炮打不进'的程度(即内功?)。这件事从前已经试过一次,在一千九百年(即义和团运动时)。可惜那一回真是名誉完全失败了。且看这一回如何?"[①]鲁迅一语道破了借用"中国式体操"(即武术)实现救国目的纯粹是胡扯。尽管陈独秀、鲁迅等知识分子对"中华新武术"进行了激烈的批判,但"武术体育"的错误概念并没有因此而消除,反而被我国体育界先驱演绎成所谓的"古代体育说"。似乎体育与运动不是欧洲资本主义制度的产物,而是我国古代文明的"杰作"? 遗憾的是直到今天,那些力挺"古代体育说"的人并没有给出为什么中国古代会产生体育与运动的理论解释,反而误导了国人对体育与运动的正确认识,这不能不说是我国体育教育的一大憾事。

---

　　① 鲁迅.随感录三十七·鲁迅杂文全集:卷1[M].沈阳:春风文艺出版社,1997:39－40。

武术不过是一种战争手段和竞技方式,类似的竞技方式和竞技活动普遍存在于世界各国的社会发展过程中,如西方古代时期的摔跤、格斗、拳击等都属于武术的范畴,只是名称不同而已。在古希腊,这种竞技方式和竞技活动发展演变为古希腊奥林匹克运动,而古希腊奥林匹克运动同样不是体育运动。它是一种宗教祭祀活动,即为悼念战争中死去的英雄而进行的一种展示英雄行为的竞技活动,旨在塑造一种英雄精神,激励活着的人为国家而战。现代奥林匹克运动即体育运动是在继承古希腊文化,即发扬竞技传统、塑造竞技精神的思想指导下诞生的。体育运动的产生是一种游戏与竞技活动的发展演变过程,既有文化上的继承传统,又有思想上的创新过程。那么,所谓的中国"古代体育"与现在的体育与运动又有何联系呢? 没有人做出解释。其实,自民国时期以来,国人并不是不知道体育运动为西洋之物,那么,为什么还要强词夺理举中华武术为"土体育",甚至将其名为"国粹体育"呢? 这纯属"华夷心态"作祟。

自古以来,国人就以泱泱大国、五千年的辉煌历史自居天下,视外国为"蛮夷""洋夷"。尽管近代以来国外列强的坚船利炮数次打开了中国的大门,强占中华国土、掠夺中华财富,国人也深知"技不如人",但心态无法改变。小小的"蛮夷"之国能够创造体育与运动,泱泱大中华何以没有体育? 于是,在民国初年,国人就玩起了文字游戏,将体育分为"土""洋"体育、"新""旧"体育、"传统体育"和"民族体育",以至于这些概念延续至今。其实,"土""洋"体育之争实际上是一个伪命题。说明国人对体育与运动缺乏正确的认识和理解,结果造成了认识的误区,认为凡是能够强身健体的活动如武术等均可视为体育或体育运动,这种观点是错误的。

也许有人认为,在当代的奥运会中,国际奥委会不断扩大奥运会的比赛项目,规定举办国可以将具有民族特色的少量竞技活动纳入比赛中,难道这些项目不就是运动与体育运动的内容? 的确是。不过这里有一个认识和逻辑的问题,即国际奥委会之所以有这样的规定,完全是为了扩大奥运会的影响,尤其是在举办国的影响,以吸引更多的人关注奥运会。那么,这些具有民族特色的竞技活动内容是在体育与运动发展过程中不断泛化的结果，即适宜的项目不断增加，不适宜的项目随时去除，体现出奥运会比赛项目的游戏性和观赏性。而不是说，现在将这些竞技项目纳入了奥运会比赛中，这些竞技项目就成为各国、各民族的所谓的"古代体育与运动"的证据。古代没有体育与运动，所有具有民族特色的各种竞技内容在古代都属于游戏的范畴。所以，"古代体育说"就是偷换概念，无法从理论上解释体育与运动产生的机制。从另一方面来说，这也是一部分人对体育与运动缺乏正确的认识和理解所致。

二、"新文化运动"中的体育文明进步（1915—1926）

清末实施"新政"以后，提出了学习西方的先进思想、先进技术，发展民族工业，推动中国经济发展，以及在教育方面学习西方的先进教育理念、改革教育制度和教育内容，促进中国教育事业发展。在教育改革中，就体育内容而言，除了规定学制并将体育课程纳入教学课程这一形式上的变化之外，实质性的体育教学内容不过是借用军事训练的"兵式体操"而已。其中的原因在于旧的思想观念在人们头脑中根深蒂固，很难通过一种制度的变化出现立竿见影的效果。

民国初期，这种现象依然如故，因此，一些先进的知识分子意识到，没有思想观念的变化，就没有正确的行动。而没有正确的行动，就无法推动社会的发展与进步。因此，以陈独秀、李大钊为首的一批先进知识分子自1915年开始，发动了一场"新文化运动"，这场运动在中国近代史上产生了巨大影响。同时，"新文化运动"对体育与运动发展起了积极的推动作用，使体育与运动逐渐向着文明的方向发展。

1. 体育与运动的正确观念产生

"新文化运动"始于1915年，以陈独秀在上海创办《青年杂志》（第二期开始更名为《新青年》）为标志，到1919年的"五四运动"逐渐进入鼎盛发展时期，其影响一直延续到20世纪20年代末。陈独秀创办《新青年》杂志一开始定位于提倡"德智体"全面发展的教育思想,为青少年树立正确的人生观,并大力提倡白话文,反对文言文。但遭到了观念保守的知识分子的强烈反对。因此,《新青年》发表了大量批判中国传统的伦理、道德和儒家文化的文章对保守派进行抨击。所谓"国粹体育""土体育"观点的出笼,就是在这种传统文化与引进西方文化的激烈交锋中产生的。而为了反击保守派以传统文化为作为挡箭牌抵制西方文化的传播,《新青年》提出了提倡科学与民主,反对愚昧与专制;提倡新道德,反对旧道德;提倡新文学,反对旧文学的主张。由此引发了一场崇尚科学、反对封建迷信、猛烈抨击封建思想的文化启蒙运动——新文化运动。

《新青年》高举民主和科学大旗,从政治观点、学术思想、伦理道德、文学艺术等方面同封建复古势力展开了激烈的论战。陈独秀在《青年杂志》第 1 卷第 1 号上发表的《敬告青年》一文中论述人权时说:自人权平等之说兴,奴隶之名,非血气所忍受。世称近世欧洲历史为"解放历史"——破坏君权,求政治之解放也;否认教权,求宗教之解放也;均产说兴,求经济之解放也;女子参政运动,求女权之解放也。在论述科学时说:近代欧洲之所以优越他族者,科学之兴,其功不在人权说下,若舟车之有两轮焉。今且日新月异,举凡一事之兴,一物之细,罔不诉之科学法则,以定其得失从违;其效将使人间之思想云为,一遵理性,而迷信斩焉,而无知妄作之风息焉。

《新青年》作为新文化运动中的一面旗帜具有典型的代表性,集中反映了新文化运动倡导民主、崇尚科学的民主思想。对于启蒙大众观念,批判和抵制封建思想、接受新事物、新科学做了有益的尝试。同时,新文化运动中反对八股文、提倡白话文也为文化传播开辟了广阔道路,使普通大众更容易接受新文化运动的传播内容,从而改变观念,形成新思想、新意识。所以,新文化运动不仅在传播民主与科学、道德与文学方面做出了贡献,在体育运动传播方面也同样功不可没,一些知识分子对体育运动的科学观点通过大众媒介的广泛传播,使社会大众对体育的认识水平逐渐提高,为体育与运动发展打下了良好基础。

1915 年 10 月,陈独秀在《新青年》第 1 卷第 2 号上发表了《今日之教育方针》一文,详细阐述了教育方针的制定应从人生、国家、社会经济和社会责任4个方面加以关注。他指出："外览列强之大势，内鉴国势之要求，今日教学相期者，第一当了解人生之真相，第二当了解国家之意义，第三当了解个人与社会经济之关系，第四当了解未来责任之艰巨。准此以定今日教育之方针，教于斯，学于斯，吾国庶有起死回生之望乎。"在阐释"未来责任之艰巨"时，陈独秀所强调的正是发展体育运动的意义，他引用日本福泽谕吉的教育观点，曰："教育儿童，十岁以前，当以兽性主义；十岁以后，方以人性主义。"并解释说："兽性之特长谓何？曰意志顽狠，善斗不屈也；曰体魄强健，力抗自然也；曰信赖本能，不依他为活也；曰顺性率真，不饰伪自文也。晰种之人，殖民事业遍于大地，唯此兽性故；日本称霸亚洲，唯此兽性故。彼之文明教育，粲然大备，而烛远之士，恒期期以丧失此性为忧，良有以也。"所以，陈独秀对当时的青少年成长状况极为担忧，他指出："纨绔子弟遍于国中，朴茂青年等诸麟凤；欲以此角胜世界文明之猛兽，岂有济乎？茫茫禹域，来日大难。吾人倘不以劣败自甘，司教育者与夫受教育者，其速自觉觉人，慎毋河汉吾言，以常见虚文自蔽也！"

由此可见，陈独秀在当时的社会状态下，对体育与运动的认识和理解既不同于资产阶级改良派的实用主义的"强种保国"论，又不同于保守派的"国粹体育""土体育"论。他并没有否定教育目的的"国家之意义"，但更注重从"人生之真相"的意义出发，强调培养出具有"兽性"的体魄，实现国家的独立，使体育与运动的文化和文明由此得以彰显。

1917年4月，毛泽东在《新青年》第3卷第2号上发表了《体育之研究》一文，对体育的意义和作用做出了阐释。他说："体育的重要性在于：体者，为知识之载而为道德之寓者也。其载知识也如车，其寓道德也如舍。体者，载知识之车而寓道德之舍也。儿童及年入小学，小学之时，宜专注重于身体之发育，而知识之增进道德之养成次之。宜以养护为主，而以教授训练为辅。今盖多不知之，故儿童缘读书而得疾病或至夭殇者有之矣。中学及中学以上，宜三育并重，今人则多偏于智。中学之年，身体之发育尚未完成，乃今培之者少而倾之者多，发育不将有中止之势乎？吾国学制，课程密如牛毛，虽成年之人,顽强之身,犹莫能举,况未成年者乎？况弱者乎？善其身无过于体育。体育于吾人实占第一之位置。体强壮而后学问道德之进修勇而收效远。于吾人研究之中,宜视为重要之部。学有本末,事有终始,知所先后,则近道矣。此之谓也。"

在论述体育的作用时毛泽东指出:"近人有言曰:文明其精神,野蛮其体魄。此言是也。欲文明其精神,先自野蛮其体魄。苟野蛮其体魄矣,则文明之精神随之。夫知识之事,认识世间之事物而判断其理也。于此有须于体者焉。直观则赖乎耳目,思索则赖乎脑筋,耳目脑筋之谓体,体全而知识之事以全。故可谓间接从体育以得知识。今世百科之学,无论学校独修,总须力能胜任。力能胜任者,体之强者也。不能胜任者,其弱者也。强弱分,而所任之区域以殊矣。"毛泽东对体育认识和理解同近代欧美教育家的教育思想完全一致,不仅解释了体育的本质和内涵,又为人们认识体育运动提供了理论根据。

"新文化运动"中的西方文化引进和传播,使社会大众从对传统文化和西方文化有了新的认识,在一定意义上促进了社会的发展与进步。在这一过程中,体育思想和观念也发生了变化,具体来说,陈独秀的体育教育思想是从中国教育发展的大局着眼,认为培养合格的人才,必须有正确的教育方针,而正确的教育方针必须兼顾个人、国家、社会和责任等方面因素。所以,他从教育方针应担负的责任这一角度出发,认为青少年德智体的培养应根据其成长规律进行,注重发展青少年的身体素质,否则,于国于民无益。毛泽东的体育教育思想是从教育规律的观点出发,阐释了体育的概念、目的、任务、功能和作用,从而为提高社会大众对体育的认识水平,推动体育的传播与发展提供了理论基础。

2. 体育运动组织机构的产生

体育运动组织机构既是体育运动发展不可或缺的重要因素,又是彰显体育文明的重要文化特征。不能想象缺乏体育运动组织机构又如何能够推动体育运动发展？但是,我国体育与运动的早期发展,就是在这种纠结状态下逐步趋于完善,表现出体育与运动文明不断发展进步的过程。

19世纪末,欧美传教士相继在中国建立教会学校,这些学校按照西方现代教育模式进行课程设置,运用现代教育思想和教育理念指导教学,这对中国传统的教育形成了巨大冲击,同时,也促使中国学校教育不得不改变几千年来的封建教育制度和教育内容。在教会学校中出现的体育活动包括体育游戏活动和田径、球类运动等令国人耳目一新。1904年至1908年间,天津基督教青年会干事罗伯逊曾多次到京、津学校进行体育讲演,以提高学生们对体育运动的认识,激发学生参与体育活动的兴趣。1915年,教育部发布通知,要求学校在课外设立体育活动和组织运动竞赛,各种田径、球类和游泳等比赛活动开始出现,学校运动会也开始举办。这些学校内的体育活动尽管晚于教会学校,但总算开始起步。而且,就发展过程来说,又是由学校这一组织机构负责进行。所以,学校作为社会中的一级组织机构在清末民初发展体育与运动过程中起了重要作用。但是,对于社会中开展体育运动及比赛活动当时我国没有独立的体育组织负责,完全由教会组织承担完成。

1910年,上海基督教青年会筹办举行了"全国学校区分队第1次体育同盟会"即第1届全国运动会。1913年又同菲律宾和日本的基督教青年会一起筹办了远东运动会。1915年,第2届远东运动会在上海举行。基督教青年会通过举办竞技体育比赛,将竞技体育运动模式引入中国,为中国竞技体育运动发展起到了示范作用。除此以外,基督教青年会还通过举办"体育干事训练班",开办"女子体育师范学校"等方式培养体育运动人才,推动体育运动在中国的传播。

1910年,中国博览会(亦称南洋劝业会),计划于10月中旬在南京举办。基督教青年会美国体育干事爱克斯纳获悉后,也希望借此时机扩大基督教青年会的社会影响,于是通过上海基督教青年会,倡议举办一次全国规模的体育赛会,孰料此举引起了强烈的社会反响,一些体育运动开展较好的学校积极响应。该运动会被定名为"全国学校区分队第一次体育同盟会",并于10月18日至22日在南京举办。参加此次运动会的有华南、华北两区及武汉、苏州、南京、上海等市的150名运动员。会后,成立了"全国学校区分队体育同盟会",该会设有董事25人,其中外国人占12人。1911年1月,辛亥革命前夜,菲律宾体育协会会长、美国人布朗前往中国和日本访问,提出了筹建远东地区体育组织的设想,并商议举办远东地区运动会事宜。由于此事是基督教会的活动,所以,我国的基督教青年会的王正廷便参与了整个筹备工作。

1913 年 2 月 1 日至 9 日,在菲律宾首都马尼拉举行第 1 届远东运动会(实为三国运动会)。这是中国第一次派团参加国际比赛,比赛结果,菲律宾获得总分第一名,中国获第二名,日本名列第三。而此前成立的远东体育协会,虽然名义上仍然是以国家为代表主体参与协会,但其整个组织过程完全是在教会的控制下进行的,原因就在于中国自己的体育组织尚没有建立。1921 年,在上海举行的第 5 届远东运动会闭幕后,召开了"中华业余运动联合会"筹备会,1922 年 4 月,中华业余运动联合会在北京召开了成立大会。会议确定天津的张伯苓为会长;南京的郭秉文为副会长。另确定了 5 名顾问和 9 名职员。在 9 名职员中,除了 3 名基督教的外籍干事外,其余 6 人也与基督教青年会存在着各种联系。

虽然基督教青年会成立的全国性体育组织,即"全国学校区分队体育同盟会"和"中华业余运动联合会"中也有中国人参加,但这些人首先是基督教会的会员,不代表任何官方组织,因此,从性质上说仍然不属于中国的社会体育组织。

直到"1923 年,在日本东京举行的第 6 届远东运动会上,美国人格雷竟作为中国的代表登台讲话,引起了运动员、旅日侨胞和国内的不满,纷纷要求成立中国人自己的体育组织",①这催生了中国社会体育组织的诞生。

1924 年 5 月,第 3 届全国运动会在武昌举行,来自国内五个地区(华东、华西、华南、华北、华中)的体育代表们倡议成立中国人自己的全国体育组织,中国体育事业先驱张伯苓、王正廷等人也尽力推进此事,终于促成了有关成立会议的召开,但此次努力依然以失败告终。不过,此次运动会期间,来自各省体育界的人士在湖北省教育厅开会,决定:"俟七月三号教育改进社在南京开会时,再着各

省代表开成立大会。"

据南京文史馆研究人员胡卓然考证："1924 年 6 月 9 日，《申报》又为 7 月初的成立大会发出预先报道《全国体育机关在宁开成立会》，其中提到：'当由各省代表议决合作，共同组织全国华人体育总机关，其名称另行酌定'，'定于七月三日乘中华教育改进社在南京开会之时，赴宁举行成立大会。'"

"1924 年 7 月 2 日，计划中的成立大会即将召开之际，《申报》又一次以报道的形式预告'中华体育联合会将成立'。报道称中华体育联合会'定于七月四日在南京东南大学举行成立大会'。报道还记载，开会地点计划借用'东南大学体育馆'，'将于该馆设立招待处'"。"7 月 5 日下午四时，成立大会在东南大学化学教室继续召开。《申报》关于 5 日会议的报道记录了张伯苓发言的大概内容：'为时间经济起见，诸位说话时，务求精要，勿多发议论。盖会章不过一纸空文，最重要者，为将来实际上之做事。'"最后，大会选举张伯苓、郭秉文、陈时、聂云台、方小川、沈嗣良、郝伯阳、卢炜昌、穆藕初九人为董事。选举结束后，张伯苓随即发言宣布："董事既已产出，我中华全国体育联合会即为正式成立"[①]。至此，在当时"国立东南大学"的化学教室里，中国第一个真正意义上的"全国性体育组织"——中华全国体育联合会宣告成立。

对于《申报》在报道中使用的"中华全国体育联合会"的名称，张卓然解释道："该名称随后又被'中华全国体育协进会'的正式名称代替。现在可以查到的，该会成立一年后，于 1925 年 8 月 12 日上午九时，召开的临时董事会会议记录。会议记录上虽还记录了张伯苓'略述去年本会在南京成立之历史'，而该组织名称已使用的是'中华全国体育协进会'。"

"协进会"在当时常常代替"联合会""协会"等作为组织的名称使用。在"中华全国体育协进会"成立的时候，国内即有工界协进会、农业协进会、教育协进会等有影响力的组织，有学生联合组织也称"同学协进会"。稍后，董事会会议制定中华全国体育协进会的宗

---

① 胡卓然.民国时中国奥委会的根就在南京[N].南京:金陵晚报,2012 - 07 - 31.

旨:联合全国体育团体,促进体育之进步;主持全国业余运动,暨制定运动统一规则及运动标准,并增进运动员仁侠之精神;关于国际运动比赛,由本会联合各区负责进行。该会成立后总部设在上海,并向北京政府"内政部"立案。

中华全国体育协进会在南京成立后,随即将办公点由南京迁至上海,并着手筹备第4届全国运动会。但不久北伐战争爆发,第4届全运会被迫推迟。我国体育运动组织的建立为发展体育运动尤其是"国民政府"时期的体育运动发展奠定了基础,对体育与运动文明发展起了巨大的推动作用。值得一提的是,新中国成立后,中华全国体育运动协进会在台湾地区延续至今,而在大陆地区中华全国体育运动协进会则更名为中华全国体育总会。

三、"国民政府"时期的体育
文明发展(1927—1948)

1926年7月,广东国民政府成立了国民革命军,开始北上讨伐以吴佩孚、孙传芳为首的直系军阀和以张作霖为首的奉系军阀,北伐战争爆发。1927年4月,成立了南京国民政府。1928年底,张学良易帜,北伐胜利。至此,中华民国实现了名义上的统一。南京国民政府成立后,社会局势趋于稳定。至1937年抗日战争全面爆发前十年间,我国在政治、经济、文化、教育、外交和军事等方面有了快速发展,被称为民国的"黄金十年"。在此20年间尤其是"黄金十年"中,我国体育与运动发展成绩显著,相比清末和北洋政府时期有了飞跃性发展。体育与运动的文明状态更加凸显,为社会文明发展起了很大的促进作用。

1. 体育法规:一种观念文明的体现

各种法律法规是社会制度文明的体现,它规范着社会中人与人、群体与群体、组织与组织以及社会与国家之间的行为和关系,使整个社会处于一种有序的状态。因此,社会的发展不可能脱离法律和法规的规范。民国政府成立以后,在发展体育与运动方面,首先从制度建设入手,先后制定了《中华民国教育宗旨及其实施方针》

（1929年）;《教育方针及其实施原则》（1929年）;《国民体育法》（1929年）;《国民体育法实施方案》（1934年）;《教育部体育委员会规程》（1932年）;《战时各级教育实施方案纲要》（1938年）;《各级学校体育实施方案》（1940年）;1941年颁布了《修正国民体育法》（《国民体育法》第1次修订版）以及《国民体育委员会章程》,1945年颁布了《教育部国民体育委员会组织条例》等。其中,《中华民国教育宗旨及其实施方针》和《国民体育法》的出台意义很大。

1929年4月,国民政府召开的国民党第三次全国代表大会,重点讨论了教育方针问题,通过并颁布了《中华民国教育宗旨及其实施方针》,即"中华民国之教育,根据三民主义,以充实人民生活,扶植社会生存,发展国民生计,延续民族生命为目的;务期民族独立,民权普遍,民生发展,以促进世界大同。"同时,还规定了实施教育宗旨的8条方针,其中第7条指出:各级学校及社会教育,应一体注重发展国民之体育。中等学校及大学专门,须受相当之军事训练。发展体育之目的,固在增进民族之体力。[①] 由此可见,在《中华民国教育宗旨及其实施方针》中将发展体育的目的定位于"增进民族之体力",在这个基础上,"须受相当之军事训练"。这种观点相比清末的"强种保国"思想有了很大的进步。但是,体育教育中的军国民教育思想并没有消除。

1932年,国民政府在教育部下设体育委员会（1941年底改称"国民体育委员会"）,专门负责指导、督促全国体育工作。1933年教育部设置了"体育督学",负责督促、检查各地对体育法规的执行情况。1936年,教育部又设置了"体育组",专门负责学校体育、军训和童子军训练。教育部体育委员会成立后,全国一些省市也相继建立起与之对应的"体育委员会",负责组织本省市开展体育活动。这极大地推动了体育与运动的发展。以上海市务本女中为例,国民政府时期,该校在开展体育运动方面受到当时上海市教育局的称赞。对于开展体育活动的目的和任务,该校1934年概况中记载道:"本

---

① 顾明远.中国教育大系——20世纪中国教育（一）[M].武汉:湖北教育出版社,2004:15.

校成立以来,迄今三十有二载,于体育一项,曾蓄极提倡,期以挽闺阁柔弱之风,树民族健康之本。方今强邻窥伺,入于堂奥,国民体魄之训练,日以急迫。本校战战兢兢,益不敢稍后与人。"①

该校制定的体育目标是:"本校按体育之普及、运动之进展、青年之兴趣、日常之需要,暂定体育目标于左。"②具体包括:"1. 普遍的锻炼,良好的体魄,正确的姿势;2. 注意各种技能之运用,增进肢体反应之灵敏;3. 参加各种团体运动比赛,借以养成忠勇守法诸公民之道德;4. 适应日常生活之需要,养成卫生之习惯。"③为保证体育课正常进行,该校还制定了专门的请假规则:"无论因病例假等,或到校未到操场者,未经体育教师许可,作旷课论;每人每月准例假3天,但仍需按时至操场旁听。"④务本女中体育课程的主要内容包括:高中部正课2小时,初中部正课3小时,此外,还有课外运动、早操、课间操、普通体育常识等。其中正课包括以下几项。

步伐:包括各种步伐,及队形队列;

舞蹈:舞蹈之基本步伐,及土风舞等;

徒手操:改正姿势之基本动作;

模仿操:各种球类及田径基本动作之练习;

非正式球类:各种球类之预备球戏;

正式球类:凡有正式规则之球类,如篮球、排球、垒球等;

径赛:如短跑、400米接力、80米低栏;

田赛:如跳高、跳远、掷重、掷远等;

体育常识:体育概要、体育常识及球类规则之分析;

小学体育教材:小学应用游戏、唱歌,及体操、舞蹈等。

除体育课教学之外,务本女中各种体育运动比赛成绩同样优异。"民国七年(1918年)江苏省属各校联合运动会,举行于沪,本校预焉,表演棍棒、舞蹈、室内球三种,曾获优等奖状。其后,上海中

---

① 郎净. 近代体育在上海[M]. 上海:上海社会科学出版社,2006:289.
② 郎净. 近代体育在上海[M]. 上海:上海社会科学出版社,2006:290.
③ 郎净. 近代体育在上海[M]. 上海:上海社会科学出版社,2006:290.
④ 郎净. 近代体育在上海[M]. 上海:上海社会科学出版社,2006:291.

等学校联合运动会、上海市教育局主办中学运动会相继举行,本校无不踊跃参入。二十二年(1933 年),获中等学校联合运动会高初级女子团体总锦标,及个人总锦标,此属于田径赛者。球类一项,本校特注意排球之训练,数年以来,曾获得相当之成绩,民国二十二年秋代表上海市出席全国运动会,获得全国女子排球冠军"①。不仅务本女中如此,当时的上海清心女子中学、南方中学、立达中学、志持附属中学和东吴第二中学等都与务本女中一样,属于私立学校,条件相对较好,各校都有体育场地并开设体育课、组建运动队。从务本女中的体育课教学目标、要求和内容中可以看出,在 20 世纪 30 年代就已经出现了与当今体育课相比并不逊色的规范教学,这不仅反映出体育教学的发展进步,也体现出体育文明程度的不断提高。

更值得关注的还有《国民体育法》的颁布。《国民体育法》于 1928 年制定完成,此时,体育运动诞生也不过 30 余年,而且,无论从国际还是国内来说,体育运动远未普及,离大众体育时代尚远。但是,国民政府却在 20 年代末推出了《国民体育法》,这的确是一个创举。《国民体育法》是中华民国的体育运动大法,1927 年,国民政府颁布的《中华民国教育宗旨及其实施方针》中的第 7 条规定:"发展体育之目的,固在增进民族之体力,尤需以锻炼强健之精神,养成规律之习惯,为主要任务。"《国民体育法》正是以此为法源基础制定的。1928 年,北伐战争胜利后,该法制定完成。经民国第三次全国代表大会审议通过,于 1929 年 4 月 16 日正式颁布。

《国民体育法》是中国历史上的第一部体育法,也是世界上最早颁布的体育法之一。1941 年,《国民体育法》进行了第一次修订,并根据 1940 年全国教育会议与全国国民体育会议的决议,由原来教育部主导体育改为由训练总监部和教育部共同办理。由于此时正值抗战时期,所以修订后的法规又是以发展军事与国防体育为主。《国民体育法》共有 13 条,规定了体育的目的、方法、行政组织、体育组织和教师资格等。不仅对学校体育、社会体育的发展做了相应的规定,而且就如何开展学校体育,如何举办运动会,如何推进社会发

---

① 郎净. 近代体育在上海[M]. 上海:上海社会科学出版社,2006:289.

展等问题都做了详尽的条文解读。

1932年8月,国民政府在南京召开了"全国体育会议",并制定颁布了《国民体育法实施方案》,这一方案主要是为了进一步落实《国民体育法》的具体实施,其内容包括:体育运动目标、体育管理的行政与措施、体育运动推行方法、考核方式和分阶段实施计划等5个部分。在《国民体育法》颁布之后,一个迫切需要解决的问题就是培养师资,造就体育运动的传播者。在《国民体育实施方案》中规定:要求"各省保送学术兼优的体育人员,分赴国外留学体育……教育部及各省举行留学考试,应列体育名额。"除此以外,还通过开办大学体育科(系)、举办短训班等方式培养体育师资。

当时,国立中央大学体育系和国立北平师范大学体育系是国内著名的体育师资培养基地。著名的中国体育先驱卢颂恩、吴蕴瑞、金兆均、陈英梅、方万邦、徐镛、张汇兰、吴澄、程登科、江良规等先后在国立中央大学体育系任教,而体育界泰斗吴蕴瑞、曾仲鲁、袁敦礼、董守义、马约翰、宋君复、郝更生、方万邦、徐英超、许民辉、谢似颜等先后在国立北平师范大学体育系任教,为全国大中小学校培养体育专门人才。

除这两所大学以外,各省的大学体育科系也加紧培养体育师资,但远远无法适应全国各地的需要。国民政府又积极采取短训班方式作为应急措施,1933年7月,在南京中央大学体育系开办暑期体育补习班,有300多人参加了培训。1935年7月,在青岛山东大学举办了"全国体协暑期培训班"等。由此可以看出,在《国民体育法》实施过程中,从政府到民间机构很多人充满了信心。

《国民体育法》在20世纪20年代末出台,对于中国来说有着非同一般的历史意义和现实意义。当时,国民政府刚刚结束了北伐战争,政局未稳、百废待兴,在如此社会环境下,把并不具有国计民生意义的体育运动列入了社会事业发展的重要议程,并以法规的形式将其定位,足以可见国民政府对体育运动的重视。

客观地说,国民政府颁布体育法在很大程度上仍然带有"强种强国"的思想意识,但与清末的发展"兵式体操"不同。《国民体育法》中虽然也有军事训练内容,但在当时的社会环境下完全可以理解,在一定程度上说也有必要。但其中对体育运动内容以及运动的目的、任务的规定则完全符合体育运动的要求。相比欧美各国而言,当时中国的经济发展水平十分落后,根本不具备全面发展体育运动的条件,也正因为如此,《国民体育法》的出台才尤显可贵。环视欧美各国《体育法》的出现,均是在社会经济发展到一定水平,社会大众开始进入小康生活之时,为促进和规范体育运动发展才出台的体育法。即使与苏联的《劳卫制与体育运动》法规相比,《国民体育法》也早其两年。而且,当时中国与苏联所面临的社会环境极其相似,均是在战时条件下为战争和国家建设而采取的一种手段。可见,《国民体育法》的出台是在鲜有借鉴的情况下出台的,反映出国民政府发展体育运动的实用性和前瞻性体育思想。

从世界各国情况看,第二次世界大战以前,也只有英国、加拿大和意大利等国颁布了体育法,其他多数国家均是在20世纪五六十年代之后才出现《体育法》。而美国则是在1978年通过了《业余体育法》,到20世纪90年代初,几乎所有东欧国家都颁布了《体育法》。由此可见,《国民体育法》出台在世界体育运动发展史上也具有重要意义。《国民体育法》的意义在于:首先,在特殊的历史条件下,通过发展体育运动锻炼身体,既是一种塑造精神的培养人的手段,又是一种为战争和国家建设做准备的具体方式,缺一不可,二者兼得;其次,《国民体育法》是一种国家意志的体现,旨在规范和推动体育运动发展,在国民政府时期的"黄金十年"中,体育运动在中国迅速发展与体育法的颁布有很大关联;最后,体育运动诞生后,由于各国体制的差异,发展体育运动的方式有所不同,在欧美国家一般注重于通过社会组织开展体育运动,而国民政府则是根据国人的文化传统和习惯,通过国家机构的行政力量推动体育运动发展。

总之,国民政府时期体育法律法规的制定不仅规范和推动了体育与运动的发展,又体现出体育与运动的文明进步。因为任何法律法规制度的产生首先是一种观念的文明和进步,这种观念的进步既反映在制度文明的规定中,又体现在体育与运动的实践中。

2. "新生活运动"：促进了体育文明发展

"新生活运动"是指1934年至1949年由国民政府发起的一次国民教育运动。即以儒家伦理思想为基础，以西方文明为标杆，教育国民从行为方式、生活方式进行一次彻底的变革，以适应新时代的发展要求。1934年2月，蒋介石在南昌发表了《新生活运动之要义》演说，随后宣布："新生活运动促进会"于南昌成立，蒋介石任会长，7月1日改组为"新生活运动促进总会"，宋美龄任新生活运动促进总会的妇女委员会指导长，并成为新生活运动的实际推动者和倡导人。由此拉开了"新生活运动"的序幕。

"新生活运动"的中心内容就是将"礼、义、廉、耻"的观念贯彻到国民日常的"衣、食、住、行"之中，并使"生活艺术化、生活生产化、生活军事化"，即所谓的"三化"。

生活艺术化，就是以"艺术"为"全体民众生活之准绳"，告别"非人生活"，力行"持躬待人"并以传统之提倡"礼、乐、射、御、书、数"六艺为榜样，以艺术陶养国民，以达"整齐完善，利用厚生之宏效"。

生活生产化，则旨在"勤以开源，俭以节流，知奢侈不逊之非礼，不劳而获之可耻"，从而"救中国之贫困，弭中国之乱源"。

生活军事化，就是使全国国民的生活能够彻底军事化，勇敢迅速，刻苦耐劳，能随时为国牺牲。养成这种临时可以与敌人拼命为国牺牲的国民，就要使全国国民的生活军事化。所谓军事化，就是要整齐、清洁、简单、朴素。也必须如此，才能合乎礼义廉耻，适于现代生存，配做一个现代的国民。

"新生活运动"在实施过程中受到广泛关注，尽管各地所取得的成效并不平衡，但是，在实施这一活动过程中所建立起来的运行系统却在抗战中发挥了很大作用，为抗战宣传、募集和慰劳活动做出了贡献。在"新生活运动"中，发展体育运动，锻炼身体促进身体健康也是其中的内容之一。这不仅是生活军事化的一种需要，也是新生活方式的一项要求。所以，"新生活运动"不仅促进了国民政府时期体育运动发展尤其是大众体育运动发展，也推动了体育文明和社会文明的发展。

在南京，市政府为了让"首都儿童有一正当合身心之运动场所，借以训育儿童身心，而养成将来强健国民"，于1935年8月批准"在鼓楼公园建立儿童娱乐园一所"，以"启发儿童体育之兴趣，以锻炼其体格"。在上海，"新生活运动"中，一如既往推进全市市民体育活动发展，促进市民参与业余运动。每次组织大型的市民体育运动如长跑比赛等，市长和教育局长等领导都会出任筹备组领导，以示对大众体育运动的重视。而平日里，上海各个工厂的体育活动也是丰富多彩。据《上海产业与上海职工》报告说：在纺织行业"至于运动方面，青工很喜欢踢小球，'8·13'（上海沦陷，作者注）以前，沪西有不少由他们组成的小球队；最近内外棉五厂也有人想组织球队，但是因为没有空场，竟未成立得起来……此外，乒乓球也是他们所喜欢的，申新九厂工房有个俱乐部，除象棋、胡琴外设有乒乓，但以系厂房人事科管理，对工人不客气，去打的人很少，他们情愿借学校的地方去打一下。至于打拳，中年和青年的男工都很喜欢，十分之七八都会一两套，打得好的很多……"①在机器及铁业的调查报告中记载："厂内设有球场，内面可以打台球、唱戏、看报。工友与学徒，在日工做完之后，只要不做夜工，得随时在场内玩耍，尤其是夏天，厂内娱乐都活跃异常……因有球场，学徒们自己组织有排球、篮球、足球等队，有时在假日由厂方负责带领同外界比赛。"②由于上海的经济发展水平以及早期外国教会传播体育运动的影响等因素所决定，它成为我国大众体育运动发展的最好城市之一。

　　在农村地区，自1927年开展的"乡村建设"运动到30年代逐渐形成高潮。乡村建设运动的内容包括政治、经济、文化、社会四大部分，具体来说包括：改善农村政权，组织乡村自卫；组建各种合作社，推广先进的农业生产技术；设立各种教育机构，推进基础教育；改善卫生和医疗状况，整治村容和道路，禁绝鸦片和赌博，破除迷信等。乡村建设运动中不仅对农民进行文化、生产技术、民主政治等方面的教育，还通过各种方式开展农村娱乐活动，其中最普遍的是建立

①　郎净.近代体育在上海[M].上海：上海社会科学出版社，2006：209.
②　郎净.近代体育在上海[M].上海：上海社会科学出版社，2006：212.

休闲娱乐茶园。如无锡的民众茶园就是其中的一个,通过设立茶园使民众在闲暇生活中开始拥有一种娱乐的方式,在茶园里有各种各样的活动以帮助民众提高知识水平和各种技能,达到改善民众生活的目的。如在茶园的壁间挂有许多含教育意义的对联、地图及通俗图画、标语等,还配有各种报纸、民众读物、识字挂图画片等。茶园的活动除了喝茶,主要的娱乐项目有打乒乓球、下棋、乐器弹奏、唱歌比赛等。此外还进行一些演讲、阅读书报、谈话等活动。总之,乡村建设运动不仅推动了农村的发展,更重要的是乡村建设运动的开展模式即"实验区模式"既是推进农村建设的有效手段和方式,也为国民政府时期的大众体育运动的传播与发展提供了范式,使体育运动成为乡村文化建设的一部分。

在军营中,也大力发展体育运动,推行"体育试验区"计划。一些体育运动基础较好的部队建立了各种运动队,促进了军队体育运动的发展。在杨森麾下的20军开展体育活动的情况良好,不仅在军中,在社会上的影响力也很大。20军中专门设立了体育专职机构,在军部设立了体育处和国术教练队,其下属各旅设有体育和国术主任,在各团有体育和国术教官,各营有体育指导员。在商震任军长的32军中,对体育活动也很重视,军部设有专门的体育部,负责组织管理全军的体育活动,并经常开办一些体育训练班,为部队培训体育运动骨干。32军进行的体育活动主要包括足球、篮球、田径、马球、拳击等项目。士兵对体育运动的兴趣很高,除了军事训练之外,很多人经常参加体育活动。军中还建立了体育专业队,其中,以拳击队最为出色,队员有十余人。

说到32军的拳击队,还曾有一段辉煌的历史,在1936年举办的第11届德国柏林奥运会上,32军的4名拳击选手代表中国参赛。当时中央通讯社记者冯有真在1936年7月12日《申报》刊登的报道中写道:"32军所派的4位拳击运动员,一般人都不很重视,以为一登世界舞台,就要被人家打得鼻肿血流,倒下地来。其实这样的观念是错误的。据说商震军长提倡军队中的体育,不过两年时光,已使士兵的兴趣知识提高得很多。尤其是拳击这种运动,就是被击倒在地,只要能爬起来,还是要继续抵抗。这种一息尚存拼命奋斗的精神,对于整个军队是有很大作用的。"①虽然参加德国柏林奥运会的选手没有取得名次,但却为军营体育运动发展做出了贡献。

除此之外,其他部队中开展体育活动的事例也屡见不鲜。据云南玉溪市文史资料记载:1943 年至 1945 年,陆军暂编第 23 师驻守玉溪。该师所属部队驻地均有篮球场地,单、双杠、木马、跳箱、吊环、沙坑等体育器械的设置,师部及所属各团均有篮球代表队。1943 年,23 师的第 2、第 3 团同玉溪农校、玉溪中学、棋阳小学教师联队举行比赛,结果棋阳教师联队获冠军,玉中获亚军。当然,需要说明的是国民政府时期,军中的体育活动开展情况并不平衡,在一些条件较差的军队中,体育活动开展的并不活跃。

国民政府时期开展的"新生活运动"有其特定的历史原因和实际意义。因为在 20 世纪初,中国推翻了封建制度,一步跨入现代社会,并没有经历过西方资本主义社会的工业革命阶段,所以,中国处于一种物质文明与非物质文明发展的两难境地,工业基础薄弱,无法在短时间内为社会发展提供丰富的物质基础,改变国民的生存状况。同时,传统的封建文化中的落后观念又在国民意识中根深蒂固,严重阻碍了社会文明的进程。虽然中华民国成立后,经历了五四新文化运动的洗礼,但民众的思想意识尚待进一步开化,为了改变社会民众的思想观念,国民政府因此开展了"新生活运动"。

新生活运动中,国民政府和社会进步人士进行了一系列社会改造运动,诸如经济建设运动、乡村建设运动、新生活运动等。其中,在乡村建设运动中的乡村教育计划、民主建设计划与当时的"体育实验区"计划一并进行,使体育运动开始从城市向农村逐渐渗透,从而丰富了农村地区的业余文化生活,在一定程度上破除了封建迷信、赌博等活动,促进农村地区社会文明水平的提高。虽然"体育实验区"计划在当时的农村地区取得的效果并不理想,但至少扩大了体育与运动的影响,提高了人们的文明认识水平。而在军队中开展大众体育活动,活跃了军中文化气氛,使官兵在战争间隙"休养生息",同时,又增强了体质,在一定程度上提高了军队的

① 转引自网易,军事资料

战斗力。

总之,"新生活运动"促进了大众体育运动发展,既满足了社会民众的生活需要,又为社会民众建立一种新的生活方式提供了模式。同时,"新文化运动"还为建立一种战争动员机制,即"生活军事化"做了准备,使广大民众能够在战时为战争服务。例如,在"新生活运动"中,为了改变国民的生活方式,首先注重的是对女性进行生活方式教育,改变了女性的生活观念就能改变家庭的生活观念。尽管对于促进女性参与体育活动的成效不是很大,但"新生活运动"中所建立的培训女性的组织系统和机构却在抗战中发挥了极大作用,如动员广大女性为战争服务,参与战争救护、后勤保障等方面工作等,为抗日战争做出了贡献。

3. 竞技体育:在社会进步中展现文明

外国教会组织在中国的体育与运动发展过程中起了重要的推动作用,这一点不容否认。这种作用不只是表现在介绍和推广体育与运动上,也表现在主导教会学校的体育教学发展和社会中竞技体育运动比赛上。在清末和北洋政府时期,我国共举办了3届全国运动会,均为教会机构组织或控制主办。在国民政府成立前我国共参加或举办了8届远东运动会,其中有7届为教会组织主导。

1910年,上海基督教青年会得知东亚地区南洋劝业会(即博览会)将在南京举行,为扩大基督教青年会的影响,体育干事埃克斯纳建议筹备全国运动会,随后得到响应。同年10月,在南京劝业场以"全国学校区分队第一次体育同盟会"名义举行了全国运动会。共有150名选手参加了本次运动会。这次运动会在辛亥革命以后被追认为"第1届全国运动会"。

1914年,第2届全国运动会在北京举行,比赛项目有:田径、足球、篮球、队球(排球)、棒球和网球。参赛单位是按华东、华西、华北、华南和华中五个区划分,但华中区没有参加。比赛结果,华北区共获得17个项目中的13项冠军;华东获得了足球冠军;华南区获得网球冠军。

1924年,第3届全国运动会在武汉举行,参赛单位仍是按五大区为单位。此外,菲律宾、香港及南洋华侨也派了选手参赛。参赛运动员达到 300 多人，最后，华北队获得团体总分第一名。

第 1 届全国运动会后，上海基督教青年会又与菲律宾、日本青年会一起筹划成立远东体育协会和举办远东运动会事宜，最后达成一致意见。1911 年，成立了"远东体育协会"并决定每两年举行一次远东运动会。1913 年，第 1 届远东运动会在菲律宾举行，竞赛项目包括：田径、游泳、足球、篮球、排球、棒球和网球共 8 项。1915 年，第 2 届远东运动会在上海举行，中国共获得了包括田径、游泳、足球、排球 4 个项目的冠军和总冠军。自本届远东运动会起中国足球共蝉联 9 届冠军、排球获得 5 次冠军。直到 1934 年，中国宣布退出远东运动会，远东体育协会宣告解体，远东运动会消亡。

由此可见，体育与运动在清末传入中国后，竞技体育运动发展很快，从校园体育比赛到校际体育比赛，从国内比赛到国际比赛，一步一个台阶向前迈进。但是，这一时期的竞技体育几乎完全是由外国教会组织筹办的。直到 1923 年在日本举行的第 6 届远东运动会上，美国人格雷代表中国运动队登台讲话，引起了运动员、旅日侨胞和国内的反对，才不得不着手建立中国的体育组织。很多人认为，"中华业余运动联合会"早在 1922 年 4 月就已经成立，怎么能说没有自己的体育组织呢？其实不然，该组织虽已成立，但仍是由基督教青年会所控制。直到 1924 年"中华全国体育协进会"成立，"中华业余运动联合会"才被废止。不过，基督教青年会举办各种竞技体育比赛，虽然其目的在于提升青年会的社会影响，吸引更多的青年参加基督教会，以更好地传播基督教义，但在客观上助推了中国的体育与运动发展。

1927 年，国民政府成立后，大力倡导发展体育运动，进一步推动了学校体育、大众体育和竞技体育的发展。20 世纪 30 年代后，竞技体育运动发生了飞跃性变化，逐渐显露辉煌。1928 年，中华全国体育协进会决定将第 4 届全运会地点设在广州，并于当年 10 月举行。该计划上报国民政府教育部后，国民政府认为，该次全运会如能够同次年举办的杭州"西湖博览会"一起进行效果更好。于是决定推迟第 4 届全运会于 1930 年 4 月举行。

4 月的杭州，春光明媚，景色宜人。第 4 届全运会如期在这里举行,来自全国24个省市、特区及华侨团体的运动员参加了本次运动会,包括全国大部分省市及绥远、东省特区和日本神户华侨等代表队,运动员总数达2 000多人。这次运动会是国民政府成立后举办的第一次运动会,由浙江省政府主持筹办,其规模和影响之大均超过了前三届全运会。本次全运会改变了前三届以五大区为单位参加比赛的形式,全国各省市都有资格参加。只是部分省市由于组队条件欠缺,放弃了本次机会。因此,本届运动会可以说是一次名副其实的全国运动会。

本届运动会设立的比赛项目包括以下各项。男子组:田径、全能、游泳、足球、篮球、排球、棒球和网球共8个项目;女子组:田径、篮球、排球、网球4个项目;另有男子自行车、国术和女子舞蹈等表演项目。最终,上海队获得男子团体总分第一名;广东队获得女子团体总分第一名。

1933年10月,第5届全运会在南京中央体育场举行。这届全运会原定于1931年10月举行,但因为"9·18"事变,日本侵占我国东北,所以运动会被推迟举行。本届全运会设立的竞赛项目包括:男子组的田径、全能、足球、篮球、排球、网球、棒球、游泳和国术等;女子组有田径、篮球、排球、网球、垒球、游泳和国术等。有2 000多名运动员参加了本次全运会比赛。

在本届运动会上,出现了多项优秀运动成绩,包括:辽宁队的刘长春在男子100米比赛中跑出了10秒7,在200米比赛中跑出了22秒1的好成绩;上海队在女子4×100米比赛中创造了54秒6的好成绩;张龄佳以5889分获得男子全能比赛第一名;上海队在男子4×400米接力中以3分31秒8获得冠军。虽然从总体上说,全运会取得优秀成绩的运动项目并不多,但仅从以上几项成绩来看也令人喜悦,竞技体育快速发展的势头已经出现。

本届运动会是由国民政府教育部筹办的,在开幕式上,有2 360名儿童表演了太极操,这也是全运会第一次引入大型团体操,为全运会举行增加了热烈气氛,吸引了近6万观众到现场观看。值得一提的是,在本届全运会上,于1929年刚刚成立的上海明星、天一等有声电影公司对比赛过程进行了拍摄,制成了《第5届全运会》影片,从此,大众传播手段除了报刊、广播之外又增加了电影手段,进一步扩大了体育传播的范围。

1935 年 10 月 10 日,"双十节"当天,第 6 届全运会在上海开幕。为筹备第 6 届全运会,国民政府斥巨资在上海江湾区修建了能够容纳近 10 万观众的体育场,并附有游泳池、篮球馆等比赛场地。共有 38 个省市的代表队参加了本次运动会,运动员和工作人员总数达到 2 700 多人,是历届全运会规模最大的一次。

本届运动会共设 17 个男女比赛项目,7 个表演项目。其中,男子项目包括:田径、全能、游泳、足球、篮球、排球、网球、棒球和国术等;女子项目包括:田径、游泳、篮球、网球、排球、垒球和国术等。此外,还有男子表演项目:举重、竞走、马球、小型足球、摔跤、自行车和乒乓球等。在本届运动会的田径和游泳项目上,共打破了 19 项全国纪录。

本届全运会召开之际,正值全国"新生活运动"蓬勃开始之时,年初,国民政府号召全国民众掀起一场新生活改造运动,对促进体育运动传播与发展起到了巨大推动作用。本届全运会前,国民政府也曾通令各省市为使本届全运会取得更好成绩,要求各省举办地区性运动会,选拔运动员,以最好的水平参加本届全运会。因此,各省市结合开展新生活运动,大力推动大众体育运动和竞技体育运动发展,从而在本届全运会上才会有如此超水平的优异成绩。

然而,正当国民政府的体育事业迅猛发展之时,抗战全面爆发,战火又一次席卷而来,使民国体育运动发展走向低谷。抗战胜利后,正当国人沉浸在一片欢呼声中为未来的幸福生活庆贺时,国共内战爆发,无辜的国人不得不因为国内政治纷争再次承受战争的痛苦。然而,在经历了两年多的战争对抗后,战局发生逆转,得道多助,失道寡助,国民政府逐渐失去了对国家的控制,国人对新的政治力量表现出极大的支持,风雨飘摇中的国民政府已无法挽回其政治败局。但是,在国统区,虽然人心惶惶不可避免,不过生活还要继续,各项社会工作以其巨大的社会发展惯性仍然在运转,竞技体育运动亦是如此。第 7 届全运会就在这样的社会背景下拉开了序幕。

1948年5月，在上海江湾体育场，与第6届全运会相隔13年后，又一次举行了全运会。为制造声势、扩大影响，主办单位教育部设计了"长途火炬接力赛跑"活动，把"蒋总统对大会的训词"作为接力赛跑的传递物，在开幕式上传递给蒋介石。参加这届运动会的共有58个省、市、华侨团体和军警等单位的2 700多名运动员，台湾省也首次参加了全运会。比赛项目除了第6届全运会项目外，还增设了乒乓球、举重、摔跤、拳击和羽毛球，国术作为表演项目。比赛结果，获得男子团体总分前4名的是香港队、马来西亚华侨队、菲律宾华侨队和印尼华侨队；获得女子团体总分前4名的是香港队、台湾队、马来西亚华侨队和暹罗（泰国）华侨队。从比赛成绩中可以看出，经历了10年的战争创伤，民国的竞技体育运动水平大幅度下降，大陆各省市均没有进入男女团体前4名。

民国时期的竞技体育发展不只是表现在全国运动会上，也在奥运会上有所体现。虽然没有在奥运会上取得成绩，但经历也是一种学习和提高的机会，对于促进竞技体育发展仍有意义。1924年，第8届奥运会在法国巴黎举行，虽然当时中国并没有派运动员参赛，但是，3名参加澳大利亚"戴维斯杯网球赛"的选手在比赛结束后，自行赴巴黎参加奥运会。尽管在预赛中即被淘汰，但这是中国运动员首次非正式参加奥运会。1928年的第9届荷兰阿姆斯特丹奥运会，中国正式派遣留美学生宋如海以观察员身份出席了奥运会，但没有派运动员参赛。直到1932年的第10届美国洛杉矶奥运会，中国才正式派代表团参加。

1932年5月，由于教育部经费紧张，先是决定不参加在美国洛杉矶举行的第10届奥运会，只派中国奥会干事沈嗣良出席国际奥委会年会及开幕典礼。不料，6月12日上海《申报》刊登一则消息，说洛杉矶奥运会组委会接受伪满洲国参加本届奥运会，伪满洲国正在举行奥运选拔赛。几天之后，又传出消息，伪满洲国已经决定派刘长春和于希渭两位选手，由日本人率领赴洛杉矶参加奥运会。此事引起了国人愤怒，为了维护我的尊严和国际地位，中华全国体育运动协进会决定派选手参加奥运会。经过一番准备之后，最后确定：代表沈嗣良，运动员刘长春，教练宋君复，职员沈国权、刘雪松共

6 人作为中国代表团参加第 10 届洛杉矶奥运会。

在这届奥运会上，刘长春参加了 100 米和 200 米比赛，结果在预赛中 100 米列小组第 4 名，成绩为 11 秒 1；在 200 米比赛中，成绩为 22 秒 1，均未能进入决赛。刘长春单枪匹马闯奥运赛场以失败告终，其中的原因会有很多，或因为三个月的海上旅途颠簸，无法进行赛前准备训练；或因为刘长春第一次踏上奥运会心里紧张才没有发挥出应有水平。在今天看来，这些都不重要，重要的是国人终于在体育运动诞生的 36 年后融入了奥运大家庭，成为亚洲第三个参与奥运会的国家。

1936 年，第 11 届奥运会在德国柏林举行，中国中华全国体育协进会由德国资助旅费参赛，中国代表团派出了 143 人的"庞大代表团"赴德国柏林。参加本次奥运会比赛的中国运动员共有 69 人，另有一个武术表演队（男 6 人，女 3 人），分别参加了田径、游泳、举重、自行车、篮球、足球和拳击 6 个大项的比赛，其中，除符宝卢 1 人通过撑竿跳高及格赛（决赛中又被淘汰）以外，其余均于预赛中遭淘汰。男女短跑全国纪录保持者刘长春和李森及有"美人鱼"之称的泳坛名将杨秀琼，全国自行车冠军华侨运动员何浩华等均在预赛中被淘汰；足球队首战强手英国队以 0：2 被淘汰；男篮在小组比赛中 4 战 4 负。此外，中国代表团此次还派出了 30 多人的考察团，对奥运会进行综合考察，其目的在于学习西方各国的先进经验，发展中国的竞技体育运动。

1948 年 7 月，第 14 届奥运会在英国伦敦举行，国民政府又派代表团参加，由王正廷任总领队、董守义任总干事，共派出了 33 名运动员参加了足球、篮球、游泳、田径和自行车等项目的比赛，结果是同前两届奥运会一样，均没有进入决赛。

从 1927 年到 1948 年，二十多年间，国民政府在发展体育运动方面的成绩还是值得肯定的。清末民初，体育与运动刚刚传入我国，包括政府官员在内的很多人对体育与运动的认识和理解极其有限，所以，才有了"武术体育""国粹体育""土体育"的奇谈怪论，以至于"兵式体操"充斥于学校的体育课中。而对于竞技体育发展政府更是不闻不问，使外国教会机构成为发展竞技体育的主导组织，这影响了我国体育与运动的发展。南京国民政府成立后,在发展体育与运动方面取得了较显著的成绩,应予肯定。

首先,在法律层面确立了体育与运动的社会地位。国民政府规定的教育方针是:"中华民国之教育,根据三民主义,以充实人民生活,扶植社会生存,发展国民生计,延续民族生命为目的;务期民族独立,民权普遍,民生发展,以促进世界大同。"相比清政府的教育方针"忠君、尊孔、尚公、尚武和尚实",反映出一种教育思想的进步与文明。

将学校体育定位于"锻炼体格,使机体充分发育;养成卫生习惯及注意卫生之态度",既是一种体育教育观念的进步,又是一种尊重教育规律的体现。虽然国民政府仍然规定,体育课中有"童子军训练"的内容,但需辩证地认识这一问题。

国民政府要求学校进行"童子军训练",并不是轻视或忽略体育与运动,而是应对战时需要的一种手段。而且,在抗战中,一些学校也照常开展体育活动。"当时,由于抗战,使得学校大量内迁,造成了体育场地、经费等的困难。尽管如此,广大的体育教师采取了适当简化动作、自制教具教材、推行简便易行的运动方式的措施,尽量利用自然环境,搞登山、游泳、越野跑等活动。如西北师范学院在体育系设立了主管全院体育的普通体育课程委员会和竞赛委员会,其院内所用的垒球及球棒、曲棍球及球杆、羽毛球及球拍、体操用的各种器械等,都是自制的。这些努力,对于保证体育教学的正常进行,促进学校体育运动的开展产生了有益的效果。"①因此,由于法规制度的保障,使体育与运动顺利发展。

其次,在实践的层面力推体育与运动的发展。1932年,教育部成立了体育运动委员会(1941年底改称"国民体育委员会"),负责全国体育工作。随后,各省市均设立了相应机构。在上海,原有教育局的第4科下设体育股,1933年,又成立了体育委员会,主管体育股。体育股的工作职责为:体育馆之筹备管理;民众业余运动之提倡;国术之提倡;民众体育之提倡奖励与改进;民众团体之登记与立

---

① 崔乐泉. 中国近代体育史话[M]. 北京:中华书局出版社,1998:173.

案;民众团体之调查与指导等。同时,上海市教育局公布了《上海市
简易公共体育场规则》,对体育场的筹建、管理进行了规定,目的是
为了更好地组织社会民众开展体育活动。在体育场的建设方面,选
择在市民密集区域内的公共场所或学校操场,既方便了广大市民进
行体育活动,又使学校体育场在课余时间得到很好的利用。

体育场管理人员不仅只是管理体育场地,还要积极组织广大市
民开展各种体育活动。以市立民众教育馆为例:"市立民众教育
馆举行的比赛或活动,主要的特点是娱乐性而非竞技性。在轻松而有
趣的氛围之中,让市民陶冶身心;值得关注的是,中国传统游戏项目
在这里得到了很好的推广,例如风筝、毽子、太极拳等。利用市民喜
闻乐见的形式丰富民众的生活,展开对民众的教育,这是一种很好
的方式,也从日常生活的角度重新阐释了体育的意义。"①这些活动
的开展不仅促进了大众体育运动发展,而且改变了社会民众的生活
方式,体现出一种生活文明。

最后,在文化的层面倡导文明。国民政府成立后,大力进行社
会改革。在经济方面,通过恢复关税自治、增加海关收入、取消厘
金、废除银两结算制度等改革,第一次把现代经济因素置于国民政
府的财政控制之下。在文化方面,由于中国长期以来的经济落后状
态,造成了国人尤其是社会底层群体的生活方式和生活习惯极其恶
劣,生活懒散、不修边幅、不讲卫生等,不仅影响到国民的生活,也影
响了国家的形象。所以,国民政府发起了"新生活运动",用中国传
统的"礼、义、廉、耻"观念,强化国民的思想意识,并希望以此改变国
民的生活方式,提升国人的形象。

在新生活运动中,大众体育运动成为改变国民生活方式的内容
之一,借大众体育运动方式培养国民精神,使之充满朝气,不仅能够
改变个人的形象,也使国家的精神面貌得到改变。

1941年9月9日,国民政府又公布了修订后的《国民体育法》,
其中规定:凡中华民国国民均有受体育训练的义务,由此改造国民
的体魄,增进民族健康。还规定教育部为主管全国国民体育的行政

---

① 郎净.近代体育在上海[M].上海:上海社会科学出版社,2006:311.

机关。1942年初,教育部提议:将每年的"九·九"重阳节设为体育节,一是借民间"九·九"重阳节的登高习俗,推行贯彻《国民体育法》的实施,促进大众体育运动的发展;二是纪念国父首次起义(即孙中山于1895年10月26日重阳节发动的广州起义)。该提议得到了国民政府行政院的同意。当年农历的九月九日,首届"九·九"重阳体育节在重庆举行了开幕式。通过一系列文化和体育活动,丰富了社会民众的文化生活,提高了人们的道德水平,在一定程度上促进了体育文明和社会文明的发展。

中国体育文明（下）

　　中华人民共和国成立后,我国进入了一个新的历史发展阶段。新中国成立之初,祖国大陆一片废墟,百业凋零。但我国人民经过 60 多年的艰苦奋斗,从一穷二白,经济濒临崩溃的状态发展成为一个初步强盛的新中国,令人鼓舞,可歌可泣。在新中国的建设中,不仅经济发展成就辉煌,社会各项事业包括体育事业的发展同样成绩卓著。其中,体育与运动的发展更是一日千里。虽然同经济建设相比体育与运动的发展处于附属地位,但在社会生活中不可或缺。它所创造的精神财富和价值有目共睹,不仅彰显了体育文明,也推进了社会文明的发展。

　　新中国的体育与运动发展概括地说可以分为两个阶段,以改革开放为界,分为改革开放前发展阶段和改革开放后发展阶段。在不同的发展阶段,由于社会经济基础和人的思想观念不同,体育与运动的发展过程及其表现特点有所不同。但有一点是共同的,即中国体育与运动发展自始至终都在社会主义的政治意识形态统领下发展、前进。这既是我国体育与运动发展的重要特征,又是我国体育与运动发展的根本所在。所以,认识和探讨新中国 60 多年的体育与运动发展历程,必须从这一起点出发才能有一个客观的认识和评价。

一、改革开放前体育与运动文明的特点（1949—1978）

　　1949 年 10 月 26 日,新中国成立后的当月,"全国体育工作者代表大会"在北京召开。会上提出了对民国时期成立的中华全国体育协进会进行改组,并成立了"中华全国体育总会筹委会"。"中华全国体育总会筹委会"成立后,在 1951 年 11 月 24 日公布和推行了第一套广播体操。1952 年 6 月,中华全国体育总会召开成立大会,毛泽东为大会题词"发展体育运动,增强人民体质"祝贺大会召开。这是新中国成立的第一个全国性的体育组织。从此,拉开了新中国发展体育与运动的序幕。

1. "劳卫制"体育运动的发展与文明

新中国成立之初,我国开展的第一项全国性体育运动是大家一起做广播体操。1951 年 11 月 24 日,国家颁布"第一套广播体操"。同日,全国体总筹委会、教育部、卫生部、总政、团中央、全总、全国妇联、全国青联和学联等 9 个单位发出《关于推行广播体操活动的联合通知》。广播事业局和体总筹委会联合决定,在中央人民广播电台和各地人民广播电台开办广播体操节目,带领全国人民做体操。11 月 25 日,《人民日报》发表了《大家都来做广播体操》的署名文章。中央人民广播电台的广播体操节目从 12 月 1 日开始播放,各地人民广播电台陆续播放。每天喇叭一响,千百万人随着广播乐曲做操。从此,广播体操这种运动形式一直延续至今。

1954 年,国家体委成立(现为国家体育总局)。国家体委成立后,颁布了《准备劳动与卫国体育制度暂行条例和项目标准》(简称"劳卫制"体育运动)。其内容是:按青少年年龄分组并制定达标标准。通过运动项目的等级测试,促进国民特别是青少年积极参加各项体育运动,通过体育锻炼提高身体的速度、耐力、灵巧等素质。1955 年开始,"劳卫制"开始在全国正式推行。从城市到农村,从学校到工厂、企业、机关、部队全民体育运动蓬勃展开。那么,为什么要开展全民体育运动? 这与当时的国际国内形势和国家事业发展需要密切相关。

新中国成立之初,我国面临的国际与国内形势非常严峻。在政治方面,新中国的建立标志着世界上第二个社会主义大国的诞生,以美英为首的帝国主义国家对我国十分仇视,妄图将社会主义新中国扼杀在萌芽之中,因此,在政治上采取孤立的政策"围剿"新中国。

在国内，虽然我们把国民党军队赶出了大陆，但蒋介石集团并不甘心失败，不时地在我东南沿海一带进行军事骚扰，伺机反攻大陆。而以毛泽东为首的中央人民政府也时刻准备收复台湾。与此同时，1950 年 6 月 25 日，朝鲜爆发了国内战争，6 月 27 日，美国总统发表声明，宣布出兵朝鲜，同日，联合国安理会通过决议，要求联合国成员国派兵与美国一起入朝作战。中国出于国际道义和国家安全需要，坚决反对以美国为首的帝国主义国家的侵略行径。毛泽东随即在 6 月 28 日发表讲话，号召全国和世界人民团结起来，打败美帝国主义的任何挑衅，并于当年的 10 月 8 日命令中国人民志愿军入朝参战。在经济方面，新中国刚刚成立，持续多年的战争使整个国家山河破碎、满目疮痍，国家经济临近崩溃的边缘，人民的生活水平处于维持生存的极度困苦状态。在当时的社会条件下，国家一方面投入抗美援朝，另一方面积极发展生产，恢复经济。同时，又大张旗鼓地开展全面体育运动。

或许有人认为，在当时的社会形势下，抗美援朝和发展经济完全可以理解，而开展全民体育运动又与国家发展有何关联呢？从理论上说，大众体育运动作为一种生活方式是在社会经济发展到一定水平时为人们提供的一种健身娱乐方式，使人们在从事体育运动过程中获得一种愉快的感受并达到强身健体的目的。而当时的情况是温饱问题还没有完全解决，又要进行战争，开展全民体育运动即使有意义也是长远的事，似乎解决不了燃眉之急。但开展全民体育运动的真正意义不仅在于发展身体，提高身体能力，还在于通过发展体育运动建立和形成一种全社会的动员机制。这与民国时期的"新生活运动"中所倡导的"生活军事化"思想一脉相承，目的在于能够使全民的行动整齐划一，招之即来，来之能战。这无论是对战争还是对经济建设来说，都是不可或缺的重要举措。正如新中国第一份体育杂志《新体育》在 1950 年 7 月 1 日的创刊词中说："首先，要把体育普及到千百万劳动人民中去。有步骤地从学校到工厂，从城市到乡村，从部队到地方，使体育很快成为广大人民的体育，溶化到人民的生活中去，成为人民在自己伟大的建设事业和国防事业中获得胜利的一个有利因素和保障。其次，要系统的研究和总结旧体育,摒弃一切不合理的部分,细心地去发掘人民中已有的丰富的民族体育,切实改造旧体育界,使之能担负起建设新体育的重任。再次,要向苏联及各人民民主国家学习,根据我国实际吸取他们成功的经验,来充实我们的体育内容和启发我们的创造,使我们的体育,成为世界进步体育的一个构成部分。"所以,广播体操运动便成为开国之初的一项全民体育运动。

而"劳卫制"体育运动是从苏联移植到我国的。1931 年,苏联部长议会体育运动委员会颁布了"劳卫制",苏联实行"劳卫制"的指导思想是:①为战争服务,运用体育手段强化身体训练,增强体质,为战争动员和补充兵员做准备;②体育作为进行社会主义教育的一种手段和方式,培养国民具有高尚的思想道德、熟练的业务本领以及强健的身体,为国家的社会主义建设服务;③体育运动平民化、普及化,使国民人人享有参与体育活动的权力;④将一元化领导的体制贯彻到体育运动管理中,为社会主义国家体育的发展,提出了可供借鉴的模式。苏联实行的"劳卫制"体育模式在保卫祖国、建设祖国的过程中取得了巨大成效,尤其是在第二次世界大战中为战争动员和赢得战争胜利做出了巨大贡献,成为东欧等社会主义国家发展体育事业的借鉴模式。因此,在新中国成立后的特殊时代背景下,我国学习苏联的体育运动管理模式,将体育运动作为国家事业的一部分,由国家直接控制和管理。

自 1955 年开始,"劳卫制"开始在全国正式推行。从城市到农村,学校、工厂、企业、机关、部队的全民体育运动迅速掀起。"根据 1958 年 9 月国家体委掌握的材料,当时全国经常参加体育活动的人数已有 1 亿多人;达到劳卫制标准的有 267 万多人;有 22 万 5 千人达到等级运动员标准,这个统计数字还不包括军队;有运动健将 410 人;有青少年业余体校 1.6 万多所,学生 77 万多人;有体育院校和中等体育学校 95 所,还有一些业余的体育大学和科系,普及农村体育活动的县有 160 多个"①。当然,不可否认,在"劳卫制"体育运动中,

① 国家体委关于体育运动十年规划的报告,1958 – 09 – 08,转引自熊晓正,钟秉枢. 新中国体育 60 年[M]. 北京:北京体育大学出版社,2010:77 – 78.

全国各地的发展状况也不平衡。尤其是在一些农村地区,生活条件较差以及人们对体育运动的认识水平较低,开展情况并不是很好。还有些地区出现了形式主义的浮夸作假行为,应付检查。如虚报参与体育运动人数,摆拍开展体育运动场景等,这些情况在20世纪50年代的新闻报道中都可以查到。尽管如此,"劳卫制"全民体育运动的历史意义和作用仍是值得肯定的。

20世纪50年代,从广播体操运动到"劳卫制"体育运动持续了10年之久,对我国社会主义建设和人民生活产生了积极作用,直到50年代末,由于自然灾害等因素导致的全国性经济困难,使"劳卫制"体育运动渐渐走入低潮。1964年国家停止使用"劳卫制"名称和内容,代之以《国家体育锻炼标准》指导全民体育运动。

20世纪50年代以"劳卫制"为核心的全民体育运动,虽然形式上是一种全民参与的体育运动,但其目的意义却不仅仅如此。通过全民参与体育运动,建立了一套全民动员、全民参与的组织机制,调动了国民的积极性,为战时动员和国家建设打下了良好的基础。同时,全民体育运动为我国体育运动尤其是大众体育运动的发展探索了一种行之有效的方式方法,为促进我国体育运动的发展起了非常重要的作用。在这一过程中,体育文明得以很好地体现。

首先,全民体育运动的开展从形式上说,只是一种声势浩大的大众体育运动,但它的意义却不止于此。从社会层面来说,社会主义新中国的建立实现了我国各族人民的共同愿望,使人们看到了前途和希望,看到了美好的未来。尽管当时的社会经济状况并不适于广泛开展大众体育运动,但是,为了国家的政治利益和前途社会民众对体育运动表现出极大的热情。人心凝聚,热情高涨。这种积极热情的心态不仅为国家建设奠定了基础,也为发展各项社会事业包括体育运动提供了动力。政府和体育组织正是在这种高昂的民众情绪的基础上,才顺利实施了为建立一套有效的战争动员机制而进行的全民体育运动的政治策略。

从制度层面来说,社会主义制度是一种先进的、文明的社会制度,为国人所向往。而国家体育制度作为社会主义制度的有机组成部分同样体现出一种文明的性质与特征。所以,新中国成立伊始我国首先改组成立了中华全国体育总会,为社会主义体育事业发展奠定了组织基础。这不仅体现了国家的社会主义制度文明,而且体现了体育制度的文明。因此在新中国成立初期发展大众体育运动中,以政府为主导、以制度为规范,并通过各级行政机构的组织和管理,成功地推动了大众体育运动的发展,并为以后的体育运动发展建立了模式。

其次,全民体育运动在于它的全民性,这种全民性使得人人皆有参与权利,体现出一种人人平等的社会意识。这种社会意识既由社会制度所决定,又由体育制度所倡导。早在体育运动诞生之前,各种游戏和竞技活动有着严格等级制度限制,高雅的运动只有少数贵族阶层才可以参与,而社会底层的民众只能参与一些简单的、无须经济消耗的游戏活动。即使在体育运动诞生之初,参与运动的也只是少数社会富裕阶层人士,而处于社会下层的劳动人民由于经济条件以及劳动时间所决定,没有更多的机会参与体育活动。但是,随着社会的发展进步,这种状况逐步改变,使体育运动向着平民化、普及化方向发展。因此,全民体育运动既体现出一种平等的权利意识,又体现出一种人性的自由。

最后,全民体育运动中运动内容极其丰富,其中,人人皆宜的广播体操既文明,又优美;既简单,又活泼。伸伸腿、弯弯腰、转转体、跳一跳,运动量适宜,人人可参与。如果众人一起做广播体操,几百人、上千人甚至几千人动作整齐划一,与广播体操悠扬的乐曲和节奏浑然一体,气势宏大,效果震撼,体现出一种精神的力量和强烈的团队意识。如果个人在工作之余的早晚做做广播体操,既可以锻炼身体,又可以陶冶情操,体现出一种生活状态的怡然自得和生活方式的优雅文明。因此,广播体操自诞生以后,迅速风靡全国,并逐渐成为国人锻炼身体的一种重要方式,由此开辟了我国大众体育运动的新途径,这种运动方式经久不衰,一直延续至今,堪称举世罕见。

作为一种培养社会动员机制的全民体育运动,大众广播体操和"劳卫制"全民体育运动不仅促进了国民体质水平的提高,也为经济建设和保家卫国做出了巨大贡献。虽然在这一过程中存在很多不足之处,如同经济建设中出现的冒进、浮夸现象一样,产生了一定程度的负面作用,但这是由于时代的局限性所致,不能因此而否定它的积极作用和历史功绩。而且,20世纪50年代的全民体育运动为我国之后体育运动发展积累了经验,提供了模式,奠定了基础,这一点毋庸置疑。

2. 竞技体育"举国体制"的文明意义

1952年,第15届奥运会在芬兰赫尔辛基举行。7月17日,国际奥委会在第47届全体会议上以33票对20票通过了邀请中国代表团参加奥运会的决议案,此时距离赫尔辛基奥运会开幕仅有两天。但我国仍然派出了26名运动员赴会,参加篮球、足球和游泳3个项目的比赛。不过,因奥运会各个项目比赛接近尾声,最后,只有吴传玉参加了男子100米仰泳比赛,取得了1分12秒3的成绩,没有进入决赛。

赫尔辛基奥运会结束后,以荣高棠为团长的中国奥运代表团访问了苏联,对苏联发展体育运动的机制和方法进行了考察。发现苏联发展竞技体育运动通过集中财力建立三级训练体制,包括学校运动队、地区和行业运动队以及国家集训队等形式,培养参加国际比赛的高水平选手的"举国体制"经验值得借鉴。回国后,考察团向中央政府提出了五点建议:①学习苏联发展体育运动的模式;②成立一个政府行政机构,管理体育运动;③开办体育院校,为发展体育运动培养人才;④举办全国性体育运动大会,大力普及体育运动;⑤修建体育场、馆设施,为发展体育运动创造条件。1954年,国家体委成立后,各省市体委也相继成立。各级各类业余体校和省、市、行业专业体工队随之成立,"举国体制"的发展竞技体育三级训练网由此产生。1954年,国家体委为了准备1956年的墨尔本奥运会,又专门在广州二沙头建设体育运动训练基地,该基地是参照当时世界上体育训练设施最先进的匈牙利布达佩斯体育岛设计的,可以供田径、游泳、足球、篮球、乒乓球等二十多个项目同时全天候进行训练。

"举国体制"建立后,我国运动训练水平迅速提高。虽然1956年因国际奥委会制造"两个中国"的政治原因,中国奥委会拒绝参加墨尔本奥运会而没能够展示我国的运动水平,但是,在一系列国际国内比赛中,我国运动员创造了多项优异成绩。1956年6月7日,上海举行了中国人民解放军、上海市联队与来访的苏联队的举重友谊比赛,陈镜开以 133 公斤的成绩,打破最轻量级挺举世界纪录,成为新中国打破世界纪录的第一人。同时,陈镜开又以推举 87.5 公斤,抓举 85 公斤,举重总成绩为 305 公斤,打破了最轻量级举重总成绩 295 公斤的全国纪录,显示出我国单项体育项目运动水平的显著提高。

　　1959 年 4 月,在联邦德国多特蒙德举行的第 25 届世界乒乓球锦标赛上,中国选手容国团 3∶1 战胜匈牙利名将西多,为中国夺得历史上第一个世界冠军。这是中国自世界乒乓球锦标赛从 1927 年举办以来第一次获得冠军,也是中国运动员在所有的世界级锦标赛中获得的第一个世界冠军。

　　1961 年第 26 届世界乒乓球锦标赛在北京举行,这是在中国境内第一次举办的世界大赛。来自五大洲 30 多个国家和地区的 200 多位优秀选手进行了精彩的比赛。最终,中国乒乓球队获得男子团体世界冠军;庄则栋、邱钟惠分别获得男、女单打世界冠军。在女团决赛中,由邱钟惠和孙梅英组成的中国队以 2∶3 惜败给日本队。日本队蝉联世乒赛女团冠军,而 4 次参加世乒赛的中国女队,第一次获得了世界亚军。

　　时任国际乒联主席艾佛·蒙塔古在评价本届世乒赛时说:"本届锦标赛标志着乒乓球运动的'一个历史性的转折',它以五大洲 30 多个乒乓球协会的 230 名选手的球艺和友谊的双丰收,在世界乒乓球运动史上,又增添了一页光辉的记录。"[①]

　　由此可见,尽管新中国成立后正值冷战时期,以美国为首的西方国家对我国实行政治孤立、经济封锁,严重影响了我国经济发展,同时也影响了我国的竞技体育发展。但在有限的经济条件下,我国建立和实施了"举国体制"的竞技体育发展模式,使一些运动项目的训练水平迅速提高,甚至名列世界前茅。所以,这种竞技体育的"举国体制"模式自产生以后就成为我国发展竞技体育的一种有效策略和方法,并在改革开放后的一些国际比赛中,使我国的运动成绩和

---

　　① 郭超人.体育新闻选[M].北京:新华出版社,1999:54.

运动水平一步一个台阶，由小到大、由弱到强。直到2008年的第29届北京奥运会，我国获得了金牌总数第一，显示了竞技体育发展的阶段性辉煌，并在这一过程中体现出作为一个发展中的社会主义国家，尽管经济条件有限，但文明的社会制度同样可以创造出优秀的运动成绩和文明的体育制度。

然而，对于竞技体育的"举国体制"模式，自20世纪80年代以后很多人就议论纷纷，莫衷一是。甚至将竞技体育运动中出现的各种问题统统归于"举国体制"模式，更有少数人借否定竞技体育的"举国体制"，含沙射影地反对和攻击社会主义体制。这些思想和观点显然是不正确的。"举国体制"的确是社会主义国家的产物，但必须承认这既是社会主义国家政治与社会各项事业一体化的结果，也是社会主义国家制度优越性的体现。在一体化的格局下，能够集中财力办大事，同时，也能够做到突出重点，兼顾其他。从经济层面来说，由我国经济发展水平所决定，没有更多的财力投入到全社会的体育运动发展之中。那么，没有更多的财力就不发展竞技体育了吗？肯定不行。否则，何以体现社会主义国家的优越性及其文明？所以，只能将有限的资金用在刀刃上，不得已而为之。由此产生了竞技体育的"举国体制"模式。从政治层面来说，"举国体制"是竞技体育政治化的一种体现。从"举国体制"的性质上说，政治化本身无可非议，问题在于政治化的方向是否正确、是否开明。如果竞技体育政治化不仅有利于体育运动和体育文明发展，又有利于社会和社会文明发展，那么，这种政治化又有何不可呢？其实，竞技体育的政治化不仅在我国存在，在美国同样如此。当竞技体育和国家政治发生不可调和的矛盾时，体育服从政治是毫无疑问的问题。

1980年，由于政治原因，美国等西方国家宣布抵制第22届莫斯科奥运会。而在美国法律上规定，政府不得干涉美国奥委会的事务，是否参加奥运会完全由美国国家奥委会决定。但是，在奥运会前，美国政府就此事召开了国家奥委会听证会，陈述了抵制莫斯科奥运会的理由，并强调这是关系到美国国家利益的政治问题，希望国家奥委会做出正确的决定。在美国政府的游说下，美国国家奥委会最后以少数服从多数的表决方式，决定抵制莫斯科奥运会。那么,谁又能说美国的竞技体育不受政治影响呢?

当然,这并不等于说竞技体育的"举国体制"就不存在问题。在我国竞技体育"举国体制"的发展过程中,的确有这样或那样的缺陷,比如说"举国体制"形成的机构庞大,人浮于事,官僚作风等问题,其实,这并不能完全归咎于"举国体制"本身。而这些问题的解决仍然需要在制度的保障下逐步进行改革,不能因为有问题就否定一切,这不是解决问题的正确态度。又有人认为,竞技体育的"举国体制"浪费了纳税人的税费,似乎有些得不偿失。竞技体育就应该市场化运作,不能由国家用纳税人的资金发展竞技体育。其实,这种观点既有失偏颇,又软弱无力。坦率地说,竞技体育本身就是一种物质和人力的消耗,虽然它能够在一定程度上促使社会财富的转移,但竞技体育本身并不能创造社会物质财富。所以,要发展竞技体育就需要资金投入,就需要舍得花钱。虽然美国发展竞技体育表面上着政府没有花钱,但是,美国的法律规定,任何企业向社会团体进行捐助都能够获得一定程度的税费减免,从这个意义上说,实际效果是一样的,不过是将鸡蛋放到不同的篮子里而已。从另一方面来说,竞技体育发展正如顾拜旦所言,有一条基本规律:"为了吸引100个人参加体育锻炼,必须有50个人从事运动;为吸引50个人从事运动,必须有20个人接受专门训练;为了吸引20个人专门接受训练,必须有5个人具备创造非凡成绩的能力。"[①]那么,这些少数人的训练方法可以是多种多样,"举国体制"的训练方式不就是这样吗?将有限的资金集中用于少数人身上,使之创造出优异成绩,既为发展大众体育运动做出榜样,又为展示体育文明提供了范例。

但是,竞技体育的"举国体制"并不排斥其他运作机制,我国在20世纪90年代就已经开始探索运用市场机制发展竞技体育,并在一些项目上取得了经验。如1994年,乒乓球、羽毛球开始实行职业化探索,在举国体制的基础上,实行计划体制和职业化体制并行的双轨制发展,尝试通过走市场化、社会化道路,探索多层次、多渠道培养人才的模式和体制,并在1995年举办了首届中国乒乓球俱乐部

---

① 皮埃尔·德.顾拜旦.奥林匹克宣言[M].北京:人民出版社,2008:173.

联赛。实践证明，虽然职业化的俱乐部联赛模式在机制体制上还有很多问题，需要进一步改革和完善，但双轨制的运行，并没有降低我国乒乓球运动的水平。

由此说明，发展竞技体育的机制和模式并没有"一定之规"，不同的方法各有所长、各有利弊。也就是说，市场机制不是万能的，"举国体制"有其优点和长处。关键的问题是如何处理好形式与内容即管理与运动训练的关系。如何使竞技体育运动成绩不断提高，体育精神和体育文明不断提升，这才是最重要的。

3. "文革"期间体育运动的文明亮点

新中国成立后的第二个十年中，我国社会发展经历了一个史无前例的运动，即爆发了"无产阶级文化大革命"政治运动（简称"文革"）。从1966年开始一直到1976年结束，长达10年之久。"文革"中出现的很多错误影响和延误了社会经济发展进程，对国家发展造成了巨大损失，这是不可否认的。不过，"文革"期间在一些社会领域中还是取得了一些成就的，甚至在个别科技、体育领域还出现了一些"亮点"。

就体育运动发展状况而言，"文革"爆发后，尤其是1966年到1970年期间，对体育运动发展的冲击和影响不可避免，体育运动管理机构几乎处于瘫痪状态，很多体育工作者被下放到工厂、农村"接受再教育"，进行劳动锻炼。在此期间，除了民众个人从事体育活动外，其他各种竞技体育训练和比赛几乎销声匿迹，长达两年之久。20世纪70年代伊始，体育运动重新回归社会生活，无论是大众体育运动还是竞技体育运动的发展又渐渐恢复。大众体育运动发展和竞技体育成绩不断提高方面，在体育精神文明方面也有发展进步。其中，"友谊第一，比赛第二"的体育精神和"体育为工农兵服务"的指导思想成为20世纪70年代体育文明的精髓与核心内容，引领了当时的体育运动向前发展。

20世纪70年代初，"文革"尚未结束，但体育工作已开始恢复，体育运动发展业已起步。1971年6月，美国、加拿大、哥伦比亚、英国、尼日利亚、澳大利亚乒乓球代表团相继访问中国。1972年，由"乒乓外交事件"促成了中美关系正常化，两个敌对的世界大国在冷战多年之后终于握手言和。1973 年 1 月,国家体委发布了《关于进一步开展农村体育活动的意见》,把发展农村大众体育运动提上了议事日程。同年,邓小平在与国家体委负责人谈话中又指出"要把学校体育工作搞好,要发展少年儿童业余训练"。这一系列活动为促进体育发展起到了促进作用。

1971 年 4 月,针对我国乒乓球队是否去日本名古屋参加第 31 届世界乒乓球锦标赛,毛泽东批示:"我队应去",并教导队员要发扬"一不怕苦,二不怕死"的精神,要坚持"友谊第一,比赛第二"①的方针。周恩来总理在接见参加第 31 届世乒赛运动员时正式提出了"友谊第一,比赛第二"的指导方针。毛泽东为什么会提出"友谊第一,比赛第二"的体育指导思想呢? 1969 年 5 月,毛泽东在武汉考察工作,随同的警卫战士休息时间和当地驻军战士进行篮球比赛,正巧碰上毛泽东从住所出来看了会儿比赛。比赛结束后毛泽东对警卫战士说:"打球,不要老想赢人家,要讲友谊讲团结啊,要有风格,要谦虚。你们这些人到地方上,人家总是热情接待你们,今后不管到了什么地方都要尊重人家,要尊重他们的领导,尊重大师傅、服务员和水电工人,说话态度要和蔼。"②毛泽东从一场业余友谊比赛的启示中产生了对国际比赛的认识和指导思想。这一指导思想不仅成为我国竞技体育比赛的指导方针,又在贯彻执行中体现出一种竞技体育文明。但是,"友谊第一,比赛第二"并不是不要体育成绩,而是要在努力争取好成绩的同时,更要强调友谊。在国内比赛中,强调"友谊第一"增进了人们之间的感情,通过体育比赛形成人与人之间的凝聚力。在国际比赛中强调"友谊第一"展示了我们国人友好善良的精神风貌、树立了国人的文明形象。体育比赛是一种竞技活动,需要运动员奋力拼搏赢得比赛,但不能为了比赛而不讲礼仪、品格。所以,毛泽东的"友谊第一,比赛第二"体育思想不仅成为 20 世纪 70 年代的体育指导方针,使我国运动员在国际国内体育赛场展现出良好的精神风貌,也为外交工作开展提供了助力,打开了我国与

---

① 张耀祠. 回忆毛泽东[M]. 北京:中央党校出版社. 1996:176.

② 王伯福. 毛泽东轶事大观[M]. 济南:山东人民出版社. 1997:309.

西方国家交往的大门。时至今日仍不失为一种正确的体育思想和体育运动的指导方针。

"体育为工农兵服务"是"文革"期间提出的口号，它与现在的体育运动为"满足广大社会民众的业余文化生活需要"有异曲同工之处。也许有人认为，体育运动尤其是竞技体育就是为大众提供娱乐和激励大众参与体育运动的，否则就没有意义。然而，不可忽略当时的时代的背景。在今天说来，体育为大众服务是一件寻常之事，因为各种媒体可以将精彩的竞技体育比赛即时传播给所有喜欢体育的受众。而在"文革"时期，电视和广播尚不发达，只有极少数人拥有接收设备，而且，由于受众较少，媒体转播比赛的时间也极少。所以，爱好体育运动的社会民众亲眼观看比赛的机会很少。因此，"体育为工农兵服务"成为当时国家发展体育运动的又一指导方针。

1972年，为恢复竞技体育训练和组建专业体工队，全国五项球类即篮球、排球、足球、乒乓球和羽毛球比赛分别在北京、天津、石家庄、保定、唐山和张家口等六地同时举行。这是自1966年"文化大革命"以来首次大型的全国性球类比赛。参加这次比赛的有来自全国二十九个省、自治区、直辖市和解放军代表队的2 956名运动员，运动员、裁判员和工作人员到达赛区后，不顾旅途疲劳，不怕盛夏炎热，开展赛前训练。许多代表队在紧张的赛前训练中，还深入工厂、农村、部队、学校，一边训练，一边为广大工农兵表演，同时进行辅导，推动群众性体育活动的开展。

各省市体工队组建后，刻苦训练，运动成绩快速提高。同时，从国家队到省市队以及军队的体育专业队不定期地下到基层，举行体育表演赛或与当地进行友谊比赛，各专业队的高超技艺激发起社会民众的兴趣，每到一地比赛或表演，小小的体育场挤满了观众，以至于比赛结束很多人仍不肯离开，其热闹程度不亚于过年过节。竞技体育深入基层不仅为社会公众带去了精彩的运动技艺，也激发了人们参与体育活动的热情。从工厂、学校、机关到农村，群众性的体育活动蓬勃开展。除此以外，70年代的大众体育发展逐渐向农村延伸，1973年1月，当时的国家体委发布了《关于进一步开展农村体育活动的意见》，号召广大农民积极参与大众体育活动，一时间在各级体育组织的指导和推动下,很多条件较好的农村积极开展体育活动。对此,各种新闻媒体进行了大量的报道,开展体育活动的内容包括篮球、排球、游泳、体操以及各种角力、竞技游戏等。有劳动之余的体育活动场面,还有田间地头劳动间隙从事的竞技游戏活动。从新闻媒介对农村体育活动的报道内容及其图片中可以发现,虽然这些报道内容明显带有为适应那个年代的政治需要而进行的宣传的色彩,但不可否认,这一时期农村大众体育活动的事实是客观存在的。

"文革"中出现了很多错误,对我国经济发展和社会各项事业发展产生了极大的负面作用,体育运动也在一定程度上深受其害。但是,客观地评价"文革"期间的体育运动发展状况,不能不承认体育运动在这一特殊的历史时期仍有较大发展。竞技体育方面也取得了很大进步,成绩较为突出。

1971年11月,我国福建男子跳高选手倪志钦以2.29米的成绩打破了世界纪录,成为轰动一时的佳话,为70年代竞技体育发展树立了榜样。

1975年9月,中国体育代表团参加了在伊朗德黑兰举行的第7届亚运会。本次亚运会有来自25个国家和地区的3100名运动员参加,其规模之大,范围之广,参加人数之多,超过了之前历届亚运会。第一次参加亚运会的中国代表团共有269人,参加14个大项的比赛,共夺得33金、64银、27铜。获得了金牌总数第3名的优异成绩。这是我国运动员在20世纪70年代首次参加大型国际比赛,不仅运动成绩一举震动了亚洲体坛,而且运动员所表现出的体育文明作风赢得了各国运动员和伊朗观众的广泛赞誉,充分展示出泱泱大国良好的国际形象。

1975年9月,第3届全国运动会在北京举行。这次全运会与"文革"前1965年举办的第2届全运会相隔10年,但运动成绩和运动水平相比第2届全运会却有了很大的提高。本届全运会共有12 497名运动员参赛,有1队4人6次打破3项世界纪录;2人2次平2项世界纪录;3人3次打破1项亚运会纪录;共有49个队、83人、198次打破63项全国纪录;又有4个队、41人、151次打破64项青少年全国纪录。

1976年10月，"文革"结束，我国政治、经济逐渐进入快速有序的发展阶段。在改革开放前夕，1977年11月，中国女排继亚运会走出国门之后，又踏上了征战世界大赛的舞台。这是中国女子排球队第一次参加"世界杯排球赛"，8支世界强队在日本东京的代代木国立竞技场进行角逐，中国队战胜了曾经获得过1974年第7届世界排球锦标赛和1976年第21届奥林匹克运动会冠军的日本队。虽然中国队最后仅获得第4名，但运动员的表现令世界女子排坛刮目相看。

10年"文革"对我国政治、经济发展产生了极大的负面影响，体育运动发展也不可避免地受到干扰。但相对来说，体育运动发展并没有因为"文革"而长期停滞。

二、改革开放后体育与运动文明的发展（1979—2008）

20世纪80年代，在新中国的历史发展进程中具有特别意义。它是一个承前启后、继往开来的年代，它是一个走向美好未来的起点。20世纪70年代末"文革"结束后，国家开始进行全面的经济改革，实行对外开放，以改变经济落后于西方国家的局面，提高人民的生活水平和质量。改革是社会发展的必由之路，发展是社会进步的基本要求。所以，顺应时代潮流的改革开放政策的实施，极大地鼓舞了社会民众的信心。人们以满腔的热情投身于改革之中，经历了40年的不懈努力，使我国在经济、政治以及社会各项事业等各方面取得了巨大成就。在改革开放过程中，体育与运动发展同样朝气蓬勃，日新月异。不仅在运动成绩和运动水平方面实现了冲出亚洲，走向世界的梦想，也在体育文明和体育理想追求中不断进步，成绩斐然。

1. 女排精神：中国体育文明符号

20世纪80年代伊始，我国体育运动发展赢来了新时代的春天。1981年4月14日至26日在南斯拉夫举行的第三十六届世界乒乓球锦标赛上，中国乒乓球代表团囊括了本届全部7个冠军，创造了世界乒乓球赛55年历史上的新纪录。4月20日晚，在诺维萨德的伏伊伏丁那体育中心比赛大厅,1万多名观众目睹了本届男、女团体比赛冠亚军的争夺战。中国女队对阵韩国女队,只用了1小时10分钟便赢得了胜利,蝉联世锦赛冠军;中国男队在同匈牙利队的比赛中击败了对手,重新夺回了两年前失去的斯韦思林杯。比赛结束后,大厅里再次沸腾起来,观众有节奏地欢呼"中国!中国!",数十名摄影记者将中国运动员和教练员团团围住,一些观众从看台涌向场内同中国运动员握手、拥抱,祝贺他们取得胜利。中国乒乓球队的胜利不仅显示了我国在乒乓球项目上的优势,也为80年代竞技体育的发展开了个好头,激励我国运动员在各个项目上奋力拼搏,夺取优异成绩。同年底,中国女子排球队在日本举行的第3届世界杯排球赛上又传出捷报,获得冠军。

1981年11月,中国女排以亚洲冠军的身份,参加了在日本举行的第3届世界杯排球赛。11月16日晚,在日本大阪体育馆,人们怀着期待的心情见证本届世界杯到底花落谁家。本届比赛采用单循环制,在此前中国女排已经六战全胜。按规则规定,本场中国女排与东道主日本队进行的最后一战,中国队只要赢得两局比赛,即使输掉本场比赛也能够获得冠军。中国女排队员在一开场就显示出一种王者气派,以15∶8和15∶7连下两局。此时,场内、外一片欢腾,女排队员也抑制不住喜悦的心情,在场上热烈拥抱。而表现顽强的日本女排并不气馁,在接下来的两局比赛中将比分扳成2∶2平,在第5局比赛中,中国女排在开局0∶4的不利形势下沉着应战,把比分逐渐追了上去。最后关头中国队仍以14∶15落后,但女排队员不急不躁、顽强以对,终于以17∶15取得了最后的胜利。经过两小时零五分钟的鏖战,中国队以3比2击败日本队,七战七捷,夺得冠军。

中央人民广播电台、中央电视台一起转播了本次比赛。当观众目睹中国女排首次夺得世界冠军的场面以后,欣喜无比,群情振奋。次日,国内各大报刊相继载文褒扬中国女排,尤其是主流媒体对中国女排的报道更为引人注目。其中,《人民日报》在头版头条以《刻苦锻炼顽强战斗七战七捷为国争光——中国女排首次荣获世界冠军》为题作了报道,并配发了评论员文章《学习女排,振兴中华——中国赢了》,对女排的拼搏精神进行了高度评价。同日,时任全国妇联主席的邓颖超在《体育报》上发表了题为《各行各业都来学习女排精神》的文章，文章说："各行各业的人民群众都要学习中国女排精神，树立远大的志向，发扬脚踏实地、苦干实干的作风，把自己的工作做好，更快地将我们的社会主义事业推向前进！"

中国女排获得冠军的消息传遍了大江南北，长城内外。这是继1961年第26届北京世乒赛庄则栋获得男子单打冠军和1971年第31届日本世乒赛张燮林、林慧卿获得混合双打冠军后，中国又一次在世界大赛中获得冠军，这极大地振奋了国人的精神。1981年12月4日《人民日报》报道：中国女排收到贺信、贺电和各种纪念品达3万多件。北京商标一厂、无锡钟表厂等生产单位的职工在信中表示，要"学习女排精神，保证完成和超额完成生产任务"。一位青年教师在信中说："国家兴亡，匹夫有责。由于你们的胜利，为国家民族争得了荣誉，唤起了全国人民特别是青年学生的爱国热情，也唤起了我对国家前途的信心，使我心灵深处的一潭死水重新荡漾起希望之波。我以前看不到出路，只是徘徊。现在我看到了，为了民族，为了中华之觉醒，我们这一代不能徘徊，要奋斗，奋斗。"

之后，中国女排队员不负众望，在1982年世锦赛、1984年第23届奥运会、1985年第4届世界杯赛和1986年世锦赛上又获得了4次冠军，实现了"五连冠"。中国女排在八十年代的影响力之大、范围之广、持续时间之长堪称史无前例。"拼搏精神"是体育比赛运动员意志品质的一种表现，没有"拼搏精神"就很难赢得比赛的胜利。体育文明则是运动员思想作风和道德水平的综合体现，没有文明的作风和道德品质同样不可能有"拼搏精神"。因此，"女排精神"迅速成为一种政治符号，并衍生出"团结起来，振兴中华""学习女排，拼搏奋斗"等口号，激励国人在经济改革中发扬"女排精神"。所以，"女排精神"不仅在20世纪80年代风靡全国，而且一直延续至今，成为我国社会发展的一种政治符号和文明符号。

在"女排精神"的激励下，我国大众体育运动广泛兴起，既推动了竞技体育发展，又扩大了体育文明的影响范围，还推动了社会文明发展。众所周知，我国大众体育运动发展经历了新中国成立初期的"劳卫制"全民体育运动以及20世纪70年代在"体育为工农兵服务"的方针指导下的群众体育活动,直到 20 世纪 80 年代在"女排精神"的鼓舞下,一场新的大众体育运动又一次蓬勃兴起。但在不同年代,大众体育运动的发展目的和文明体现又各有不同。20 世纪 50 年代的"劳卫制"全民体育运动除为了建立一种适于战争动员需要的社会机制外,还体现出体育的组织制度文明和参与权利文明。20 世纪 60、70 年代,社会民众的生活水平逐渐提高,开展体育活动又成为一种业余文化生活需要,所以,这一时期的大众体育运动既是 50 年代体育锻炼习惯的延续,又是一种业余休闲的需要。因为在 20 世纪 60、70 年代,各种休闲娱乐方式很少,电视尚未全面进入家庭,所以,业余生活不外乎是看电影、戏剧和阅读等方式,而体育运动是很多体育爱好者的业余休闲内容之一。因此,作为一种文明方式,大众体育运动在这一时期体现出休闲方式的文明。进入 80 年代,大众体育运动热潮在女排精神的激励下又一次兴起,相比以往,大众体育运动的性质又有所变化,既是一种业余生活的休闲需要,又是一种生活方式的习惯培养。大众体育运动逐渐向着它本源的目标发展。

很多老北京人都记得,早在 1959 年,为发展大众体育运动,北京在东单、西单为东、西城区的老百姓各修建了一座露天体育场,自 20 世纪 60、70 年代一直到 80 年代中期,成为北京人进行体育运动的重要场所。体育场几乎天天晚上有体育比赛,既有各省市专业队之间进行的竞技体育比赛,也有市属各企业进行的各种友谊赛。每到周日,体育场里更是热闹非凡,观众甚至比参加运动的人兴致更高,很多人不为参加体育活动,只求个热烈的气氛。而 20 世纪 80 年代中期后,西单体育场因故改变了用途,开办了一个"劝业场"(百花市场),后又拆除建设了现在的西单广场及商业大厦。而东单体育场在 20 世纪 80 年代末之后,经历了几次大的改造,目前已成为北京市规模最大的群众体育运动场馆,每天有近万人在此进行体育活动,全年 365 天对外开放。

由此可见,20 世纪 80 年代,以"女排精神"为代表的竞技体育进步,激励和推动了大众体育运动发展,使大众体育运动不再是一种为适应战争而进行的具有政治目的的活动,而是在满足生活休闲需要的基础上,逐渐演变为一种生活方式。这既体现出一种生活方式的进步与文明,又体现出一种体育文明。

2. 竞技体育:主流文明,成就辉煌

20 世纪 80 年代初,中国女排首次获得女子世界杯排球比赛冠军后,我国竞技体育的发展突飞猛进。1982 年 11 月第 9 届亚运会在印度首都新德里开幕,我国继 1974 年首次参加第 7 届伊朗德黑兰亚运会获得金牌总数第 3 名和 1978 年参加第 8 届泰国曼谷亚运会获得金牌总数第 2 名后,历经了又一个四年的卧薪尝胆,组成了 444 人的庞大体育代表团奔赴新德里,踌躇满志地迎接新的挑战。

参加本届亚运会的有来自亚洲 33 个国家和地区的 3 300 多名运动员,共决出 199 枚金牌。在历时 16 天的比赛中,中国队在参赛的 18 个项目中共夺得 61 枚金牌、51 枚银牌和 41 枚铜牌,在金牌总数上超过了历届亚运会第 1 名日本队,跃居亚洲首位。本届亚运会中国在很多项目中都取得了较好的成绩,除了体操、乒乓球、跳水、水球和羽毛球等项目仍具有优势外,过去一些较弱的项目也有了新的突破。游泳项目过去从未获得过冠军,这次获得了 3 枚金牌,举重在上两届比赛中只获得过 1 枚金牌,而这次获得了 4 枚金牌;女篮、女排和手球也是第一次在亚运会上获得金牌。第一次参加的赛艇比赛,中国队获得了全部 4 枚金牌。田径项目中的弱项 10 000 米赛跑,第一次夺得冠军。朱建华在男子跳高比赛中以 2.33 米的优异成绩获得冠军,并创造了当年世界跳高最好成绩。在本次运动会上朱建华被评为唯一的一名最佳运动员。本届亚运会中国队虽然只是以几枚奖牌的优势战胜了日本队,但意义非凡。日本队自第二次世界大战以后就在国家的倡导下大力发展体育运动,改善国民体质,培养国民意志,取得了良好效果。通过亚运会比赛成绩即可证明这一点。1951 年第 1 届亚运会也是在印度的新的里举行,当时只有 11 个国家和地区的 500 多名运动员参加,日本队以 24 枚金牌、20 枚银牌和 14 枚铜牌获得奖牌榜冠军,印度获得亚军。从那以后,日本队连续 7 届蝉联亚运会奖牌榜冠军,直到本届运动会居于中国队之下。

"特别值得指出的是,我国运动员不仅争得了这届运动会的最多的金牌,在比赛中表现出来的那种不畏强手、顽强奋战、谦虚好学、尊重裁判的良好的体育道德和作风,也受到了各方人士的高度赞扬。他们以自己的行动为增进亚洲各国人民和运动员之间的友谊,为促进亚洲体育运动的发展做出了贡献,也为我国社会主义精神文明增添了光辉。"①亚运会的胜利鼓舞了运动员的斗志,增强了国人的信心。从此,在一些国际比赛中捷报频传。

1984年7月,第23届奥运会在美国的洛杉矶开幕,中国运动员许海峰在7月29日开幕首日进行的男子手枪慢射比赛中获得了本届奥运会的第1块金牌,实现了中国运动员奥运会金牌的"零的突破"。之后,中国射击队再接再厉,又夺得两枚金牌。射击比赛一结束,中国体育代表团获得第1枚金牌的消息就传遍了华夏大地。次日,各大报刊以醒目的标题将这一消息放到了头版显要位置并详细报道了比赛经过。同3年前中国女排首次夺得世界杯女子排球赛冠军一样,在国内掀起了又一次"为国争光,振兴中华"的热潮。这股热潮不仅为改革开放加油,也为中国竞技体育运动的发展再次注入了新的活力。本届奥运会中国共派出225人参加,在参加的16个大项比赛中获得15枚金牌、8枚银牌和9枚铜牌,金牌总数位列第四名。

1990年9月,第11届亚运会在北京举行。这是我国第一次举办综合性的国际体育大赛,有36个国家和地区的5 200名运动员参加参加了本届亚运会。中国派出636名运动员参加了全部27个项目和2个表演项目的比赛,共获得183枚金牌、107枚银牌和51枚铜牌。北京亚运会的辉煌成绩一扫两年前汉城奥运会"败走麦城"的窘迫,提升了运动员的信心,使国人对我国竞技体育运动的发展充满了希望。

1992年7月,第25届奥运会在西班牙巴塞罗那举行,中国派出251名运动员参加了20个项目的比赛。在本届奥运会上中国运动员表现出色,共获16枚金牌,22枚银牌,16枚铜牌,位于金牌榜第4名。乍一看,中国队这一成绩与8年前洛杉矶奥运会成绩相差无几,同是位于金牌榜第4名,只是多了1枚金牌。其实意义

---

① 郭超人.体育新闻选[M].北京:新华出版社,1999:116

大不相同。洛杉矶奥运会是在 20 多个国家缺席的情况下我们获得了 15 枚金牌，排在第四位。而本次奥运会国际奥委会所有成员悉数参加，所以，比赛较为真实地反映了各个国家和地区的竞技运动水平。因此，中国队所获得的成绩比起上两届奥运会有了很大进步。

四年以后的 1996 年第 26 届亚特兰大奥运会中国再次以 16 枚金牌位居第四。但是，与巴塞罗那奥运会不同的是，中国运动员的运动成绩又有所提高，金牌的含金量不断增加。亚特兰大奥运会中国队有 2 人 4 次创 4 项世界纪录；3 人 6 次创 6 项奥运会纪录，6 人 13 次创 12 项亚洲纪录，7 人 15 次创 12 项全国纪录。由此说明，中国的竞技运动水平以稳健的步伐在前进。

2000 年 9 月，风光秀丽的澳大利亚悉尼城敞开怀抱，迎来了世界五大洲 200 个国家和地区的 1 万多名运动员，参加在这里举行的第 27 届奥运会。本届奥运会设立了 28 个大项、300 个小项，其比赛项目之多，规模之大超过了以往历届奥运会。美国队以 39 枚金牌、25 枚银牌和 33 枚铜牌的成绩获得冠军；俄罗斯队实力不减当年，以 32 枚金牌、28 枚银牌和 28 枚铜牌雄踞第二；而中国队则以 28 枚金牌、16 枚银牌和 15 枚铜牌获得第三，首次跻身于奥运三强，又一次实现了历史性突破。中国运动员不仅在金牌总数和奖牌总数创下了历届奥运会最佳纪录，并且有 3 人 12 次创造了 8 项世界纪录，6 人 11 次创造了 11 项奥运会纪录，显示出中国选手当仁不让的竞争实力。

2004 年 8 月，恰逢国际奥委会成立 100 周年，第 28 届奥运会在希腊雅典举行。踌躇满志的中国队派出了 407 名运动员（其中女运动员 269 名，男运动员 138 名）的庞大队伍奔赴希腊雅典，向各国运动高手发起挑战。本届奥运会开局伊始，中国运动员便旗开得胜，一举夺得 4 枚射击金牌；跳水项目取得了 6 金 2 银 1 铜的好成绩，再次彰显了雄厚的实力；举重项目获得了 5 金 3 银共 8 枚奖牌，金牌数与上届相同；传统优势项目乒乓球和羽毛球虽然遇到了对手强有力的挑战，仍然各获 3 枚金牌。

田径项目中，男子 110 米跨栏选手刘翔在决赛中以 12 秒 91 平了英国选手科林·杰克逊创造的世界纪录,并打破奥运会纪录;山东选手邢慧娜在女子10000米比赛中后来居上,勇夺冠军,使田径项目的金牌增加为2枚。最终,中国队以32枚金牌、17枚银牌和14枚铜牌获得本届奥运会金牌总数第2名,比上届奥运会又前进了一步,继续保持三强地位。至此,中国竞技体育在改革开放后的20多年间,从美国洛杉矶奥运会到希腊雅典奥运会一步一个脚印向前迈进,虽有兵败汉城的曲折,但运动员百折不挠,昂首挺进,终于以32枚金牌获得了雅典奥运会金牌总数第2名,既展示出中国竞技体育在改革开放后的发展成就,又体现了竞技体育文明水平的进步与提高。

3. 北京奥运会:政治文明与体育文明双丰收

体育运动之所以能够成为人类共同的运动,因为它是一项不分民族、无论老幼,不分地域,无论男女,人人可以参与的活动,它体现了人类共同的本性和追求。所以,体育运动能够在世界各国、各民族广泛传播,并得到人们的认同。不仅如此,体育运动在联结友情、促进交流,形成民族的凝聚力方面又有其他任何事物不可比拟的独特效应,所以,尽管体育运动看似不过是一种游戏方式,但在特定时代、特定社会中的作用和意义不可小觑。

在我国改革开放之初,各项工作尚处于探索和准备阶段,竞技体育便一马当先,提出了"冲出亚洲,走向世界"的振奋人心的口号,向"更高、更快、更强"的目标迈进。1981年,中国女排首次夺得了第3届世界杯女子排球锦标赛冠军,不仅为竞技体育发展树立了标杆和方向,也为改革开放吹响了冲锋号。在各大媒体的推动下,"女排精神"应运而生。为什么要塑造女排精神?"拼搏精神"是所有运动员在比赛中本应具备的基本素质和要求,无一例外。但是,对于社会发展来说,任何时代都需要有一种精神支柱。改革开放需要有一种激励机制,社会发展需要有一种精神动力。因此,"女排精神"的塑造正是适应了时代的需要。之后在1982年11月举行的第9届印度新德里亚运会上,中国队以61枚金牌、51枚银牌和41枚铜牌首次获得了金牌总数第一,实现了领先亚洲体坛的梦想,并结束了日本队自1951年首届亚运会开始一直称霸亚洲体坛的局面。所以,20

世纪 80 年代初的竞技体育的成绩,使国人对竞技体育和运动员所表现出的体育精神倍加崇尚,一种充满激情的民族自豪感油然而生。这不仅激发了人们参与体育运动的热情,又增强了社会民众的凝聚力。在这种社会背景下,我国官方及体育组织萌生了筹备亚运会的计划。一方面欲借举办国际大赛,扩大对外开放,在国际上重新树立大国形象;另一方面通过举办国家大赛加快经济改革,促进城市建设发展,以提高国人物质文明和精神文明水平。

1983 年的 8 月,北京向亚奥理事会提交申办第 11 届亚运会的申请,1984 年 9 月,亚奥理事会在韩国汉城举行的第三次代表大会上,采用投票方式表决,结果以 43 票对 22 票决定,由北京和广岛分别举办 1990 年和 1994 年的亚运会。1985 年 4 月,北京亚组委成立。筹资 20 多亿,历时 4 年进行场馆建设,为成功举办亚运会做了充分准备。北京亚运会在"团结、友谊、进步"的旗帜下,为亚洲各国、各地区提供了相互交流的机会,增进了友谊。同时,又为我国展示大国风采,让亚洲及世界人民了解中国提供了平台和窗口。成功举办亚运会使我国的国际政治地位显著提升,并由此促进了社会经济发展。所以,我国又再接再厉筹划申办奥运会。

1991 年 2 月,北京奥申委成立。3 月 30 日,中国奥委会主席何振梁致函国际奥委会领导人、委员、国际奥协主席、国际单项体育组织主席及各大洲奥委会主席,通报中国奥委会已批准北京市申请举办 2000 年奥运会,并希望得到他们的支持和合作。1992 年 4 月,国际奥委会宣布,第 27 届奥运会共有 8 个候选城市,分别是北京、柏林、巴西利亚、伊斯坦布尔、曼彻斯特、米兰、悉尼、塔什干。然而,国际敌对势力出于政治目的对北京申办奥运会进行干扰和破坏。1993 年 6 月 10 日,美国众议院外交委员会人权小组委员会通过口头决议,借人权之名反对在北京或中国的任何地方举办 2000 年奥运会。西方记者紧随其后,制造了"抵制风波",对国际奥委会施加舆论压力。最后,北京以 2 票之差落选。

1996 年,中国运动员又以极高的热情投身于第 26 届美国亚特兰大奥运会,虽然仍以金牌总数 16 枚的成绩位居第四名,但金牌的含金量又有提升,中国运动员有 2 人 4 次创 4 项世界纪录;3 人 6 次创 6 项奥运会纪录;6 人 13 次创 12 项亚洲纪录;7 人 15 次创 12 项全国纪录。这不仅显示出我国竞技体育的发展水平不断提高,也展示了国人宽阔的胸怀和文明。1998 年 11 月,我国又开始筹备申请 2008 年的第 29 届奥运会,并将奥运会的主题与口号确定为"同一个世界 同一个梦想"(One World One Dream),体现了奥林匹克精神——团结、友谊、进步、和谐、参与和梦想,表达了与全世界人民一起追求人类美好未来的共同愿望。"绿色奥运、科技奥运、人文奥运"成为北京奥运会的三大追求理念,显示出国人对奥运会发展的理解与期望。中国对奥林匹克运动的诚意和信心终于征服了国际奥委会。2001 年 7 月 13 日,萨马兰奇在莫斯科庄严宣布:2008 年第 29 届奥运会举办权授予北京。

2008 年 8 月 8 日,举世瞩目的第 29 届奥运会在北京举行,国人终于实现了期盼已久的梦想。位于北京的国家奥林匹克中心烟花绚烂、灯火辉煌,来自世界各国和地区的 204 个代表团的 11 000 多名运动员汇聚在这里共同见证了气势宏大的开幕式。欢腾的人群汇成一片欢乐的海洋,将北京的夏夜装点得分外妖娆。开幕式的热烈气氛仿佛就是本届奥运会的前奏,一夜间,将各个赛场气氛烘托起来。在接下来的激烈对抗中,各国选手,各显其能,赛场处处展现着激动人心的场面。

本届运动会中国共派出了 639 名运动员,参加 28 个大项、262 个小项的比赛。奋力一搏,力争辉煌成为每一个运动员心底的追求。在这种心理的驱动下,各个比赛场地你争我夺、你追我赶,佳音频传、捷报连连。中国队在乒乓球比赛的 4 个项目中全部夺冠,并且包揽了男子单打和女子单打的前 3 名;跳水比赛的 8 个项目中,中国队夺得 7 枚金牌;举重比赛 9 个项目中,中国队有 10 名选手参赛获得了 8 枚金牌和 1 枚银牌;体操项目中,中国队不仅夺得了男、女团体冠军,在大项比赛中也收获颇丰,共获得 9 枚金牌;跳水项目中,中国队获得 7 枚金牌;射击项目中,夺得 5 枚金牌;羽毛球获得了 3 枚金牌。仅在这 7 个传统优势项目中,中国队就获得了 39 枚金牌,超出了历届奥运会上中国队获得的金牌数。此外,中国队在射箭、赛艇、蹦床、帆板、拳击等项目中也实现了零的突破,均夺得金牌。本届奥运会中国队共获 51 枚金牌、21 枚银牌和 28 枚铜牌,奖牌总数 100 枚,首次获得金牌总数第一名。

中国队取得的辉煌成绩使国人为之振奋,终于实现了百年来的梦想。早在 20 世纪初,我国体育先驱就梦想能够在中国举办一次奥运会。但那个时代,由于清政府闭关锁国,盲目自大,缺乏国际交往,又不思进取。所以,不可能具有大国政治意识和屹立于世界民族之林的壮志。一个国民生产总值领先于世界的泱泱大国,却成为任人宰割的羔羊,又何谈举办奥运会? 而新中国成立后,在一片废墟的土地上,国人忍辱负重,艰苦奋斗,不仅在经济建设方面取得了一个又一个辉煌的成就,而且,在竞技体育方面由小到大、由弱到强,成绩斐然,在 2008 年北京奥运会上一展风采。所以,国人自豪的心情溢于言表。因为奥运会的胜利已经完全突破了竞技体育本身的意义,它既是一个国家经济实力的体现,也是一个国家政治文明和体育文明的标志。

早在 20 世纪 80 年代,随着我国经济发展水平的不断提高,竞技体育运动水平的不断进步,我国政府即萌发了举办奥运会的梦想。一方面来说,新中国成立后几十年的发展,尤其是改革开放二十多年(至提出申办时)来,我国经济上、政治上发生了翻天覆地的变化,我们需要一个窗口,需要一个舞台,向世界展示我们的发展成就,让世界了解中国,让中国走向世界。另一方面来说,借助承办"奥运会"这一契机,团结全国人民齐心协力,共同完成这一艰巨而光荣的使命,使国人的凝聚力、向心力进一步巩固和加强,激发建设社会主义豪情壮志。

辉煌的"2008 年北京奥运会"已经远去,中国竞技体育运动的崛起既成事实,没有悬念。但是,这并不意味着我国竞技体育运动已经尽善尽美。不能否认,虽然我国取得了一次奥运会金牌总数第一名的好成绩,但在很多具有广泛影响的运动项目中如足球、篮球、田径等,我国与世界先进水平仍有很大差距。所以,竞技体育发展没有止境,奋斗的脚步也不应停止。在大众体育运动方面,我国与西方国家相比,仍有较大差距。大众体育运动水平的高低,不是用竞技体育的金牌数量衡量,而是通过社会民众对运动与体育运动的认知水平和参与行为进行评价。也就是说,奥运会金牌数量第一,只能说明我国进入了体育强国行列,但却不是一个体育大国。一个体育大国的标准是社会大众不仅对体育与运动的认识水平较高,而且参与运动与体育运动的人数众多,国民健康水平较高,才能体现出一个国家或民族的体育运动发展水平。因此对于我国来说,发展体育运动,提高体育运动的水平还有很长的路要走。

尤其需要指出的是,发展竞技体育运动和大众体育运动首先应该使学校体育教育水平不断提高,没有学校体育基础,势必影响竞技体育运动和大众体育运动的发展。应当承认,改革开放40年来,我国学校体育有了很大发展,成绩显著。但同时,存在的问题也不可忽视。其中,体育教育功利化、形式化现象有增无减,对师生构成了很大压力。原因在于学校体育管理部门及管理者缺乏理性的指导思想,脱离现实,简单地以运动成绩和体质测试标准为杠杆驱动体育教学。这不仅影响了教师的教学积极性,也影响了部分学生对体育课的兴趣。实事求是地说,要求学生进行体育锻炼,提高身体素质并达到规定的标准,这种指导思想没有错误。但是,身体素质水平的提高是由多方面因素所决定,包括遗传、营养、环境、睡眠和体育锻炼等。而体育课锻炼只是、也仅仅是一个方面。那么,学校体育教育究竟应如何定位? 如何操作? 这值得所有体育教育工作者尤其是学校体育管理部门的领导者审慎思考。虽然改革开放40年来学校体育教育改革从没有间断,但效果并不能令人满意。新中国成立后的60多年间,我国体育教学长期沿用苏联的体育课模式,这是否合理? 难道体育教育仅仅是在体育课中活动活动、锻炼锻炼,就能提高对体育与运动的认识水平,形成正确的体育观念,养成良好的运动习惯? 一个非常值得关注的现象是很多学生除了在体育课中被强制性地要求、不得不进行运动之外,课余时间从来就没有运动兴趣,更谈不上运动习惯。那么,为什么会有这种现象? 完全是学生自身的原因吗? 当然,不可否认有诸多社会因素影响了学生运动习惯的养成,但需要思考的是,学校体育教育没有责任吗? 体育教育的内容和方式不存在问题吗? 发展体育事业首先要从发展学校体育教育开始,尽管学校体育发展已经做出了很大努力,但仍有许多问题需要解决。

　　"风物长宜放眼量"。体育事业发展需要全社会共同努力,需要每个人尤其是广大体育工作者尽职尽责。只有这样,我国的体育运动水平才能不断提高,不断进步。道路是曲折的,但前途一片光明。